DU MÊME AUTEUR

Journal intime d'un Québécois au Mexique, préface de Constance et de Charles Tessier, Éditions Populaires, 1971.

Journal intime d'un Québécois en Espagne et au Portugal, préface de Robert-Lionel Séguin, Éditions Populaires, 1971.

Journal intime d'un Québécois en France, en Grèce et au Maroc, préface d'Ernest Pallascio-Morin, Éditions Populaires, 1973.

Le Maroc sans problème, coauteur Jean Côté, Éditions Point de mire, 1976.

À la recherche du pays de Félix Leclerc, coauteur Claude Jasmin, 24 tableaux de Fernand Labelle, Publications Transcontinental, 1989.

De Ville-Marie à Montréal, coauteur Ernest Pallascio-Morin, 75 tableaux de Marcel Bourbonnais, Publications Transcontinental, 1991.

ROMANS

L'Escapade, postface de Yoland Guérard, Éditions Populaires, 1973.

Dana l'Aquitaine, Éditions Héritage, 1978.

BIBLIOGRAPHIES

Mes rencontres avec les grandes vedettes, préface de Fernand Robidoux, Éditions Populaires, 1972.

Félix Leclerc, l'homme derrière la légende, Éditions Québec/Amérique, 1994. Éditions du Club Québec-Loisirs, 1996.

L'Homme aux trésors, Robert-Lionel Séguin, Éditions Québec/Amérique, 1996.

Sur la route de Vaudreuil, Fides, 1998.

La chanson en héritage, Quebecor, 1999.

MARCEL BROUILLARD

Données de catalogage avant publication (Canada)

Brouillard, Marcel, 1930-

    Visages de la chanson : un siècle chanté – mes coups de cœur !

    Comprend des réf. bibliogr.

    ISBN 2-921970-06-6

    1. Chanteurs – Francophonie – Biographies. 2. Compositeurs – Francophonie – Biographies.
3. Artistes du spectacle – Francophonie – Biograpies. I. Titre.

ML385.B875 2000   782.421640922   C00-941443-6

Directrice de projet
Dominique Chauveau

Conception et réalisation graphique
Typotech inc.

Page couverture
Conception graphique : Typotech inc.

Photos (de gauche à droite)
Première de couverture
Stéphane de Bourgies : Lynda Lemay
EMI Music Canada : Charles Aznavour
Jean-François Bérubé : Diane Dufresne

Quatrième de couverture
Échos-Vedettes : Charles Trenet
Talent Sorcier : Patricia Kaas
Les Productions Phaneuf : Claude Dubois

© 2000, Éditions l'Essentiel
Distribution Novalis, C. P. 990, Ville Mont-Royal (Québec) H3P 3M8

Nous reconnaissons l'aide financière du gouvernement du Canada
par l'entremise du programme d'aide au développement de l'industrie
de l'édition (PADIÉ) pour nos activités d'édition.

Dépôt légal : 3e trimestre 2000
Bibliothèque nationale du Québec
Bibliothèque nationale du Canada

Imprimé au Canada

MARCEL BROUILLARD

Visages de la Chanson

Un siècle chanté...
mes coups de cœur!

Éditions
l'Essentiel

NOTE DE L'AUTEUR

Merci à Marianne Aubert
et à nos précieux collaborateurs

Aux origines de ce livre comme du précédent, Marianne Aubert a joué un rôle indispensable dans la conception et la mise en forme de cet ouvrage, dans la recherche d'informations ; elle a su également nous prodiguer de judicieux conseils tout au long de ce périple en chansons. Son expérience journalistique et ses connaissances du monde du spectacle, acquises tant en France qu'au Québec (elle est installée à Montréal depuis plus de sept ans) nous ont été bénéfiques. Puisse la réalisation d'une suite logique à ce livre nous rapprocher encore, dans le même climat de camaraderie et d'émerveillement.

Pour leur confiance et leur disponibilité, toute ma reconnaissance va à Ronald Albert, directeur général des Éditions Novalis, à Claudette Lambert, relationniste, et à leur merveilleuse équipe de travail, ainsi qu'à Dominique Chauveau, chargée de projet.

Un cordial merci s'adresse aussi à toutes les personnes qui ont contribué à l'éclosion de cet ouvrage : auteurs, compositeurs, interprètes, imprésarios, producteurs, disquaires, bibliothécaires, archivistes, photographes, typographes, maquettistes. Toute ma gratitude à Échos-Vedettes, au personnel de la bibliothèque de Saint-Léonard, ainsi qu'à Jean-Pierre Coallier et François Paré de CJPX Radio classique. Il faut désormais s'en remettre aux distributeurs, libraires, relationnistes, recherchistes, animateurs et accepter le verdict de la presse et du public, qui a toujours le dernier mot.

TABLE DES MATIÈRES

PRÉFACE

Dans mon enfance, pas de piano à la maison. En fait, personne dans la famille n'était particulièrement doué pour la musique. Par contre, dans la cuisine, il y avait un appareil de radio. Presque toujours allumé. Avec un œil magique et une aiguille qui s'illuminait quand on syntonisait une station...

Dans une autre petite pièce qui nous servait de vivoir, il y avait un tourne-disque qui, contrairement à celui de mes tantes, à la campagne, chantait en français.

À la radio, qui avait à l'époque une programmation riche et variée, c'est la chanson d'expression française qui attirait mon attention. Je demeure frappé par la dureté de certains textes : «Ohé artisans, ouvriers et paysans, à vos armes. Demain l'ennemi connaîtra le prix du sang et des larmes...» (La chanson du partisan... je crois!) C'était pendant la guerre. Il y avait aussi quelques lueurs coquines «Elle avait de tout petits petons, Valentine...». Je me souviens aussi que pendant toute mon enfance, Tino Rossi s'est lamenté dans la radio de mes parents.

J'ai grandi le nez autant que l'oreille collés sur cet appareil. J'apprenais en quelque sorte déjà mon métier. Je pouvais faire la différence entre toutes ces voix qui n'ont jamais quitté mon univers.

Puis, à l'adolescence est arrivé ce personnage démesuré qui mettait encore plus de couleurs que quiconque dans les chansons. C'est lui qui a empêché ma génération de passer tout d'un bloc dans le camp de la chanson américaine. À l'école des Beaux-Arts, personne dans ma classe, même les jeunes anglaises, n'était indifférent quand Gilbert Bécaud chantait : «Mes mains dessinent dans le soir la forme d'un espoir qui ressemble à ton corps...». «Si tu rencontres ton étoile, accroche-toi!» gueulait Bécaud. Je me suis accroché.

Mon métier, depuis ce temps, a été de « distribuer » la chanson. Répandre la joie, le bonheur, le rêve, la sérénité, l'espoir par de la musique et des paroles. Faire connaître la chanson est aussi noble que de l'écrire.

Mon camarade Marcel Brouillard, dans le volume que vous tenez entre les mains, met de l'ordre dans 100 ans de chansons d'expression française et entre aussi plus en détail dans l'univers de plusieurs artisans.

Merci Marcel pour ce document et tant de souvenirs touchants… émouvants!

Jean-Pierre Coallier,
Radiodiffuseur et animateur de radio.

AVANT-PROPOS

À l'heure de la mondialisation, où l'économie et la culture sont remises en cause, la chanson continue contre vents et marées de tourner au rythme de ses créateurs et interprètes. Elle représente sans aucun doute une façon de lutter pour préserver notre identité et sauver notre patrimoine culturel, francophone de surcroît. Mais le danger rôde : une majorité d'auditeurs francophones se voient en effet imposer, à la radio comme au petit écran, des sons et des noms étrangers à leur propre goût et culture. Que ce soit au Québec, en France ou en Belgique, le constat est le même. Pire encore du côté de la Suisse, de l'Afrique, du Maghreb et du Moyen-Orient, où l'on doit faire des efforts surhumains pour survivre en français.

En retraçant au fil des décennies et par volets le périple des auteurs, compositeurs et interprètes francophones depuis 100 ans, ce livre se veut lui aussi un moyen supplémentaire de lutter... contre l'oubli… contre la menace faite à notre propre culture.

Des figures légendaires et nouvelles surgissent tout au long de ce voyage «enchanté» et en chansons, de Charles Trenet à Lynda Lemay, de Claude Dubois à Francis Cabrel. Le lecteur trouvera donc dans cet ouvrage un vaste répertoire de la chanson francophone, d'ici ou d'ailleurs, tous genres musicaux confondus.

Bien entendu, il a fallu faire un choix des artistes mis ici à l'honneur, ce qui ne fut pas chose aisée. Nous avons, en toute subjectivité, donné la première place à ceux et celles que nous aimions et admirions le plus. Drôle de critère, diront certains. C'est celui du cœur. Et, comme l'imagination, il ne connaît guère de limites. Barbara avait bien raison d'écrire dans son livre *Il était un piano noir*, peu de temps avant son décès en 1997 : «La chanson est dans le quotidien de chacun : c'est sa fonction, sa force. Sociale satirique, révolutionnaire, anarchiste, gaie, nostalgique… Elle ramène chacun de nous à son histoire.»

AU FIL DES DÉCENNIES

*R*etracer les débuts de la chanson d'expression
populaire n'est pas chose facile. *Transmise
oralement d'une génération à une autre, elle a vu
le jour dans la rue, les églises, les cafés et s'est fixée
dans la mémoire collective. Peut-on s'imaginer par
exemple que certaines chansons que l'on fredonne
encore, comme* Sur le pont d'Avignon, *datent du
XVIIIe siècle ? Qui n'a pas repris en chœur* Auprès
de ma blonde *(1704),* Trois jeunes tambours
(1741), un classique du répertoire enfantin,
Il pleut, il pleut Bergère *(1779), et puis* Le roi a fait
battre tambour *(1842) que les chanteurs Édith
Piaf, Yvette Guilbert, Guy Béart, Yves Montand,
Cora Vaucaire, Nana Mouskouri, Anne Sylvestre
ont ajouté à leur répertoire.*

Une autre romance qui fit le tour du monde, *Plaisir d'amour*, fut composée par Florian sur une musique de Jean-Paul Martini en 1785. Elle fut enregistrée au XXᵉ siècle par plus d'une centaine d'artistes, dont Tino Rossi, Brigitte Bardot, Luis Mariano, Georges Guétary, Benjamino Gigli, Georges Coulombe, Richard Verreau, Mireille Mathieu, Colette Renard qui ont donné des ailes et de la noblesse à ce poème gratifiant :

> *Plaisir d'amour ne dure qu'un moment*
> *Chagrin d'amour dure toute la vie*
> *J'ai tout quitté pour l'ingrate Sylvie*
> *Elle me quitte et prend un autre amant*

Et c'est sans compter sur *Cadet Rousselle* (1793), enregistrée par André Claveau, Rika Zaraï, Dorothée, Jacques Douai, Sylvie Vartan et, sur vidéo, par Félix Leclerc. Comment expliquer, sinon par la force de la mémoire, que les trois chansons traditionnelles les plus connues dans toute la francophonie soient toujours *Frère Jacques*, *Au clair de la lune* et *À la claire fontaine*?

Avec sept millions d'habitants, le Québec possède une quantité étonnante d'auteurs, compositeurs et interprètes. On a souvent l'impression que l'avènement de la chanson y est tout récent avec le succès phénoménal de Céline Dion ou de la comédie musicale *Notre-Dame de Paris*, signée Luc Plamondon et Richard Cocciante. Et pourtant!...

...Pourtant, qui n'a pas entonné avec Eugène Daignault ou Conrad Gauthier *Ah! si mon moine*, *Dans tous les cantons* ou encore *Le rapide blanc* (*Ah! ouigne in hin in!*) composée en 1924 et popularisée par Oscar Thiffault en 1950 au Québec et, plus tard en France, par Aglaé et Marcel Amont. Dès 1937, il y eut aussi l'abbé Charles-Émile Gadbois qui a su propager son œuvre de *La Bonne Chanson*. Qui n'a pas chez lui un cahier de ce temps-là? «Un foyer où l'on chante est un foyer heureux», disait-il. Pendant quelques décennies, l'abbé Gadbois a fait revivre nos belles mélodies patrimoniales : *Les cloches du hameau*, *Marie Calumet*, *Nos souvenirs*, *Le petit mousse*. Quand il a fondé CJMS en 1952, on a vu défiler au micro nos plus belles voix : Yoland Guérard, Yolande Dulude, Robert Savoie, Albert Viau, Paul-Émile Corbeil,

Georges Coulombe et Robert L'Herbier avec *Heureux comme un roi* (chanson créée par Francis Lopez) et *Son voile qui volait* :

> *C'était un'jeune fille*
> *Qui n'avait pas quinze ans*
> *Elle s'était endormie*
> *Au pied d'un rosier blanc*

C'est un fait connu, les Québécois — tout comme les Français et les Belges — aiment chanter, surtout en chœur. Placez-les devant un piano ou sortez un violon, une guitare ou un accordéon, et vous les verrez taper du pied et se mettre à fredonner aussi bien des vieilles chansons que des plus récentes. Dans bien des villages, la vague des chansons à répondre refait surface. Il y a toujours quelqu'un pour nous rappeler le temps de la famille Isidore Soucy et nous entraîner *Sur la route de Berthier*, *Gai lon la*, *gai le rosier*, *Au bois du Rossignolet* (*relet, relet*), *C'est en r'venant de Rigaud*, *Ah les fraises et les framboises*.

Dans nos veillées du bon vieux temps, à la ville comme à la campagne, dans chaque fête soulignant un quelconque événement d'importance, chez les aînés ou leur descendance, il y a toujours un ténor, une soprano ou un chanteur amateur pour entonner *Chevaliers de la table ronde*, *En passant par la Lorraine*, *Dans les prisons de Nantes*, popularisée par Guy Béart et enregistrée par Louise Forestier sous le nom de *Dans la prison de Londres*, ainsi que *Fascination* si bien interprétée par Paulette Darty en 1905 et, beaucoup plus tard, par Mathé Altéry et Diane Dufresne :

> *Je t'ai rencontré simplement*
> *Et tu n'as rien fait pour chercher à me plaire*
> *Je t'aime pourtant*
> *D'un amour ardent*
> *Dont rien, je le sens, ne pourra me défaire*

Depuis un siècle, la chanson s'est développée à un rythme vertigineux pour devenir une véritable industrie, florissante de surcroît, mais pas toujours à l'avantage des auteurs, compositeurs et interprètes. La chanson populaire a connu bien des serviteurs mal rémunérés et peu considérés. De tous temps, les producteurs, l'industrie du spectacle et les différents gouvernements récoltent et se partagent les profits parfois mirobolants.

La chanson reste le plus fidèle miroir de la société. Chaque fait et geste de la vie peut donner matière à chanter. De Charles Trenet et Mireille (Hartuch) à la Bolduc ou à Angèle Arsenault qui ont chanté le quotidien, c'est maintenant au tour de Lynda Lemay d'écrire tout simplement des chansons comme *La marmaille, La visite, Les belles-mères.* À l'aube du troisième millénaire, on oublie trop vite les grands noms qui ont laissé leur place à d'autres modes.

Au fil des décennies, une jeunesse talentueuse a pris la relève. Au début de ce siècle, la splendide revue *Québec Issime,* qui fait revivre les époques et les grandes chansons francophones à travers 75 ans d'histoire, a envahi la Place des Arts. Présentée d'abord au Saguenay — Lac-Saint-Jean, puis au Capitole de Québec et aux FrancoFolies de Montréal, la troupe a donné 12 représentations dans la métropole.

Tous les artistes de la revue vont franchir les frontières pour faire revivre ailleurs les belles années, d'Ovila Légaré à Céline Dion, en passant par Lara Fabian et par ceux et celles qui rayonnent dans toute la francophonie : Bruno Pelletier, Ginette Reno, Diane Dufresne, Claude Léveillée, Gilles Vigneault, Robert Charlebois.

Ajoutons à cela que le projet Village en chansons, à Petite-Vallée, en Gaspésie, est devenu réalité avec son festival annuel, sa salle de spectacles et d'expositions ainsi que son camp de formation en chansons. Sur un récent album, 36 interprètes ont uni leur voix à celle de Gilles Vigneault, sur une musique de Bruno Fecteau, pour venir en aide à cette belle initiative gaspésienne.

Il faut bien souligner le rôle joué par la Société pour l'avancement de la chanson d'expression française (SACEF) qui organise chaque année, depuis 1994, le concours Ma première Place des Arts. Ce tremplin pour la relève permet aux lauréats de se produire dans les pays francophones, notamment au Sentier des Halles, à Paris. En mai 2000, Alexandre Farina, Pierre Cantin, Lynda Thalie et Lise Boyer ont vu leurs efforts couronnés de succès.

Lors du 33ᵉ Festival d'été de Québec, en juillet 2000, le prix spécial du jury a été remis à Claude Léveillée pour la qualité de son œuvre, de son écriture et de son spectacle. La chanteuse d'origine camerounaise Sully Nyolo a reçu le prix Miroir de l'espace francophone. Fred Fortin, Marc Déry et Éric Lapointe ont raflé les autres grands prix de cet événement annuel, assortis d'une bourse des arts Du Maurier.

Dans le cadre des FrancoFolies de Montréal, présidées par Alain Simard, Le prix Félix-Leclerc a été remis, en août 2000, à Daniel Boucher, par Nathalie Leclerc, fille de l'illustre pionnier. Ce trophée et la bourse qui s'y rattache visent à encourager les jeunes artistes de la chanson francophone, dont la carrière est en plein essor.

Tout comme Mara Tremblay et Rachel Des Bois, gagnantes de l'an dernier, Daniel Boucher a vu sa carrière prendre son envol. En 1997, il a remporté le premier prix du Festival de la Petite-Vallée, en Gaspésie, et obtenu la faveur populaire avec la sortie de son premier album à la toute fin du siècle dernier.

Bien d'autres événements nous permettent de découvrir davantage l'âme des artistes, tant dans leur quotidien que dans leur carrière. La suite de cet ouvrage vous permettra d'entrer dans leur univers bien souvent méconnu et de les apprécier davantage.

« À une époque où toutes choses
sont à peine effleurées, la chanson ne
pouvait pas ne pas régner en maîtresse,
elle qui est effleurement, elle qui est
fleur au lieu que d'être arbre.

Pendant que lentement pousse
l'arbre, se fanant les fleurs, la chanson
est spectacle, la poésie est réflexion. »

AU FIL DES DÉCENNIES

1900-1909
FROU-FROU et le CANCAN

Durant les années 1900, la chanson prend son envol dans les 150 cafés-concerts et les nombreux cabarets parisiens où l'on danse le cancan. À la fin de sa carrière, le chansonnier Aristide Bruant, rendu célèbre par le crayon de Toulouse-Lautrec, chante *À la Villette* et *Nini peau d'chien* au Chat-Noir de la butte Montmartre. *Frou-Frou*, chanson créée par Juliette Méaly et enregistrée une cinquantaine de fois — notamment par Line Renaud, Suzy Delair, Jack Lantier et Fernand Gignac — reste un symbole de la Belle Époque! Pour sa part, Polin (Pierre-Paul Marsalès) interprète, en 1902, une première chanson de Vincent Scotto, *La petite Tonkinoise*. En 1906, Paul Delmet entonne *La petite église*, reprise en 1933 par Jean Lumière. Quant à Félix Mayol, il défend sa place avec *Viens Poupoule* dès 1902 :

> *Le sam'di soir après l'turbin*
> *L'ouvrier parisien*
> *Dit à sa femme : Comme dessert*
> *J'te paie l'café-concert*
> *Viens Poupoule, viens Poupoule, viens,*
> *Quand j'entends des chansons*
> *Ça m'rend tout polisson Ah!*

Pendant que l'on entend des refrains populaires comme *Le Roi Dagobert* ou *Malbrough* dans les cafés, les baladins continuent de chanter, sous les tonnelles, des chansons d'amour. Les vedettes enregistrent quant à elles de plus en plus de mélodies, tombées depuis dans l'oubli. Elles nous rappellent un passé qui ne veut pas mourir. La chanson entre dans les écoles, les églises et les salles de spectacle. On a avancé le chiffre d'un million de chansons depuis l'an 1000 jusqu'à ce jour. Pour leur part, Eugénie Buffet (1866-1934) et Dranem (1869-1935), de son vrai nom Armand Ménard, en ont interprété des centaines. Ce dernier a beaucoup influencé Maurice Chevalier. Au début du siècle, Montmartre devient le centre des cabarets prestigieux, comme Le Lapin à Gill ou Le Carillon. À l'Olympia, fondée en 1893, on y présentera les premières grandes vedettes de la chanson moderne : Yvonne Printemps, Fragson, Mistinguett.

On peut dire que le chanteur en vogue du début du siècle, Félix Mayol, a acquis ses lettres de noblesse. Une chanson interprétée par lui donnait lieu à une véritable démonstration de mimes, de pas de danse et de mises en scène d'accessoires divers. Il avait une diction exemplaire, une voix puissante, et pouvait se faire entendre sans micro, bien sûr. On l'a qualifié de «chanteur de charme comique». Plusieurs de ses chansons, soigneusement choisies, sont signées Botrel (*Lilas Blanc*), Lucien Boyer (*Cousine*), Vincent Scotto (*Elle voulait de petits gâteaux*). La bourgeoisie ne l'adopta jamais.

En 1909, Félix Mayol prend la direction du Concert Parisien, qui devient le Concert Mayol, sur la rue de l'Échiquier. Il y présente de grands spectacles de Café-Concert dont il est la vedette, la partageant parfois avec Raimu. Le jour de ses obsèques, un seul artiste suit le cortège : Georgel. Grâce à la salle qui porte son nom, Mayol reste malgré tout présent dans ce quartier populaire de Paris.

❖ ❖ ❖

1910-1919
EMMA ALBANI et MISTINGUETT

Avec l'avènement du gramophone et des disques 78 tours durant les années 1910, la chanson québécoise connaît ses premiers succès commerciaux, mais elle est noyée par l'abondance d'enregistrements provenant des États-Unis. Les «big bands» et les grands orchestres symphoniques ont la cote d'amour autant à Montréal qu'à Québec, surtout au Capitol où l'on reçoit, des années 1920 à 1949, Mantovani, Rubinstein et les grandes voix de l'heure : Georges Thill, Pierrette Alarie, Erna Sack, Lily Pons, Raoul Jobin, Yma Sumac, Léopold Simoneau, Richard Verreau.

En France, sur la scène des plus grands music-halls parisiens, Mistinguett — Jeanne Bourgeois de son vrai nom — ouvre le bal aux Folies-Bergère avec *La Java* et *Mon homme*. Par son allure provocante, le galbe parfait de ses jambes et ses yeux malicieux, elle incarne l'esprit de Paris. À 80 ans, elle viendra à Montréal présenter sa revue au Café-cabaret Montmartre. Guilda et Frenchie Jarraud font partie de la distribution; ils décident d'y rester. Née en 1873, Mistinguett est décédée à Paris, en 1956. Elle avait débuté sur scène comme comédienne, meneuse de revue et chanteuse. Elle devient la vedette du Moulin Rouge en 1910, puis celle des Folies-Bergère, deux ans plus tard, avec son complice Maurice Chevalier. Après avoir chanté pour les militaires pendant la guerre de 1914-1918, elle revient dans des revues à grand déploiement. Le public l'a placée sur un piédestal, qu'elle porte ou non ses plumes. À la fin de la décennie, elle interprète *Mon homme* de Jacques Charles, Albert Willemetz et Maurice Yvain, chanson fétiche qu'elle conservera à son répertoire toute sa vie durant :

> *Je l'ai tell'ment dans la peau*
> *Qu'j'en suis marteau*
> *Dès qu'il s'approch'c'est fini*
> *Je suis à lui*
> *Mais j'n'suis qu'une femme*

Le compositeur Vincent Scotto écrit son deuxième grand succès *Sous les ponts de Paris*, en 1913. Fragson, Fréhel et Georgel sont les principaux interprètes de cette décennie. Fernandel fait ses débuts, à l'âge de sept ans, à la Scala de Marseille. Il accompagne son père, chanteur de caf'conc' et acteur de vaudeville sous le nom de Sined.

Les militaires de la Grande Guerre reprennent en chœur *It's a long way to Tipperary*, *Ils ont rendu l'Alsace et la Lorraine*, *Taraboumdié*, *La Madelon* et *La caissière du grand café*, créée par Polin en 1914 :

> *Elle est belle, elle est mignonne,*
> *C'est un'bien joli'personne*
> *De dedans la rue on peut la voir*
> *Qu'elle est assis'dans son comptoir...*

Le genre de Polin (1863-1927) est celui du comique troupier, arrivant sur scène en militaire de train : petite veste bleue, pantalon garance à bananes noires, képi planté de travers. Raimu, Dufleuve et Fernandel figurent parmi ses meilleurs élèves.

Au milieu de la décennie, la grande cantatrice Emma Albani (Lajeunesse) — née à Chambly au Québec, en 1847 — fait ses adieux au Albert Hall de Londres. Après avoir débuté à Montréal à l'âge de 15 ans, elle fait carrière dans presque tous les pays du monde pendant 40 ans. En plus de chanter divinement les plus grands airs d'opéra dans plusieurs langues, il lui arrivait de faire place à la chanson française en interprétant, par exemple, *Souvenirs du jeune âge* et *Connais-tu le pays* de l'opéra Mignon. C'est en 1911, simultanément à Londres et à Toronto, que furent publiées les mémoires de la célèbre artiste lyrique, coïncidant avec ses adieux définitifs.

En 1998, Louise Forestier, Isabelle Miquelon et Brigitte Marchand font revivre la célèbre diva au Théâtre du Rideau Vert dans *Le pays dans la gorge*, de Simon Fortin.

Pendant ce temps, au Québec, tout reste à faire sur le plan culturel. Ce n'est que vers les années 1930 que certains artistes commenceront à se démarquer.

❖ ❖ ❖

1920-1929
CONRAD GAUTHIER, MAURICE CHEVALIER et JOSÉPHINE BAKER

À Montréal, Conrad Gauthier, pionnier du théâtre et de la chanson, envahit le Monument-National dès 1921 avec ses *Veillées du bon vieux temps*. Avant de monter sur les planches, il avait été tour à tour imprimeur, éditeur, caricaturiste, directeur de cinéma et journaliste au *Nationaliste* et au *Devoir*. Il a su enrichir notre patrimoine national en travaillant de toutes ses forces à la diffusion de la chanson. Pendant les entractes, lors de ses spectacles, il distribuait de la tire d'érable et des beignes aux spectateurs! Durant la décennie, la radio commence à changer les habitudes dans les foyers.

Lors de la fondation de CKAC à Montréal, la première station radiophonique de langue française, on entendit les premières chansons de Conrad Gauthier, dont *Souvenirs d'un vieillard*. Cinq ans plus tard, on écoutera religieusement le succès de Roméo Beaudry, *Votre avion va-t-il au paradis?* On rendait ainsi hommage à Charles Lindbergh, le premier pilote qui effectua la traversée de l'Atlantique sans escale.

Après la guerre de 1914-1918, les revues et les opérettes sont à la mode dans les grandes cités francophones. C'est durant ces années folles que Maurice Chevalier crée *Valentine*. À son vaste répertoire s'ajoutent *Ma pomme, Prosper, La chanson du maçon*. Sa carrière cinématographique l'amène à Hollywood en 1928, où il tourne une dizaine de films.

Né à Neuilly, le 12 septembre 1888, Maurice Chevalier est décédé le 1er janvier 1972, après une carrière bien remplie qui aura duré 70 ans. Pour gagner sa vie, il avait dû abandonner l'école à 11 ans et devenir tour à tour menuisier, électricien, peintre en bâtiment comme son père. Sa mère, surnommée «la louque», était d'origine belge. Maurice Chevalier fut le premier chanteur et acteur français à séduire le public américain. Même si, dès 1919, il partageait l'affiche avec Mistinguett, il devint la vedette incontestée deux ans plus tard, lorsqu'il créa l'opérette *Dédé*, au Théâtre des Bouffes-Parisiens, ainsi que la chanson *Dans la vie, faut pas s'en faire*. C'est à cette époque qu'il adopta le smoking, découvrit le canotier et mit au point son fameux pas de côté.

En 1926, alors qu'il jouait une autre opérette, Maurice Chevalier fit la connaissance d'Yvonne Vallée, une jolie danseuse qu'il épousa l'année suivante. Cette union dura huit ans. Yvonne Vallée fut remplacée par la chanteuse Nita Raya qui fut aux côtés de Maurice Chevalier pendant dix ans. Selon Pascal Sevran, le nom de Maurice Chevalier serait le seul à retenir si les futurs historiens devaient expliquer le music-hall français du XXᵉ siècle. Le clin d'œil racoleur, la démarche chaloupée, l'accent du faubourg de Momo appartiennent à l'histoire.

De son côté, Joséphine Baker, vedette de la revue Nègre, triomphe en 1925 au Casino de Paris. Née en 1906 à Saint-Louis, États-Unis, elle est décédée à Paris en 1975. À 16 ans, elle a quitté sa famille pour Broadway. Elle a triomphé aux Folies-Bergère en 1927 avec *Un vent de folie*, puis au Casino de Paris à la fin de la même décennie. Son succès comme chanteuse, danseuse et meneuse de revue ne s'est jamais démenti. Elle est devenue l'une des interprètes préférées de Vincent Scotto (*La petite Tonkinoise, Dis-moi Joséphine, J'ai deux amours*). Femme de cœur et de combat — elle a rejoint la Résistance pendant la Deuxième Guerre mondiale — elle adoptera une douzaine d'enfants de nationalités différentes. En juin 1960, les Montréalais ont acclamé avec joie Joséphine Baker au Faisan Bleu de Laval, juste avant le passage de Sœur Sourire et de Line Renaud, qui venait de remporter le prix de l'Académie Charles-Cros avec *Ma cabane au Canada*.

❖ ❖ ❖

1930-1939
LA BOLDUC et TINO ROSSI

Durant les années 1930, le disque et la radio envahissent les foyers. À Montréal, la maison de musique Edmond Archambault offre à ses clients les 78 tours de l'heure : la Bolduc, Ovila Légaré et Jean Lalonde ; à Paris, les Galeries Lafayette et les grands magasins Au Printemps en font tout autant avec Henri Alibert, Jean Lumière, Mireille (Hartuch), Réda Caire, Suzy Solidor, Georges Milton, Fréhel, Damia et Jean Sablon. Les interprètes voient leur popularité grandir de jour en jour.

À Montréal, Alys Robi se produit avec toute sa fougue et sa jeunesse au King Edward Palace, devenu le Roxy en 1937. La Bolduc y fait alors ses débuts. Mère de 13 enfants, Madame Édouard Bolduc (Mary Travers) est née en 1894 à Newport, en Gaspésie, et décédée à Montréal, en 1941. Au cours de ses tournées au Québec, au Canada français et en Nouvelle-Angleterre, elle a acquis une immense popularité par la teneur de ses chansons sur l'actualité et son turlutage légendaire. Toute jeune, elle a appris l'accordéon, le violon, l'harmonica, la guimbarde et même les cuillères. Pendant la crise des années 1930, la Bolduc a soulevé des foules aux Veillées du bon vieux temps de Conrad Gauthier au Monument-National, au Théâtre Arlequin à Québec et partout au Québec. Ses refrains sont restés dans nos mémoires après plus de 70 ans : *La cuisinière, La morue, Toujours l'R-100, Johnny Monfarleau, Les agents d'assurance, Les belles-mères, La Gaspésienne pure laine, Le petit sauvage du nord, La pitoune, Les cinq jumelles* :

> *À Callander, Ontario*
> *Ils sont forts sur les jumeaux*
> *Ça prend une bonne Canadienne*
> *Pour avoir ça à la d'mi douzaine*
> *Hi ha ha les gens du Canada*
> *Marchant de l'avant comme de braves soldats!*

Dans leurs livres biographiques, Pierre Day, Philippe Laframboise et David Lonergan ont raconté toute la vie de cette grande dame, à laquelle Charles Trenet a rendu un bel hommage par sa chanson *Dans les rues de Québec*. Plusieurs succès de la Bolduc ont été enregistrés par

Aglaé, Marthe Fleurant, Dominique Michel, Angèle Arsenault et Jeanne d'Arc Charlebois. Pour sa part, la comédienne Jacqueline Barrette a joué le rôle de la Bolduc dans un film présenté au petit écran.

Charles Goulet, fondateur des Disciples de Massenet, et Lionel Daunais créent les Variétés lyriques au Monument-National. Pendant 20 ans, l'opérette et la chanson y sont à l'honneur avec Marthe Létourneau, Olivette Thibault, Caro Lamoureux, Yoland Guérard, Paul Berval, Thérèse Laporte, Richard Verreau, Jacqueline Plouffe, Gérard Paradis, Louis Quilico, Marthe Lapointe. Les interprètes français André Dassary, Rudy Hirigoyen, Luis Mariano, Adrien Adrius, Armand Mestral et Annie Cordy s'y produisent aussi.

Plusieurs adeptes du chant classique, lyrique et folklorique deviennent également très populaires, presque des idoles, en enregistrant des chansons françaises ou des traductions de «hits» américains. C'est le cas de Charles Marchand, Roméo Mousseau, Fernand Perron (*Le merle rouge*) qui obtient un succès fou avec *Y'a des loups*. Ce dernier ouvre la voie à Jean Lalonde, Jean Clément, Lionel Parent, Fernand Robidoux, Robert L'Herbier, André Rancourt, Michel Noël. Beaucoup plus tard, dans les années 1950, suivront Michel Louvain, Pierre Lalonde et Serge Laprade.

En 1932, Jean Nohain et Mireille (Hartuch) écrivent *Couchés dans le foin* pour Jacques Pills et André Tabet. Lys Gauty chante *À Paris dans chaque faubourg*, dans le film *Quatorze juillet* de René Clair, et Rina Ketty chante *Sombreros et mantilles*.

Véritable idole de toute la francophonie, Tino Rossi brise bien des cœurs avec *Amapola, Marinella, Ô Corse, île d'amour*. Il fait ses débuts en 1935, au théâtre de l'ABC. Son disque *Adieu Hawaï* se vend à 500 000 exemplaires. Son plus grand succès sera *Petit papa Noël*, signé Henri Martinet et Raymond Vinci. L'apparition de concurrents, comme Georges Guétary, André Claveau et Luis Mariano n'entameront nullement sa renommée.

C'est par le truchement de la radio, en 1935, que les Québécois découvriront la voix de Tino Rossi. Ses premiers titres seront sur toutes les lèvres : *Après toi je n'aurai plus d'amour, Pour t'avoir au clair de lune, Je voudrais un joli bateau* :

Je voudrais un joli bateau
Pour m'en aller avec toi sur l'eau
Qu'importe alors où nous irions
J'aurais tes yeux comme horizon
Nous ferions, guidés par l'amour,
Un merveilleux voyage au long cours
Qui finirait toujours trop tôt
Dans mon joli bateau.

En janvier 1938, Tino Rossi effectue son premier voyage à Montréal, alors que son film *Marinella* attire les foules. C'est l'euphorie à la gare Windsor, où 10 000 personnes s'entassent pour le voir de près, le toucher si possible. Sur la scène du His Majesty's, le public ne veut pas le laisser partir. Durant les années 1930, il tourne 10 films et le double durant les trois décennies suivantes. De son vivant, Tino Rossi a reçu tous les honneurs de la terre. Il est décédé dans sa Corse natale, en 1983.

❖ ❖ ❖

1940-1949
CHARLES TRENET et JACQUES NORMAND

Charles Trenet, le «fou chantant», personnifie à souhait les années swing de cette décennie. Il chante *Verlaine, Douce France, La mer, La romance de Paris, Tombé du ciel*. Les jeunes n'en ont que pour la vague «jitterbug». Avec insouciance, on chante, on danse pour oublier les horreurs, outrages et fusillades de la Deuxième Guerre mondiale.

À la radio comme à la scène, les grands noms sont bien présents : Georges Guétary (*Robin des bois*), Yves Montand (*Dans les plaines du Far West*), Édith Piaf (*Hymne à l'amour*), Juliette Gréco (*Si tu t'imagines*), Pierre Dudan (*On prend le café au lait au lit*), Jacques Pills (*Elle était swing*), Andrex (*Bébert*) et bien d'autres. À Montréal, Jacques Normand présente au Faisan Doré le duo Pierre Roche et Charles Aznavour, Monique Leyrac, Aglaé, Raymond Lévesque et Jean Rafa qui a notamment écrit *Les nuits de Montréal*, sur une musique d'Émile Prud'homme. Andrex a aussi enregistré cette chanson chez Pathé, à la suite de Jacques Normand :

> *J'aime les nuits de Montréal*
> *Pour moi, ça vaut la Plac'Pigalle*
> *Je ris, je chante*
> *La vie m'enchante*
> *Il y a partout des r'frains d'amour*
> *Je chante encore, je chante toujours*
> *Et quand je vois naître le jour*
> *Aux petites heures*
> *Vers ma demeure*
> *Je vais heureux*
> *À Montréal, c'est merveilleux.*

Né à Québec le 15 avril 1922, Jacques Normand, de son vrai nom Raymond Pascal Chouinard, treizième enfant d'une famille de 21, a connu une vie mouvementée. Avec ce pionnier de la chanson française, fini les spectacles bilingues à Montréal! Il court d'un studio à l'autre, d'une ville à l'autre, d'un continent à l'autre où on le réclame dans les galas et événements en tout genre.

Jacques Normand, le gavroche, doit bien avoir 2 000 chansons à son répertoire. Vedette incontestée de la radio et des cabarets, il est aussi présent au petit écran dans *Café des artistes, Porte ouverte, Music-hall, Tête d'affiche, En habit du dimanche*, sans oublier *Les couche-tard* (1965-1969) qu'il anime avec son grand ami Roger Baulu. Selon Jacques Canetti et Bruno Coquatrix, s'il avait voulu demeurer en France, il serait devenu aussi populaire que Maurice Chevalier, Charles Trenet ou Charles Aznavour. Après une carrière éclatante, la maladie a finalement emporté l'ami Jacques, le 7 juillet 1998.

À la Libération, Charles Trenet s'éclate au Théâtre de l'Étoile à Paris et dans toute la France où l'on mord dans la vie à pleines dents. Il part pour les États-Unis où il reçoit le même accueil chaleureux que Maurice Chevalier, quelques années plus tôt. Mais c'est à Montréal qu'il fait son nid. Il parle du Québec comme d'une terre promise, une seconde patrie où il prend le temps de vivre, de se faire accepter, de bien s'installer et de chanter *Dans les rues de Québec* :

> *Depuis l'automne que de villes parcourues*
> *Que de boulevards que de rues,*
> *New York ô régularité*
> *Chicago si joli l'été*
> *Mais au cœur du joyeux hiver*
> *C'est les rues de Québec que je préfère*

À Montréal, Hector Pellerin anime son émission quotidienne à la radio, *Le meunier du moulin de la chanson*. Sur les ondes ou au cabaret, il reprend sans cesse *Reviens* (1910), *Les roses blanches* (1911), *Ah! c'qu'on s'aimait* (1912). Hector Pellerin chante aussi *Sérénata* (*Viens, le soir descend*, 1919) et *Roses de Picardie*, célèbre mélodie anglaise créée en 1918 et reprise, en 1980, dans une nouvelle version française, par Eddy Marnay. Yves Montand, Fernand Gignac, Jen Roger, Aimé Major, Monique Saintonge enregistrent plus tard plusieurs de ces chansons immortelles.

Sur les ondes de CKVL, à *La parade de la chansonnette française*, les animateurs Jacques Normand, Guy Mauffette, Jean Coutu présentent à tour de rôle Édith Piaf, Marie Dubois, Charles Trenet, Yvette Guilbert, Georges Ulmer, Yves Montand, Armand Mestral, Rina Ketty — qui a séjourné plusieurs années au Québec — André Claveau, Léo Marjane, Line Renaud, Lucienne Delyle, Henri Salvador et Les Compagnons de la chanson. Le soliste de la formation, Fred Mella, a épousé la Québécoise Suzanne Avon. D'autres artistes de l'heure y sont très présents : Jean Sablon qui chante *J'attendrai* — reprise par Dalida et Paolo Noël — Suzy Solidor (*Escale*), Henri Alibert (*Adieu! Venise provençale*), Ray Ventura, Les Frères Jacques, Jacques Hélian et Lucienne Boyer avec sa grande mélodie *Parlez-moi d'amour*, grand prix du disque en 1930 :

Parlez-moi d'amour
Redites-moi des choses tendres
Votre beau discours
Mon cœur n'est pas las de l'entendre

❖ ❖ ❖

Muriel Millard reçoit Mistinguett à son émission radiophonique, en 1955. C'était l'époque où la chanteuse se produisait de Paris à Montréal.

Maurice Chevalier appartient à l'histoire. En compagnie de Mireille Mathieu, il s'apprête à couper le gâteau qui marque son «tour du monde en 80 berges». (Archives Échos-Vedettes.)

Félix Leclerc, Patachou, Jacques Normand et le légendaire Maurice Chevalier.

Joséphine Baker et Jacques Normand au cours de l'émission *Music-Hall* diffusée à Radio-Canada, en 1961. (Collection Camille Chouinard.)

Rangée du bas : Jean Rafa, Aïda (sœur de Charles Aznavour), Luis Mariano et Évelyne Plessis (épouse de Charles Aznavour). Rangée du haut : Pierre Roche, Tristan, Charles Aznavour, Jacques Normand et Monique Leyrac. (Collection Camille Chouinard.)

Marcel Brouillard interviewe Tino Rossi dans sa loge du Théâtre Mogador, à Paris en 1970.
(Photo Max Micol.)

Charles Aznavour et l'inoubliable Dalida (1933-1987). (Photo Roland Carré.)

Henri Salvador, Marcel Brouillard et Gilles Brown, auteur, compositeur et interprète, au Théâtre Bobino, à Paris, en 1971. (Photo Max Nicol.)

Pascal Sevran reçoit Jean Ferrat à son émission télévisée *La chance aux chansons.*

Nicole Martin, Michel Louvain, Francine Chaloult (relationniste)
et Louise Jalbert (journaliste) (Archives : Échos-Vedettes. Photo Pierre Dionne.)

Raymond Devos, Fred Mella, soliste des Compagnons de la chanson, et Jean Lapointe.
(Archives Échos-Vedettes. Photo Jean-Bernard Porée.)

Gilles Vigneault et Gilbert Bécaud à l'émission télévisée *Les Beaux dimanches*
de Radio-Canada, en 1983. (Photo Jean-Pierre Karsenty.)

À l'Olympia de Paris, en janvier 1969, Barbara (1930-1997) et Mathé Altéry assistent à la première d'Adamo. (Archives Échos-Vedettes.)

Marcel Amont chante en première partie du spectacle de Piaf, à l'Olympia, en 1956. Marcel Brouillard l'a interviewé au MIDEM de Cannes, en 1971. On l'identifie toujours à *Bleu, blanc, blond* et à *Un Mexicain*. (Photo Max Micol.)

La chanteuse Judi Richards et son mari, Yvon Deschamps, roi incontesté des humoristes, qui aurait aussi voulu faire carrière comme chanteur. (Archives Échos-Vedettes. Photo Jacques Grégorio.)

Deux pionniers de la chanson et de Télé-Métropole : Robert L'Herbier, à droite, et son adjoint Jean Paquin. (Archives Groupe TVA inc.)

Tino Rossi est venu chanter au Théâtre des Variétés,
à la demande de Gilles Latulippe. (Photo Théâtre des Variétés.)

Trois talentueuses auteures, compositrices et interprètes :
Marie-Paule Belle, Édith Butler et Catherine Lara.

Marcel Brouillard interviewe Claude François (1939-1978)
au MIDEM de Cannes, en janvier 1971. (Photo Max Micol.)

Jacques Normand, Fabiola, Doris Lussier (Père Gédéon) et Marcel Brouillard
sur la scène de la Portugaise à Montréal, en 1975. (Photo Guy Tardif.)

La rencontre de René Angelil avec Céline Dion
changera le destin de l'un et de l'autre. (Archives Échos-Vedettes.)

Serge Laprade, Michèle Richard, Claire Syril et Roch Voisine
ont souvent fait la une d'Échos-Vedettes.

André-Philippe Gagnon, René Simard, Céline Dion et Jean-Pierre Ferland
continuent de briller sur la scène internationale. (Archives Échos-Vedettes. Photo Jocelyn Chevalier.)

Ambassadrice de la belle chanson, Lucille Dumont a animé *Histoire d'une étoile*
et *Le temps d'aimer*, entre 1967 et 1973, à CFTM-TV. (Photo Groupe TVA inc.)

1950-1959
La télé et FÉLIX LECLERC

La télévision fait son apparition dans de plus en plus de foyers, déclenchant une sorte d'hystérie collective : le grand public peut enfin voir ses idoles au petit écran, où les émissions de variétés pullulent et présentent les nouveaux 45 et 33 tours. À la télévision de Radio-Canada, Suzanne Avon reçoit les chanteurs à *Music-Hall*; Lucille Dumont en fait autant à son émission *À la romance*. Des vedettes populaires s'imposent naturellement dans leur créneau respectif. C'est notamment le cas de Michel Louvain, Muriel Millard, Alys Robi, Marc Gélinas, Lise Roy, Jen Roger, Willie Lamothe, André Lejeune, Fernand Gignac, Paolo Noël, Jacques Labrecque. En France, les émissions de variétés *36 chandelles* de Jean Nohain et *La joie de vivre* de Jacqueline Joubert attirent de plus en plus de spectateurs.

En 1950, le talentueux soprano de 13 ans, Gérard Barbeau, surnommé «La voix d'or du Québec», part pour une longue tournée européenne, après un récital d'adieu à l'auditorium de Verdun. Cet enfant prodige, vedette du film *Le Rossignol et les cloches*, avec Nicole Germain, Jean Coutu, Ovila Légaré, fut ordonné prêtre quelques mois avant sa mort; il venait d'avoir 24 ans. Gérard Barbeau, tout comme le génial pianiste et compositeur André Mathieu (1928-1968), mérite qu'on lui rende bien des hommages posthumes. André Mathieu, à l'âge de 13 ans, s'est produit au Carnegie Hall de New York.

Grâce à Jacques Canetti, Félix Leclerc, en s'accompagnant de sa guitare, fait ses débuts à l'ABC avec *Le P'tit bonheur* et *Moi mes souliers*. Son succès parisien rejaillit sur toute la francophonie. Félix Leclerc influence Georges Brassens, Jacques Brel et Léo Ferré qui interprètent leurs œuvres, suivis bientôt par Gilbert Bécaud, Guy Béart, Jean Ferrat, Charles Aznavour, Mouloudji et Serge Gainsbourg. Pour leur part, Gloria Lasso, Dalida, Pauline Julien, Monique Morelli, Maria Candido se font leurs interprètes. D'autres artistes ne tardent pas à se faire connaître avec leurs ballades : André Claveau (*Cerisier rose et pommier blanc*), Line Renaud (*Étoile des neiges*), Luis Mariano (*Mexico*), Jacqueline François (*Mademoiselle de Paris*), Sacha Distel (*Scoubidou*), Philippe Clay (*La quarantaine*) et René-Louis Lafforgue (*Julie la rousse*,

1957). Ce dernier, dont l'avenir est très prometteur, succombe à un accident de voiture dix ans plus tard.

Même si Félix Leclerc a particulièrement marqué les années 1950, il a continué de briller toute sa vie durant. Le Québécois aurait pu se contenter d'une petite vie tranquille au milieu des siens, à La Tuque où il est né le 2 août 1914, à Vaudreuil où il a vécu de 1945 à 1967, ou encore à l'Île d'Orléans où il a résidé de 1970 à 1988. Le poète a plutôt choisi de se battre sur la place publique avec des mots, des idées, une guitare, des chansons, et de s'engager à défendre et à construire un pays à l'image de ses pionniers, de sa culture et de sa langue.

Mais comme nul n'est prophète en son pays, Félix Leclerc doit s'expatrier outre-Atlantique pour que son immense talent soit reconnu. Le lendemain de son grand succès sur la scène de l'ABC, le 23 décembre 1950, il passe à l'émission de radio *Quarante millions de Français*. L'Hexagone adopte immédiatement le «Canadien» à la chemise à carreaux de bûcheron, métier qu'il a exercé momentanément.

Félix Leclerc est ébahi chaque fois que des artistes aussi connus qu'Édith Piaf se déplacent pour l'entendre chanter. Cette dernière lui fait parvenir un mot amical : «Vos chansons sont tellement belles et personnelles que je ne pourrais pas vous rendre justice en les interprétant (…)». Un autre soir, c'est Maurice Chevalier qui affirme publiquement que les chansons de Félix Leclerc sont comme un grand verre d'eau pure, qui descend droit au cœur. Le lendemain, c'est au tour de Charles Trenet de clamer que Félix Leclerc est le premier chanteur depuis bien longtemps à apporter de la nouveauté et de la poésie dans la chanson française.

À 36 ans, le conquérant croit rêver en se rappelant tout le chemin parcouru. Il se revoit animateur à la radio de Québec et de Trois-Rivières… auteur et chanteur à Radio-Canada à Montréal… jouant la comédie avec les Compagnons de Saint-Laurent… En 1943 et 1944, Fides publie *Adagio*, *Allegro*, *Andante* et *Pieds nus dans l'aube*. Félix Leclerc était loin de se douter qu'une centaine d'autres livres et disques allaient suivre !

À Vaudreuil, Félix Leclerc écrit ses plus belles œuvres musicales. En 1948, il fonde la compagnie VLM avec Yves Vien et Guy Mauffette. On présente *Le P'tit Bonheur* à la salle paroissiale. Cette pièce et la chanson du même nom vont faire leur marque dans toute la francophonie, tout comme *Moi, mes souliers*, Grand Prix de l'Académie Charles-Cros en 1951.

Sixième d'une famille rurale de onze enfants, Félix Leclerc partage son existence entre le Québec et l'étranger où on veut l'entendre chanter *Bozo, Le train du nord, Notre sentier, Prière bohémienne* (si chère à Raymond Devos), *Le roi heureux, Attends-moi Ti-Gars, Hymne au printemps* :

> *Les blés sont mûrs et la terre est mouillée*
> *Les grands labours dorment sous la gelée*
> *L'oiseau si beau hier s'est envolé :*
> *La porte est close sur le jardin fané*

Mille neuf cent soixante-sept est une année cruciale pour Félix Leclerc qui est l'invité d'honneur du MIDEM de Cannes. Il reprend ensuite l'affiche à Bobino, part en tournée européenne et finit son périple à la Place des Arts, à Montréal. Le 7 octobre 1969, il divorce d'avec Andrée Vien, la mère de son fils Martin, pour se remarier, le 23 décembre de la même année, avec Gaétane Morin. De cette union naîtront Nathalie, à Paris, et Francis, à l'Île d'Orléans.

En 1975, Félix Leclerc retourne en France où il donnera une centaine de galas. Il regagne ensuite son île pour vivre paisiblement et militer en faveur de la souveraineté du Québec. Certaines de ses chansons, comme *Les 100 000 façons de tuer un homme, L'Alouette en colère, Mon fils, Le Tour de l'Île* témoignent de son engagement patriotique. «Ce n'est pas parce que je suis un vieux pommier que je donne de vieilles pommes», dit-il.

Après avoir reçu un doctorat Honoris Causa de l'Université du Québec, le prix Calixa-Lavallée de la Société Saint-Jean-Baptiste (1975), le prix Denise-Pelletier (1977), la médaille du Mouvement national des Québécois (1979), Félix Leclerc reçoit un hommage exceptionnel en 1983, lors du Printemps de Bourges, en France. Trois ans plus tard, le gouvernement français lui octroie la médaille de chevalier de la Légion d'honneur. Félix Leclerc est immortalisé au

Québec comme en France par des parcs, écoles, bibliothèques, musées et rues portant son nom. Au cœur du parc La Fontaine, à Montréal, une statue imposante, œuvre de Roger Langevin, est solidement ancrée au sol depuis le 20 octobre 1990.

En juin 2000, le coffret de prestige le plus complet sur la vie et l'œuvre de Félix Leclerc est lancé au Théâtre Corona, en présence de Raymond Devos, ami du chanteur, et de Jean Dufour, son dernier imprésario. C'est une œuvre de référence qui s'ajoute à la biographie *Félix Leclerc l'homme derrière la légende*[1], grand succès de librairie publié chez Québec/Amérique en 1994.

❖ ❖ ❖

---

1. *Félix Leclerc, l'homme derrière la légende*, Éditions Québec/Amérique, 1994.

1960-1969
JOHNNY HALLYDAY et GILLES VIGNEAULT

Le rock'n'roll marque les années 1960, avec ses vedettes de l'heure telles que Eddy Mitchell, Dick Rivers et Johnny Hallyday. Cette période yéyé ou à gogo voit également fleurir des artistes plus «romantiques» dont les textes dépassent les frontières : Charles Dumont (*Non, je ne regrette rien*), Françoise Hardy (*Tous les garçons et les filles de mon âge*), Alain Barrière (*Ma vie*), Hervé Vilard (*Capri, c'est fini*), Adamo (*Inch'allah*), Claude François (*Comme d'habitude*), Robert Charlebois (*Lindbergh*), Raymond Lévesque (*Quand les hommes vivront d'amour*), Pierre Barouh (*Un homme et une femme*, avec Nicole Croisille), Régine (*Les petits papiers*, de Serge Gainsbourg), Guy Marchand (*La Passionnata*).

En 1960, tout le monde chante *Un certain sourire*. Au Québec, Michel Louvain, Guylaine Guy et Fernand Gignac enregistrent ce succès signé Fain, Éthier et Salvet, inspiré du roman de Françoise Sagan. Cette année-là, avec cette mélodie, Michel Louvain remporte le Grand Prix du disque de CKAC.

En France, Johnny Hallyday, né à Paris le 15 juin 1943, refait constamment surface; le public lui porte un attachement constant. Abandonné à lui-même dès son plus jeune âge, il est indestructible. Jean-Philippe Smet, de son vrai nom, a commencé véritablement sa carrière en 1960 avec son premier 45 tours à quatre titres, incluant *T'aimer follement*, sa première apparition télévisée à *L'École des vedettes* et son premier spectacle à l'Alhambra, en première partie de Raymond Devos. Son mariage avec Sylvie Vartan, le 12 août 1965, et son entrée spectaculaire à l'Olympia, un peu plus tard, le placent au premier rang. Depuis, on ne compte plus les tournées dans le monde, les chansons nouvelles, les premières pages sur ses amours, séparations, réconciliations, nouvelles unions, prix, décorations et livres à son sujet. On peut dire que ce chanteur aura remonté cent fois la pente !

Au Québec, on s'entasse dans les boîtes à chansons pour entendre Jean-Pierre Ferland, Clémence DesRochers, Claude Léveillée, Georges Dor, Hervé Brousseau, Claude Gauthier, Pierre Létourneau, Pierre

Calvé, Jacques Blanchet. La Butte à Mathieu de Val David et Le Patriote à Montréal font découvrir au public Claude Dubois, Renée Claude, Jacques Michel, Raôul Duguay, Louise Forestier, Raoul Roy.

Durant les années 1960, on voit apparaître au Québec des groupes appréciés du public : Les Gendarmes, César et les Romains, Les Sinners, Les Miladys, Les Sultans, Les Classels (Gilles Girard), Les Baronets (René Angelil, Pierre Labelle et Jean Beaulne). Des chanteuses de talent marqueront aussi cette décennie : Ginette Ravel, Rosita Salvador, Jenny Rock, Dominique Michel, Margot Lefebvre, Ginette Sage, Christine Charbonneau et Germaine Dugas, récipiendaire du Grand Prix du disque canadien à CKAC avec *Deux enfants du même âge*. Celle-ci est également lauréate au Concours de la chanson canadienne, à Radio-Canada, avec *Viens avec moi et tu verras*. L'animatrice Pierrette Champoux apporte une contribution importante à la chanson, en composant une centaine de jolies mélodies et en enregistrant cinq 45 tours.

Avec la chanson de Gilles Vigneault, *Mon pays*, Monique Leyrac gagne le premier prix du Festival de Sopot (1965), en Pologne. De son côté, Gilles Vigneault, fier de son prix Calixa-Lavallée, s'envole pour Paris en 1966 où il fait ses débuts à Bobino avec Pauline Julien. Trois ans plus tard, son triomphe à l'Olympia rejaillit sur tout le Québec ; à la Place des Arts, le public le consacre «vedette de la décennie» et reprend avec lui *Mon pays*, cette mélodie qui se termine ainsi :

> *Mon pays ce n'est pas un pays c'est l'hiver*
> *D'un pays qui n'était ni pays ni patrie*
> *Ma chanson ce n'est pas une chanson c'est ma vie*
> *C'est pour toi que je veux posséder mes hivers*

À Québec où il fonde, en 1960, la petite Boîte aux chansons, avec Jean Leblond et les autres, Gilles Vigneault sort de sa tanière universitaire pour dire le fond de sa pensée. Le poète de Natashquan, né le 27 octobre 1928, prend la route qui mène à l'infini, au dépassement, à la recherche de ses semblables et du pays qu'il veut construire avec des mots, monologues et chansons. Le prophète de la Côte-Nord démarre avec *Jos Montferrand*.

De nombreux prix et trophées lancent la carrière de Gilles Vigneault dès le début des années 1960. Il reçoit notamment le Grand Prix du disque CKAC. Au Gala des artistes, on lui attribue le prix Félix Leclerc (1965). De passage dans la métropole, Bruno Coquatrix, le directeur de l'Olympia, affirme : « C'est un phénomène que l'on ne retrouve pas à tous les quarts de siècle ». À l'aréna Maurice Richard, le maire Jean Drapeau organise une fête devant plus de 7 000 personnes, pour célébrer le triomphe de Gilles Vigneault et de Monique Leyrac. Ce n'est qu'un début; on connaît la suite...

En 1967, la carrière de Gilles Vigneault explose littéralement : à l'Expo-Théâtre, à la Comédie-Canadienne, à l'Olympia de Paris, et à Ottawa au cours d'un spectacle en plein air, devant 8 000 personnes. En décembre paraît, aux Éditions de l'Arc, un quatrième recueil de paroles et chansons, *Tam ti delam*. Aujourd'hui, Gilles Vigneault, à 72 ans, poursuit toujours sa carrière internationale :

> *J'ai fait cinq cents milles*
> *Par les airs et par les eaux*
> *Pour vous dire que le monde*
> *A commencé par une sorte de tam di delam*
>
> *Si on voulait danser sur mes paroles*
> *On finirait par y trouver des pas.*

En mai 2000, Gilles Vigneault devient grand officier de l'Ordre national du Québec, ce qui s'ajoute à ses décorations de chevalier des Arts et des Lettres et de médaillé de la Légion d'honneur en France. Depuis 1968, date à laquelle il faisait une tournée européenne avec Serge Reggiani et Eva, Gilles Vigneault a traversé des centaines de fois l'Atlantique. Pour les francophones des deux côtés de l'océan, il est plus qu'un Québécois; il est le Québec de demain.

Dès la minute où il se présente sur scène, Gilles Vigneault est plébiscité par le public. Sa présence, sa façon de réciter des vers en chantant et en « giguant », comme dans les soirées de Saint-Dilon, est unique. Le poète sait raconter les belles histoires des gens de son pays, qui sont « des gens de paroles et de causerie ». Il fait revivre les personnages qui ont marqué son enfance à Natashquan.

Grâce à Gilles Vigneault, qui a suivi les traces de Félix Leclerc, les Québécois ont renoué avec leurs racines. Même s'ils subissent l'influence de leurs voisins américains, ils gardent l'espoir de survivre en français et d'avoir un jour un pays qui leur ressemble et les rassemble.

D'après l'écrivain Jean-Paul Sermonte, la popularité de Gilles Vigneault au Québec dément l'adage selon lequel nul n'est prophète en son pays. Selon lui, cet homme exceptionnel, magicien du verbe et du rythme, reste la figure dominante des années 1960 dans toute la francophonie.

Gilles Vigneault traverse allègrement le nouveau siècle comme s'il en était à ses débuts, avec la même fougue et autant de détermination. Le chanteur et auteur Éric Zimmermann trouve les mots justes lorsqu'il écrit : «Gilles Vigneault est grand comme son pays. Son œuvre est aussi généreuse que le Saint-Laurent, aussi tendre que la neige au printemps : taillée dans ce bois dont on fait les étraves, pour défier le flot du temps. Qui pourrait encore prétendre que la chanson est un art mineur après avoir écouté ce fidèle serviteur de la langue française.»

❖ ❖ ❖

1970-1979
Le disco, GINETTE RENO et ROBERT CHARLEBOIS

Pendant qu'en France Michel Sardou, Joe Dassin, Serge Lama, Michel Delpech, Georges Moustaki, Mireille Mathieu, Hugues Aufray, Michèle Torr, Pierre Perret, Daniel Guichard et Gérard Lenorman martèlent les ondes avec leurs succès, une nouvelle génération disco conquiert le public plus jeune. On voit également arriver des auteurs plus engagés comme Jacques Higelin, Maxime Le Forestier, Marie-Paule Belle, Renaud, Bernard Lavilliers, Jacques Bertin, Alain Souchon, Catherine Lara, Véronique Sanson et Julien Clerc. Grâce à ces artistes, le mariage du disco et de la variété devient une réalité. Leur style va changer le paysage de la chanson francophone.

Léo Ferré voit se lever un nouveau jour en enregistrant *Amour Anarchie* et *Avec le temps*. Les Bretons et les Alsaciens s'enflamment pour Glenmore et Roger Sitter; les Québécois plébiscitent Robert Charlebois, Plume Latraverse, Beau Dommage avec Michel Rivard et Marie Michèle Desrosiers.

En 1970, Ginette Reno gagne le premier prix du Festival international de Tokyo et connaît un énorme succès en interprétant, avec Jean-Pierre Ferland, *T'es mon amour, t'es ma maîtresse*. En 1975, sur le Mont-Royal, elle est portée aux nues lorsqu'elle chante *Un peu plus haut, un peu plus loin* devant 250 000 personnes, lors de la Fête nationale.

En 1978, Ginette Reno lance un nouvel album qui dépassera le cap des 350 000 exemplaires. On y trouve *Je ne suis qu'une chanson* de Diane Juster et *J'ai besoin d'un ami*, une de ses propres compositions. Née Ginette Raynault, le 28 avril 1946, sur le Plateau Mont-Royal, elle a été élue Miss Radio-Télévision en 1968. Durant toute les années 1970, elle a dominé le palmarès avec des chansons telles que *Et puis soudain, L'amour est un carrousel, Dans la vie tout s'arrange, Je t'ai fait une chanson, Tu vivras toujours dans mon cœur, Un enfant* de Jacques Brel :

> *Un enfant*
> *Ça vous décroche un rêve*
> *Ça le porte à ses lèvres*
> *Et ça part en chantant*

Un enfant
Avec un peu de chance
Ça entend le silence
Et ça pleure des diamants
Et ça rit à n'en savoir que faire
Et ça pleure en nous voyant pleurer
Ça s'endort de l'or sous les paupières
Et ça dort pour mieux nous faire rêver

La décennie voit la naissance de «grandes» chansons comme *Prendre un enfant* (Yves Duteil), *L'aigle noir* (Barbara, reprise par Marie Carmen), *Ordinaire* (Robert Charlebois), *La maladie d'amour* (Michel Sardou), *Paroles… paroles* (Dalida), *La complainte du phoque en Alaska* (Beau Dommage, reprise par Félix Leclerc). Au Québec, de nouvelles vedettes prennent également leur place : Fabienne Thibeault, Nicole Martin, René Simard, Marc Hamilton, Édith Butler, Michèle Richard, Renée Martel, Donald Lautrec, Claude Valade, Joël Denis, Tex Lecor, Plume Latraverse. Un vent nouveau souffle sur la chanson. L'heure est au folk, à la découverte d'un patrimoine ancestral adapté au temps nouveau. Les groupes comme Harmonium, Toulouse, Maneige, Octobre, Garolou, Offenbach ou Les Séguin exercent une influence dans les grands rassemblements.

Robert Charlebois reste celui qui a marqué le plus les années 1970, des deux côtés de l'Atlantique. Il est le premier, dans toute la francophonie, à faire du rock sur des paroles françaises et à créer une telle tradition dans ce domaine.

Avec sa chevelure frisée, son visage rond de poupon, ses airs drôles et loufoques, son comportement excentrique sur scène, ses propos dérangeants dans la vie quotidienne, sans parler de ses réelles qualités vocales et musicales, Robert Charlebois occupe une catégorie bien à part. Certains diront qu'il est le chansonnier qui a le plus changé, évolué, parfois dans des accoutrements remarquables. On a écrit qu'il faisait du «Baroque and Roll» ou du «Soul en joual».

Avec le temps, Robert Charlebois a cessé de s'inspirer d'Elvis Presley, que ce soit dans ses gestes, ses intonations, sa façon de se déhancher ou de jouer de la guitare. D'autres artistes ont suivi l'exemple du chanteur pop au mouvement perpétuel. On pense notamment à Michel Pagliaro (*J'entends frapper*, 150 000 exemplaires), Johnny Farago (1944-1997), Diane Dufresne, Nanette (Workman), le poète rocker Lucien Francoeur, Gilles Valiquette (*Je suis cool*, *Samedi soir*) ou encore à Steve Faulkner, qui a développé un style country rock avec des chansons comme *Si j'avais un char* et *Doris*.

Après son premier triomphe à la Place des Arts en 1970, où il était accompagné par l'Orchestre symphonique de Montréal, c'est au MIDEM de Cannes, l'année suivante, que Robert Charlebois prend son envol. Selon Bernard Chevry, le créateur de l'événement, l'auteur québécois est la révélation de la cinquième édition de cette manifestation avec Julien Clerc et Elton John. Le public n'a pu s'empêcher de se lever et de l'applaudir chaleureusement après l'interprétation de sa chanson *Ordinaire*, dont Mouffe a signé les paroles :

> *Je suis un gars ben ordinaire*
> *Des fois j'ai pu l'goût de rien faire*
> *J'fumerais du pot, j'boirais d'la bière*
> *J'ferais d'la musique avec le gros Pierre*
> *Mais faut que j'pense à ma carrière*
> *Je suis un chanteur populaire*

Fort du succès remporté à l'Olympia de Paris en 1972 et 1973, l'enfant terrible partage la scène avec Léo Ferré au cours d'une tournée européenne. De nouvelles chansons sont bientôt sur toutes les lèvres : *Tout écartillé*, *Les ailes d'un ange*, *Mon ami Fidel*, *Cauchemar*, *Conception*, *Je reviendrai à Montréal*, *Entre deux joints*, *Moi Tarzan, toi Jane*, *Je rêve à Rio*.

Dans le cadre de la Superfrancofête à Québec en 1974, Robert Charlebois se joint à Félix Leclerc et à Gilles Vigneault pour chanter devant plus de 125 000 personnes. Deux ans plus tard, à Québec comme à Montréal, c'est l'euphorie aux célébrations de la Fête nationale alors qu'il chante avec Yvon Deschamps, Jean-Pierre Ferland, Claude Léveillée et Gilles Vigneault. Grâce à leur album *Une fois cinq*, ils remportent le prix de l'Académie Charles-Cros en France.

Sur la longue feuille de route de Robert Charlebois s'ajoutent toujours de nouvelles expériences, qu'il s'agisse de biographies écrites par Benoit L'Herbier (1971), Lucien Rioux (1972), Claude Gagnon (1974), Jacques Julien (1987) ou de films comme *Un génie, une cloche, deux associés* de Sergio Leone. Robert Charlebois fait constamment d'heureux retours avec des albums comme *Le chanteur masqué* (le quarantième) et *La maudite tournée* en 1995. Des spectacles suivent au Québec et en Europe, notamment en France, au Palais des Congrès et au Casino de Paris. Robert Charlebois est sur tous les plateaux de télévision ; il est couronné aux Victoires de la musique, dans la catégorie album francophone. Pour l'ensemble de sa carrière, il reçoit le Félix de l'ADISQ 1994 ainsi que le Grand Prix du Festival international de Québec. En 1996, il reçoit la médaille vermeille de l'Académie française.

Depuis plus de vingt ans, Robert Charlebois connaît le bonheur et la joie auprès de Laurence Dabadie (sœur de l'auteur Jean-Loup) avec leurs deux fils, Victor et Jérome, tous deux dans la vingtaine. Avec le temps, l'auteur s'est bien assagi ! Il est aujourd'hui à la tête d'une micro-brasserie qui fabrique des bières québécoises artisanales. Avec la publication de son roman *On dirait ma femme… en mieux* et son nom dans Le Petit Robert, Robert Charlebois a fait un long parcours pour en arriver au sommet de son art.

❖ ❖ ❖

1980-1989
STARMANIA, MITSOU et RENAUD

Fini les disques en vinyle, vive le disque compact! L'émergence des albums et vidéo-clips change les habitudes des consommateurs et de toute l'industrie de la chanson. C'est l'ère du marketing, des cotes d'écoute, des records de vente attribués au TOP 10 ou au TOP 50.

Le public succombe à la beauté et à la fraîcheur de jeunes et nouvelles interprètes : Vanessa Paradis (*Joe le taxi*), Patricia Kaas (*Mademoiselle chante le blues*), Pauline Ester (*Oui, j'l'adore*), Martine St-Clair (*Y'a de l'amour dans l'air*), Diane Tell (*Si j'étais un homme*). Du côté des interprètes masculins, Roch Voisine (*Hélène*) et Patrick Bruel (*Casser la voix*) font frissonner les auditrices. Dans un autre registre, Charlélie Couture (devenu CharlÉlie), Jean-Jacques Goldman, Pierre Bachelet, Philippe Lavil, Mario Pelchat et l'Algérien Cheb Khaled font leur marque.

En 1985, France Gall, qui avait connu le succès avec *Sacré Charlemagne* et *Poupée de cire poupée de son*, enregistre *Donner pour donner* en duo avec Elton John. Elle refait surface, deux ans plus tard, et remplit le Zénith pendant trois semaines. Elle chante surtout les compositions de son mari, Michel Berger. Avec Luc Plamondon pour les paroles, Michel Berger écrit la musique de *Starmania*, production qui tiendra l'affiche en France pendant toutes les années 1980. Cet opéra rock est joué régulièrement aussi bien sur les scènes québécoises que françaises. Le duo Plamondon-Berger signe également *La légende de Jimmy*, spectacle évoquant la vie de James Dean, dans lequel joue Diane Tell. Ce sera la dernière production des deux musiciens et auteurs : Michel Berger succombe à une crise cardiaque en 1992.

Luc Plamondon joue un rôle important comme défenseur de la chanson francophone dans le monde. Il empêche l'invasion totale des succès américains qui, bien souvent, encombrent nos ondes. Avec plus de trois millions d'albums vendus pour *Starmania* et autant de spectacles, il n'est donc pas surprenant que l'on entende dans la rue des gens fredonner *Le monde est stone*, *La complainte de la serveuse automate*, *Les uns contre les autres*, *Le Blues du businessman* :

J'aurais voulu être un artiste
Pour tous les soirs changer de peau
Et pour pouvoir me trouver beau
Sur un grand écran en couleurs [...]

On ne compte plus les chanteurs de la francophonie qui doivent leur réussite à Luc Plamondon. On pense notamment à Fabienne Thibeault, Patsy Gallant, Maurane, Daniel Balavoine, décédé en 1986 dans un accident d'hélicoptère.

Habillé de noir, les yeux cachés derrière ses lunettes fumées, Plamondon appartient à un monde à part. Il est le roi incontesté des comédies musicales modernes et des chansons à succès. Le Québec était beaucoup trop petit pour cet homme dont le talent est de dimension internationale. Depuis ses débuts avec Diane Dufresne (*J'ai rencontré l'homme de ma vie*) et *Starmania*, Plamondon a contribué à faire la fortune et la gloire de nombreux chanteurs québécois et européens. On affirme qu'il touche des millions de dollars en droits d'auteur pour ses 500 chansons et comédies musicales. Et c'est tant mieux qu'il en soit ainsi.

Durant les années 1980, Fabienne Thibeault, Sylvie Jasmin, Mylène Farmer, Carole Laure, Chantal Pary, Nanette (Workman), Jean-Pierre Bérubé, Alain Lamontagne, Belgazou, Véronique Béliveau, Robert Leroux, Sylvie Bernard, Marie Denise Pelletier, Linda de Suza, Marc Lavoine, Michel Jonasz, Pauline Ester, Sylvain Lelièvre, Jean Faber, Monique Vermont et Angèle Arsenault entraînent avec eux un nouveau public réceptif à leur image.

Quant à Mitsou, elle connaît en 1988 une popularité spontanée avec son vidéo-clip *Bye Bye, mon cow-boy* et obtient le Félix de la découverte de l'année au gala de l'ADISQ. De plus en plus, on exige que les interprètes de la chanson populaire arrivent sur les plateaux de télévision avec leurs derniers enregistrements vidéo, ce qui représente des sommes considérables pour les producteurs de Marjo, Joe Bocan, Laurence Jalbert, Marie Carmen, Martine St-Clair et autres. On s'appuie sur les clips pour établir le palmarès. Tous les trucages, cascades, effets sonores sont permis. On arrive parfois à se demander qui est le véritable interprète.

Pour les jeunes, Mitsou (Gélinas) évoque le mythe de Madonna; les moins jeunes revivent la légende de Brigitte Bardot en la voyant chanter ses tubes de la fin des années 1980 : *La corrida, Les Chinois, Los Amigos.* Ses albums *El Mundo* et *Terre des hommes* comptent d'autres chansons à succès : *Lettre à un cow-boy, Dis-moi, dis-moi, Mademoiselle Anne.* En 1994, elle ramène trois anciens succès sur nos ondes : *Le ya ya*, popularisé par Joël Denis, *Comme j'ai toujours envie de toi*, de Marc Hamilton, et *Reste*, interprété en duo avec Patrick Bourgeois. Son sixième album, sorti à la fin du siècle dernier et intitulé *Si tu m'aimes encore*, fait son chemin. La chanteuse Mitsou, devenue auteure et productrice, est toujours prête à rebondir, tel un félin, au moment où l'on ne s'y attend pas. L'avenir nous dira sûrement que la belle Mitsou n'est pas seulement un produit médiatique.

En 1980, Renaud envahit les ondes avec des tubes bourrés d'humour dans lesquels le public se retrouve: *La Boum, Marche à l'ombre, Mimi l'ennui.* Il passe facilement la rampe au Théâtre de la ville, à Bobino et à l'Olympia, où il se produit après Yves Montand en 1982. Renaud initie un retour aux traditions en rendant hommage à Maurice Chevalier, Béranger, Fréhel, Damia ou Montéhus, le parolier des luttes sociales (1872-1952). Il donne une seconde jeunesse à de vieilles mélodies comme *C'est un mauvais garçon, Le p'tit bal du samedi soir* ou *Rue Saint-Vincent,* du célèbre Aristide Bruant (1851-1925) :

> *Elle avait sous sa toque d'martre,*
> *Sur la butt'Montmartre,*
> *Un p'tit air innocent*
> *On l'app'lait Rose, elle était belle*
> *Elle sentait bon la fleur nouvelle*
> *Rue Saint-Vincent [...]*

Après avoir fait sa marque au Printemps de Bourges à deux reprises, Renaud enregistre à Los Angeles, en 1983, son album très personnel *Morgane de toi.* Deux ans plus tard, sa chanson *Miss Maggie* fustigeant Margaret Thatcher fait scandale.

En 1986, le jeune homme frêle au cœur tendre, encore timide, rongé par la peur, fait un véritable malheur au Zénith, rempli à craquer de fervents admirateurs. Renaud prouve que la chanson française à textes n'est pas à l'agonie et donne le signal à d'autres artistes, qui le suivront dans la même voie. Les portes de toute la francophonie s'ouvrent à lui. Sur son album *Putain d'camion* sorti en 1988, il rend hommage à son ami Coluche, décédé dans un accident de moto. En 1991, il reçoit le Grand Prix de l'Académie Charles-Cros.

En 1993, le producteur et réalisateur Claude Berri lui offre le rôle de Lantier dans son film *Germinal*, d'après le roman de Zola. Dans le même laps de temps, le chanteur enregistre un merveilleux album consacré à Brassens. Il repart en tournée et vient au Québec, aux FrancoFolies de Montréal, présenter son album *À la belle de mai*.

Même s'il a publié des chroniques politiques, voire polémiques, ainsi que des recueils de ses coups de gueule, Renaud n'a pas tout dit. Ses 25 ans de carrière et autant d'albums n'ont pas tari son inspiration. Il souhaite que sa fille Lolita sache combien son père est homme à ébranler les mentalités.

❖ ❖ ❖

1990-1999
CÉLINE DION, NOTRE-DAME DE PARIS et RICHARD DESJARDINS

Le phénomène planétaire Céline Dion est un événement inespéré. À l'instar de la diva, bien des producteurs rêvent de conquérir le monde entier avec leurs artistes. René Angelil, gérant et mari de Céline Dion, a pris auprès de la vedette, la relève de Johnny Stark, l'homme qui a fait de Mireille Mathieu une star internationale. Céline Dion et Mireille Mathieu viennent toutes deux d'une famille de 14 enfants.

Devant l'ampleur de la popularité de Céline Dion, avec son prix d'Artiste de la paix remis par l'UNESCO et ses 100 millions de disques vendus au cours de la décennie, il est bien difficile de se faire une place. Malgré tout, plusieurs noms sortent du rang : Florent Pagny, Luce Dufault, Zazie, Sylvain Cossette, Dan Bigras, Richard Desjardins, Éric Lapointe, Ophélie Winter, Kevin Parent, Jean Leloup, Axelle Red, Jean-Louis Murat, Pascal Obispo, Daniel Boucher, qui a fait sensation au théâtre Corona et à la Fête nationale du Québec, à Montréal, en juin 2000. Plusieurs groupes francophones se hissent eux aussi au sommet du palmarès : Dubmatique, La Chicane, Okoumé, IAM, Alliance Ethnik, Les Frères à ch'val, Les Escrocs, Noir Désir.

Le public n'oubliera pas de si tôt le groupe les Colocs et son chef de file, André (Dédé) Fortin. Ils enregistrent des vidéo-clips, des albums comptant de nombreuses chansons à succès comme *Tassez-vous d'là* ou *Le répondeur*. Leur message est grave, poignant, engagé. En mettant fin à ses jours en mai 2000, Dédé Fortin, 38 ans, laisse un vide immense. Son ultime poème, dont voici les premier et dernier couplets, met à nu le désespoir de cet artiste à la sensibilité exacerbée :

> *Comme le temps est pesant en mon âme escogriffe*
> *Un grand ciel menaçant, un éclair qui me crie*
> *Ton cœur est malicieux, ton esprit dans ses griffes*
> *Ne peut rien faire pour toi et tu es tout petit*
> *[...]*
> *Condamné par le doute, immobile et craintif,*
> *Je suis comme mon peuple, indécis et rêveur,*
> *Je parle à qui le veut de mon pays fictif*
> *Le cœur plein de vertige et rongé par la peur*

À l'annonce de la sortie de scène de Céline Dion pour au moins deux ans, la puissante multinationale de communication Sony décide d'investir sur Lara Fabian. Elle a du coffre, du chien et ne manque pas de détermination et de beauté. L'avenir lui appartient! Lara Fabian se lance à son tour à la conquête du marché américain et européen.

Autre phénomène de cette décennie : *Notre-Dame de Paris* de Luc Plamondon et Richard Cocciante, qui affiche le même succès en France qu'au Québec et à travers la francophonie. De cette nouvelle comédie musicale émergent de nouvelles étoiles comme Bruno Pelletier, Isabelle Boulay, Daniel Lavoie, Luck Mervil, Garou, Marie-Jo Thériault, Patrick Fiori, France D'Amour, Sylvain Cossette, Natasha St-Pier, Tina Arena. Le public les suit dans leur ascension vertigineuse.

Les années 1990 connaissent aussi l'ouragan Plamondon avec sa comédie musicale *Notre-Dame de Paris*, créée d'après l'œuvre de Victor Hugo écrite en 1831. Le Québécois, issu d'un milieu rural fort modeste, envahit tous les pays francophones et anglophones. Le parolier est devenu un concepteur magique qui réussit tout ce qu'il entreprend. Les revues et journaux comme *Paris-Match*, *Le Figaro*, *L'Actualité* et *Sept Jours*, lui consacrent des pages entières.

La marque de commerce de Luc Plamondon, ce sont les voix québécoises qu'il a fait connaître au public d'ici et d'ailleurs. «Au Québec, il faut compter sur six millions de spectateurs francophones; Paris et ses environs en comptent plus de douze», affirme-t-il.

Le succès de *Notre-Dame de Paris* est certes étroitement lié à Luc Plamondon, mais aussi à Richard Cocciante pour la musique, Gilles Maheu pour la mise en scène et Alain Lortie pour les éclairages. *Le temps des cathédrales*, interprétée par Bruno Pelletier, ainsi que *Belle*, chanson fétiche de l'album, ont envahi les ondes et des millions de foyers. Avec son Esméralda timide, Luc Plamondon a fait de la bohémienne une enfant de la rue que tous voudraient adopter. Les Félix, Victoires de la musique et une foule de prix et décorations officielles ont couronné tant l'œuvre magistrale de Victor Hugo que le travail acharné de l'équipe Plamondon.

Depuis 1993, chaque année au mois d'août, Musiqu'en août bat son plein dans l'Outaouais, principalement à Saint-André-Avallin.

L'ex-chanteur, compositeur et interprète Michel Séguin et un de ses amis ont décidé, par le biais de cet événement, de promouvoir la chanson francophone dans la région. Ils attirent chaque fois de grands noms. En 2000, se produiront dans les parcs, églises, bistros, Dan Bigras, Laurence Jalbert, Luce Dufault, Marc Déry, Daniel Boucher, Marie-Claire Séguin et bien d'autres encore.

Selon le relevé annuel de Francophonie Diffusion, un réseau regroupant 150 stations de radio dans 70 pays, on apprend que Céline Dion, Lara Fabian, Francis Cabrel, Faudel et le groupe Zebda sont les artistes francophones ayant le plus tourné au cours de l'année 1999. *Belle*, la chanson titre du spectacle *Notre-Dame de Paris*, fait partie des 10 premières chansons du palmarès :

> *Belle, c'est un mot qu'on dirait inventé pour elle*
> *Quand elle danse et qu'elle met son corps à jour*
> *Tel un oiseau qui étend ses ailes pour s'envoler*
> *Alors je sens l'enfer s'ouvrir*

C'est par le biais du film documentaire que Richard Desjardins, né le 16 mars 1948, entre dans la chanson. Jusqu'en 1984, il fait la tournée des cabarets avec le groupe rock Abbittibbi. Son premier album *Boomtown Café* crée la surprise. Dans le film *Le Party*, de Pierre Falardeau, l'auteur fait connaître ses talents d'interprète.

Sa chanson *Tu m'aimes-tu* fait lever sa carrière au Québec et à l'étranger. Francis Cabrel reprend à son compte *Quand j'aime une fois, j'aime pour toujours*. Après avoir soulevé les foules au Festival international d'été de Québec, Richard Desjardins lance son album éponyme au Club Soda, en 1991. Le poète poursuit sur la même lancée avec *Koolo Koolo*, *Le chemin de la dompe*, *M'a mettre un homme là-d'ssus* et son monologue *T'attends*.

Récipiendaire de la Médaille Jacques Blanchet en 1991 pour l'ensemble de son œuvre, Richard Desjardins reçoit l'année suivante le prix Québec-Wallonie-Bruxelles; il décrochera ensuite plusieurs Félix aux différents galas de l'ADISQ. Sa carrière se poursuit sur le plan international.

Le chanteur abitibien entre vraiment dans le cœur des Français en 1992, lorsqu'il monte sur la scène du Bataclan, du Théâtre de la ville et des Francofolies de La Rochelle. De retour à Montréal, il se produit à La Licorne, au Spectrum, au Théâtre Saint-Denis et dans plusieurs villes du Québec. Il fait des apparitions remarquées à Mexico, au Théâtre Cauhtemoc, ainsi qu'au Festival 24 heures de Meyrin, à Genève, et à La Botanique de Bruxelles.

En 1994, Richard Desjardins sort son album *Chaude était la nuit*, sur lequel on retrouve *Rouler collés, Caroline* et *Les grands remous*. Deux ans plus tard, il fait une dernière tournée avec ses acolytes du groupe Abbittibbi et reprend la route en solitaire.

En 1999, Richard Desjardins présente son album *Boum Boum* et son spectacle très branché au TLP-Dejazet à Paris. Il obtient d'excellentes critiques sur la qualité et l'originalité de ses textes. *Le Figaro, Le Parisien* et *Le Nouvel Observateur* s'accordent pour reconnaître son talent indéniable et n'hésitent pas à le consacrer révélation québécoise des années 1990. Ses chansons, écrit-on, racontent des histoires vraies de sa région natale de Rouyn-Noranda et dénoncent l'extermination des Amérindiens par les Yankees.

Cette même année, Richard Desjardins produit un excellent documentaire sur l'état de la forêt boréale, lequel a suscité la polémique et un véritable débat de société. «Est-ce qu'on va laisser à nos enfants des ressources naturelles dans cet état pitoyable? clame-t-il. L'humanité est traitée comme si elle était de trop sur la planète.»

Même si Richard Desjardins connaît bien la France et surtout son quartier de prédilection, Montmartre, il décide en mai 2000 de s'installer pour un long moment à Toulouse, la ville si chère à Claude Nougaro. L'auteur québécois veut se ressourcer sous d'autres cieux, sans s'occuper des modes passagères et des règles établies par les médias et l'industrie du disque et de la scène. Il veut avant tout prendre le temps de composer d'autres textes, toujours aussi solides. Avec son talent d'interprète, de pianiste et de guitariste, il a été porté aux nues lors de ses récents galas donnés au Théâtre Claude Nougaro de Toulouse, en Midi-Pyrénées.

❖ ❖ ❖

« Si la foi soulève les montagnes, les chansons soulèvent les foules, bercent les rêves, brisent l'ennui et rendent la vie plus belle. »

Raymond Lévesque

LES VOLETS DE LA CHANSON
AU FIL DU TEMPS

É tant un art populaire majeur, la chanson a acquis ses lettres de noblesse au cours du siècle dernier. Elle a évolué dans tous les domaines et a inspiré nos plus grands poètes. Le XXe siècle a donné naissance à de grandes chansons d'amour qui ont bercé notre enfance et fait rêver nos mères.

Certaines années ont été marquées par la religion, le folklore, le romantisme; d'autres par la guerre, le capitalisme et le syndicalisme, la joie de vivre. Les Jacques Brel, Félix Leclerc, Gilbert Bécaud, la Bolduc, Jean Ferrat, Léo Ferré, Charles Trenet, Édith Piaf, Luc Plamondon, Yves Duteil… ont laissé des textes touchants, des chansons immortelles qui sont de la grande littérature. En racontant l'histoire qui les a vu naître, on les compare et les fait rencontrer au-delà du temps…

«*C'est pas facile d'écrire des chansons. J'ai dû en composer au moins 500. Il y en a une dizaine qui ont marché plus que les autres. C'est comme ça pour tous les auteurs. Pensez à Félix Leclerc ou à Georges Brassens, c'est la même chose. C'est difficile de connaître le succès. On ne connaît pas le secret. Dans mon cas, on m'associe toujours à* Quand les hommes vivront d'amour *qui a été reprise par des chanteurs meilleurs que moi et dans plusieurs langues.*

Félix m'avait dit un jour à Paris, alors que je tirais le diable par la queue, que notre métier nous conduisait de déception en déception et que, pour connaître la gloire, il ne fallait pas trop y rêver. Il faut laisser le public bien à l'aise de décider à qui il donnera une vraie chance. C'est parfois la Providence qui mène le bal!

En 1945, c'est Fernand Robidoux à qui j'ai montré mes chansons, qui m'a permis de continuer dans cette voie. J'aurais pu devenir un gibier de potence. Quand on est un artiste, on n'est pas méfiant. Même Félix Leclerc, Gilles Vigneault ou Jacques Brel ont vécu ça. Plus naïf que moi, ça se peut pas. Comme dans la chanson de Charles Dumont qu'il a composée pour Édith Piaf : Non, je ne regrette rien!*»*

Raymond Lévesque

LES VOLETS DE LA CHANSON

LA CHANSON D'INSPIRATION RELIGIEUSE

La chanson religieuse existe depuis longtemps. Elle a fait place aux cantiques sacrés que l'on chantait au XVIIᵉ siècle. Par le passé, l'Église et ses ecclésiastiques ont combattu de toutes leurs forces ceux qui voulaient moderniser la musique et les paroles d'un répertoire destiné à sauver les âmes de leurs fidèles. On a crié au scandale le jour où des auteurs-compositeurs ont repris à leur compte des cantiques pour en faire des chansons traditionnelles et populaires. Nous n'avons qu'à penser à Paolo Noël avec sa *Vierge Marie*.

Au XIXᵉ siècle, on a inclu dans le folklore des cantiques, des litanies et des psaumes tels que *C'est le mois de Marie, J'irai la voir un jour, Je mets ma confiance* tout comme *Je suis chrétien* :

> *Je suis chrétien, voilà ma gloire*
> *Mon espérance et mon soutien*
> *Mon chant d'amour et de victoire*
> *Je suis chrétien, je suis chrétien.*

Au XXᵉ siècle, on a compris que l'on ne pouvait imposer sans compromis des chants liturgiques où l'on proclamait sa foi. Devant la montée des rengaines amorales ou grotesques, dans lesquelles se complaisaient de nombreux croyants, il a fallu que le clergé change d'attitude.

On trouve, dans les recueils du Père Edmond Ligonnet, les paroles de *Plus près de toi mon Dieu*, composée en 1900 par R. Saillens sur la musique de Edmond Ligonnet. C'est son interprétation par l'orchestre du Titanic, lors du tragique naufrage de 1912, qui valut à ce cantique sa postérité. Bien des orchestres ont repris ce chant religieux connu chez les anglophones sous le nom de *Nearer my God to Thee* :

> *Quand tu viendras, Ô mon céleste Roi*
> *Me recueillir dans ta pure lumière*
> *Que je redise à mon heure dernière :*
> *Plus près de toi, mon Dieu, plus près de toi!*

Le mélange subtil de religion et de paganisme plus ou moins conscient, sur lequel s'est toujours appuyée la culture populaire, a fini par donner naissance à un certain nombre de pratiques rituelles immuables, dont le sens sacré s'est souvent perdu dans la nuit des temps.

Certaines fêtes qui appartiennent à la tradition chrétienne trouvent leurs origines primitives au début de notre ère. Nos vies sont étroitement liées aux célébrations du calendrier chrétien : Noël, l'Épiphanie, Pâques, l'Ascension, la Saint-Jean-Baptiste, fête nationale des Québécois célébrée le 24 juin, ou encore la Saint-Patrick, patron des Irlandais qui le célèbrent le 17 mars. À ces fêtes, il convient d'ajouter toutes les grandes étapes de notre vie qui se passent en lieux saints, à savoir le baptême, la première communion, la confirmation, le mariage, les fêtes commémoratives ou le service funèbre.

À partir de 1920, les recueils de nos chorales contribuent à enrichir le patrimoine avec *Marche des rois*, *Dans le silence de la nuit*, *Entre le bœuf et l'âne gris*, *Venez divin Messie*, *Nouvelle agréable*, *Douce nuit, sainte nuit*, *Petit papa Noël*, et le célèbre et légendaire *Minuit, chrétiens!* :

> *Minuit, chrétiens, c'est l'heure solennelle*
> *Où l'homme Dieu descendit jusqu'à nous,*
> *Pour effacer la tache originelle*
> *Et de son père arrêter le courroux :*
> *Le monde entier tressaille d'espérance*
> *À cette nuit qui lui donne un sauveur*
> *Peuple à genoux, attends ta délivrance,*
> *Noël! Noël! voici le Rédempteur! (bis)*

À la messe de minuit des Noëls d'antan, ce cantique a été interdit dans bien des églises pour toutes sortes de raisons. L'Église n'aimait pas que l'on parle de «l'homme Dieu descendu du ciel». Ce *Minuit, chrétiens!* dont les paroles sont de Placide Cappeau de Roquemaure et la musique, du compositeur français Adolphe Adam, a été composé en 1847. Des centaines et des centaines d'interprètes réputés lui ont donné ses lettres de noblesse dans le monde entier. Finalement, l'Église a accepté de réhabiliter ce cantique devenu un succès populaire et commercial.

Les plus grandes voix d'opéra ont enregistré *Minuit, chrétiens!* au fil du siècle dernier, à commencer par Caruso (1916) Georges Thill (1932), Raoul Jobin (1945), Armand Mestral (1953), Richard Verreau (1959), Placido Domingo (1964), Luciano Pavarotti (1976), Georges Coulombe (1978), Le Chœur de l'Armée rouge (1998). Ce sont surtout des interprètes masculins qui ont entonné cet hymne, à l'exception de quelques chanteuses populaires telles Maria Candido (1959), Mathé Altéry (1962), Petula Clark (1963), Nana Mouskouri (1970), Céline Dion (1998).

Chez les chanteurs les plus célèbres, nombreux sont ceux qui ont donné une nouvelle vie à *Minuit, chrétiens!* Des noms surgissent comme Tino Rossi (1939), Jean Lumière (1948), Luis Mariano (1954), André Claveau (1958), Réda Caire (1959), André Dassary (1964), Les Compagnons de la Chanson (1965), John Littleton (1973), Gérard Lenorman (1974). Lors de la dernière décennie, Fernand Gignac et André Lejeune l'ont ajouté à leurs albums des fêtes. À la fin de 1999, Florent Vollant — qui a fait carrière avec Claude McKenzie dans le groupe Kashtin — a enregistré et chanté à la télévision en langue montagnaise cette célèbre chanson.

Des chants religieux comme *Il est né le divin enfant, Noël c'est l'amour, Les anges dans nos campagnes, Trois anges sont venus ce soir, Santa Maria*, datant des XVIIIe et XIXe siècles, ont eux aussi été repris par des interprètes célèbres : Tino Rossi, Charles Aznavour, Mathé Altéry, Angèle Arsenault et Mireille Mathieu.

Dans les classiques de Noël chantés par Marie Michèle Desrosiers, avec l'Orchestre symphonique tchèque dirigé par Jacques Lacombe à Prague, figure également *Mon beau sapin*, chanson qui a aussi sa propre histoire. Une très vieille légende raconte en effet que la nuit où Jésus est né, tous les arbres du monde entier donnèrent leurs plus belles fleurs et leurs meilleurs fruits. C'est en Allemagne que naquit la coutume de décorer les arbres pour la fête de Noël et que fut probablement composée la chanson *O Tannenbaum (Mon beau sapin)*, dont on ne connaît ni l'auteur, ni le compositeur.

Au Québec et dans le monde entier, on sait le rôle que les ecclésiastiques ont joué auprès de leurs ouailles. L'œuvre de l'abbé Charles-Émile Gadbois, avec ses cahiers de La Bonne Chanson, est inestimable.

Dans les années 1960, le Père Bernard, franciscain de France, connaît son heure de gloire avec des succès comme *Sur tous les chemins du monde*. Sœur Sourire lance pour sa part, depuis la Belgique, *Dominique*, une ballade fredonnée dans toute la francophonie. Jacqueline Lemay puise quant à elle son inspiration dans ses années passées chez les Oblates missionnaires de Marie Immaculée. Elle écrit en effet ses propres chansons d'inspiration religieuse et enregistre plusieurs disques en s'accompagnant à la guitare. Le milieu scolaire l'invite notamment à chanter ses mélodies telles *Identité, Avoir, Vingt filles, vingt gars*. En 1975, Jacqueline Lemay écrit *La moitié du monde est une femme*, qu'elle enregistre avant Pauline Julien et Isabelle Aubret. Les chansons spirituelles entrent dans nos vies avec Claude Valade, Julie Arel et Ginette Ravel.

Que de chansons à connotation religieuse hantent nos mémoires : *Le miracle de Sainte-Anne-de-Beaupré* interprété par Jen Roger ; *Le cœur du bon Dieu*, par Raymond Lévesque et *La voix du bon Dieu*, par Céline Dion. Et ces anciens 78 tours d'un temps passé que l'on voit réapparaître aujourd'hui sur disques compacts... C'est notamment le cas des succès d'Albert Viau (né en 1910 et bien vivant !) tels que *Mon seigneur Jésus, La petite église, L'Angelus de la mer*. D'autres classiques ont également été repris : *Alléluia, La chapelle au clair de lune, Oui devant Dieu* (Gloria Lasso), *Pourquoi mon Dieu* (Georges Moustaki), *Que Dieu protège notre amour* (Thérèse Deroy), *Le Bon Dieu* (Jacques Brel).

C'est probablement parmi le répertoire d'Édith Piaf que l'on trouve le plus de mélodies témoignant de sa foi en Dieu, de ses croyances. Elle se transcende lorsqu'elle interprète *Monsieur Saint-Pierre, Jérusalem, Les croix, Sœur Anne, Mon Dieu, Je crois, Le ciel est fermé, La petite Marie*. Depuis sa miraculeuse guérison à Lisieux, Édith Piaf vouait un véritable culte à Sainte-Thérèse de l'Enfant-Jésus. Elle a cru jusqu'à sa mort, en 1963, en la miséricorde de Dieu ; mais c'est le Jésus de son enfance qu'elle a prié et chanté toute sa vie à travers ses plus belles chansons d'amour.

Un sondage CSA, réalisé pour le compte du journal *Le Parisien* et de la Cinquième chaîne de télévision, indique que 54 % des Français ont choisi Édith Piaf comme la chanteuse du siècle, devançant Céline Dion (26 %), Maria Callas (19 %) et Barbara (15 %). Même si elle nous a quittés il y a plus de 35 ans, Édith Piaf continue de faire vibrer les cœurs sur toute la planète. Elle a été l'interprète reine de la chanson française et a su influencer et lancer bon nombre d'auteurs, compositeurs, chanteurs, tels que Paul Meurisse, Yves Montand, Charles Aznavour, Eddie Constantine, Jacques Pills, Félix Marten, Claude Léveillée, Les Compagnons de la chanson et le dernier homme de sa vie, Théo Sarapo, qui trouva la mort dans un accident d'auto en 1970.

On doit à Michel Émer la chanson *À quoi ça sert l'amour* :

> *En somm' si j'ai compris*
> *Sans amour dans la vie,*
> *Sans ses joies, ses chagrins,*
> *On a vécu pour rien.*
> *Mais oui, regarde-moi.*
> *À chaque fois j'y crois*
> *Et j'y croirais toujours,*
> *Ça sert à ça l'amour [...]*

❖ ❖ ❖

LA CHANSON FOLKLORIQUE

La chanson folklorique tient une place enviable dans l'histoire de la musique, dans la marche des peuples. Il y eut toute une évolution depuis le Moyen-Âge, depuis le temps des troubadours. De nos jours, une chanson est fredonnée en même temps à Paris, New York, Tokyo, Bruxelles, Montréal. Faut-il y voir un signe de mondialisation? Au début comme à la fin de ce siècle, on peut encore affirmer sans se tromper que les chansons accompagnent notre vie, du berceau jusqu'au dernier souffle.

Dès la naissance, on se fait endormir par les berceuses et les comptines de l'enfance. Viennent ensuite les chansons d'amour, de désespoir, de rupture et les chants religieux. Quand on vieillit, Dieu sait que les chansons de folklore servent de point de repère à nos souvenirs. Il y a 50 ans, l'espérance de vie était d'un demi-siècle. Aujourd'hui, elle est de 75 ans. D'ici 25 ans, il y aura légions de centenaires qui chanteront leur Belle Époque. La chanson folklorique a encore de beaux jours devant elle.

Notre folklore nous vient en grande partie de la France; il a bien sûr subi des transformations avec le temps et les événements. La chanson est le reflet de notre vie; elle dépeint la joie et la tristesse. Il y a toujours eu des chanteurs de folklore, bien avant l'avènement des 78 tours et de la radio, datant du début du siècle. On chantait pour se distraire, fêter et oublier les soucis. C'est devenu pour certains un gagne-pain, un emploi lucratif, une passion.

De nombreux spécialistes ont fait des recherches et des études sur la chanson traditionnelle et folklorique, notamment au Québec. De 1908 à 1922, E. Z. Massicotte a parcouru le pays pour recueillir 7 000 textes et 5 000 mélodies de vieilles chansons transmises par tradition orale. C'est lui qui organisa les Soirées de famille au Monument-National, animées par Ovila Légaré qui chantait et «callait» les danses et quadrilles. Il avait appris cela de Charles Marchand, instigateur des Veillées du bon vieux temps, qui se produisaient au même endroit. Pendant les années 1920, Oscar O'Brien composa pour Charles

Marchand la musique de 125 chansons folkloriques, glanées par Marius Barbeau au hasard de ses tournées.

Quant à Conrad Gauthier, il nous a légué 82 chansons du bon vieux temps dans un livre dédié à son fils, Paul-Marcel, prêtre, compositeur et poète chansonnier. Celui-ci a signé une partie de son œuvre sous le pseudonyme savoureux de Jean-Baptiste Purlène. On doit à Ed. Archambault inc. la publication de ce recueil de Conrad Gauthier, *Dans tous les cantons*. On y trouve notamment les paroles et la musique de *Marie Calumet*, *Mon père n'avait fille que moi*, *Maluron*, *Malurette* et *Mon chapeau de paille* :

> *À St-Denis, près des grands bois,*
> *Un soir d'orage et de bataille*
> *J'ai mis pour la première fois*
> *Mon chapeau d'paille;*
> *Et sans égard pour mon chapeau*
> *Contre nos enn'mis, les canailles!*
> *Nous nous battîmes sans repos*
> *En chapeau d'paille!*

Le folklore et l'humour ont toujours occupé une place enviable sur disque comme sur scène, ou encore sur les ondes. Entendez-vous Ovila Légaré chanter *Chapleau fait son jour de l'an*, faisant ainsi allusion au penchant pour la bouteille de Joseph-Adolphe Chapleau, premier ministre du Québec de 1879 à 1882 et Lieutenant gouverneur de 1892 à 1898. Ovila Légaré, né en 1901, a toujours chanté dans les opérettes et les spectacles de folklore, en plus de jouer au théâtre. Dès 1941, on le trouve tous les samedis soirs devant le micro de CKAC pour animer *Les Diables rouges*. En 1972, Les Éditions du Jour publient *Les chansons d'Ovila Légaré*. Son épouse, Jeannette Deguire, et leurs filles Pierrette, Raymonde et Francine ont joué la comédie et chanté dans les nombreuses tournées du folkloriste. Leur fils, Jean-Pierre, est l'auteur de *J'ai bien connu votre père...* paru en 1991.

Il faut reconnaître le travail acharné d'Ernest Gagnon, Marius Barbeau, Luc Lacourcière, Conrad Laporte et Carmen Roy pour leur contribution généreuse au folklore, par le biais de leurs recherches et de l'édition. Viendront les ethnologues Maurice Carrier et Robert-

Lionel Séguin, de l'Université du Québec à Trois-Rivières. Plus près de nous, Robert Payant nous a fait part de ses connaissances en la matière en publiant *Les Chanteux* en 1998. Professeur pendant 30 ans, Robert Payant continue de chanter, d'écrire et de raconter un monde qui ne veut pas mourir.

Le folklore a connu de bons moments avec la naissance du Quatuor Alouette, en 1930, formé de Jules Jacob, Roger Filiatrault, André Trottier et Émile Lamarre. Oscar O'Brien a dirigé cet ensemble jusqu'en 1945, alors qu'il entra chez les Bénédictins de Saint-Benoît-du-Lac. Le Quatuor a fait plusieurs tournées en France, en Belgique, aux États-Unis et au Québec, avec le chanteur de charme français Jean Clément.

Au Réveil rural, diffusé sur les ondes de Radio-Canada, les auditeurs ont régulièrement entendu, à compter de 1938 et ce, pendant 20 ans, le Quatuor Alouette de même que le baryton Albert Viau. D'autres chanteurs s'y sont produits : Blanche Gauthier, Alan Mills, Hélène Baillargeon, folkloriste réputée qui s'est produite à travers le monde avant d'avoir pendant plusieurs années sa propre émission télévisée quotidienne, *Chez Hélène*. Elles est décédée le 25 septembre 1997. De 1920 à 1950, les pionniers du folklore sont nombreux : Omer Dumas et ses ménestrels (Léo Lesieur au piano), Les Grenadiers, comprenant Albert Viau, David Rochette, François Brunet et Paul-Émile Corbeil, qui personnifia Le vieux vagabond à Radio-Canada. On ne peut également ment passer sous silence les rôles joués par Isidore Soucy, Tommy Duchesne, Adrien Avon, Ti-Jean Carignan, Oscar Thiffault, Ti-Blanc Richard, Paul Cormier, devenu Monsieur Pointu. Tous ces folkloristes savaient faire chanter et *swinger* la compagnie.

En 1975, l'Office national du film dévoilait un excellent film consacré au violoneux Ti-Jean Carignan (1916-1988), un virtuose du «reel» qui n'a pas connu une vie facile. Pierre Vennat raconte qu'il n'est jamais allé à l'école. Il avait commencé à pincer les cordes du violon de son père à quatre ans et demi. Il devint l'élève de Joseph Allard, un des meilleurs violoneux de son temps. À 10 ans, il jouait dans les rues de Sherbrooke, puis dans celles de Montréal. Lors de l'ouverture des Jeux olympiques de Montréal, il se retrouve à la tête d'une formation créée pour la circonstance. En juillet 1976, Ti-Jean Carignan, accompagné par l'Orchestre symphonique de Montréal, triomphe à la Place des Arts. Il connaît une gloire tardive au Québec et à l'étranger.

Eugène Daignault, tout comme son fils Pierre, a contribué à faire revivre l'esprit des fêtes pendant quelques décennies. Avec eux, il fallait sortir le violon, instrument national des Québécois, l'accordéon, l'harmonica et taper les cuillères. Les Daignault avaient le don de faire jubiler la parenté à la moindre occasion, sur scène, à la radio et sur disque. À Télé-Métropole, Pierre Daignault et André Lejeune ont fait leur marque à l'émission *À la canadienne*. Dans son livre *Vive la compagnie*, publié en 1979, Pierre Daignault nous propose 100 chansons à répondre parmi lesquelles on retrouve *Les filles de la Rochelle, La destinée, la rose au bois, Bonhomme! Bonhomme, Fringue fringue, Le beau casque* :

> *Ah! dis moi donc comme t'as un beau casque!*
> *J'aimerais bien ça l'avoir*
> *Y est garni en poil de vache*
> *Y doit être chaud pour l'hiver*

Depuis 25 ans, la chanson folklorique a maintenu sa vitesse de croisière avec Édith Butler, Gilles Gosselin, Denis Côté, Jean Collar, Louis Thibodeau, Jean-Pierre Fréchette, Manuel Brault, Michel Faubert, Richard Cyr et Gaétane Breton. Celle-ci continue de se produire au Québec et en France et de présenter des spectacles pour les enfants, dans lesquels se mêlent contes, percussions, danses et extraits de chansons folkloriques.

Pour Yves Lambert et son groupe La Bottine souriante, la chanson folklorique — qui peut intégrer à l'occasion la musique classique, le jazz ou d'autres influences — colle au vécu des peuples. Gagnant du Félix de l'album de l'année en 1997, catégorie folklore, La Bottine souriante a acquis une renommée mondiale, en traversant une vingtaine de fois l'Atlantique pour se produire un peu partout en Europe, notamment au réputé Festival WOMAD, en Angleterre.

Après avoir parcouru le Québec en entier, Raoul Roy a enregistré sur son magnétophone, puis en studio, plusieurs disques du «terroir». Il a publié un recueil de chansons intitulé *Le chant de l'Alouette*. Avec sa guitare, ce patriote venu de Saint-Fabien-sur-mer, en Gaspésie, a ouvert plusieurs boîtes à chansons et restaurants, où il faisait revivre la chanson traditionnelle. Il a également été l'auteur et l'animateur de *Coutumes et chansons* à Radio-Canada. Raoul Roy figure parmi ceux et celles qui n'ont pas été reconnus à leur juste valeur.

Les origines de la chanson *Alouette* remontent à fort longtemps et sont contestées par plusieurs chercheurs. Dans sa version actuelle, elle fut introduite en France au début du siècle. Très répandue dans l'Ouest du Canada, elle a été ajoutée au répertoire des Québécois vers 1930, en même temps que *Le rossignolet, Le merle a perdu son bec, La perdriole*.

En 1975, au plus fort de la vague folk, Gilles Dreu lança dans la francophonie *Alouette, Alouette*, qui fut un énorme succès. Cette chanson faisait référence à cette autre, du même nom, empruntée au répertoire enfantin. L'énumération est simple; on y ajoute toutes les parties du corps, incluant *Le Zizi* de Pierre Perret :

> *Alouette, gentille Alouette*
> *Alouette, je te plumerai*
> *Je te plumerai la tête (bis)*
> *Alouette, alouette*
> *Ah!*

❖ ❖ ❖

Pour Édith Piaf (1915-1963), Yves Montand a chanté :
Elle a des yeux, c'est merveilleux. Et puis des mains pour mes matins.

En 1973, l'inoubliable Jacques Brel abandonne la scène en pleine gloire
et s'éteint à Paris le 9 octobre 1978. Le public et les gens du métier,
comme Annie Cordy, continuent de se souvenir de son talent.

Au Théâtre Saint-Denis à Montréal, dans la pièce de Marcel Pagnol,
Clairette joue le rôle d'Honérine et Ovila Légaré, celui de César. (Photo Henri Paul.)

On ne compte plus les émissions de télévision auxquelles Fernand Gignac
a participé à CFTM-TV. (Photo Groupe TVA inc.)

Écrivain et auteur de *La Boîte à chansons* et *La Manic*, Georges Dor occupe une place de choix dans la mémoire collective des Québécois.
Pour sa douce moitié, Marguerite Jacob, il écrit *Chanson pour ma femme*, en 1966.

Claude Léveillée et Lara Fabian heureux d'être honorés au gala de l'ADISQ à Montréal.
(Archives Échos-Vedettes. Photo Paul Ducharme.)

LES VOLETS DE LA CHANSON

Au Festin des Gouverneurs de l'Île Sainte-Hélène, à Montréal, le réputé chanteur libertaire, Georges Coulombe, partage le bon vin avec les plus belles voix du Québec.

La Bottine souriante : Régent Archambault, Pierre Bélisle, André Brunet. À l'arrière : Robert Ellis, André Verreault, Michel Bordeleau, Jocelyn Lapointe et le chanteur principal du groupe folklorique international, Yves Lambert. (Photo Gilbert Duclos.)

Martine Carol, Charles Aznavour et Mireille Mathieu,
lors d'une émission télévisée à Paris. (Photo Alain Sadoc.)

Sur son album sorti au printemps 2000, Françoise Hardy chante en duo avec Jacques
Dutronc *Puisque vous partez en voyage*, de Jean Nohain et Mireille,
qui l'a enregistrée avec Jean Sablon en 1935. (Photo Jean-Marie Périer.)

Julien Clerc et Charles Trenet : la scène se passe au MIDEM de Cannes, en 1971.
(Photo Max Micol.)

Guy Latraverse connaît une brillante carrière d'imprésario.
Il a fait venir de nombreuses vedettes européennes au Québec,
notamment Johnny Hallyday. (Archives Échos-Vedettes)

André Lejeune, Jean Simon, Danielle Oddera, Clairette,
Guy Godin et Tex Lecor. (Photo Jackie Fritz.)

Pascal Normand, Marcel Brouillard, Monique Vermont, Claudette Lambert,
lors du lancement de *La chanson en héritage*, le 25 avril 1999. (Photo Guy Tardif.)

Michel Louvain et Lise Watier.

Michel Drucker prend plaisir à présenter Ginette Reno à ses émissions télévisées.
(Archives Échos-Vedettes. Photo J.B. Porée.)

À l'émission *Baptiste* et *Marianne*, réalisée par Guy Mauffette à Radio-Canada,
Félix Leclerc chante avec Jean-Pierre Ferland, Monique Leyrac
et le pianiste Paul de Margerie.

Deux figures légendaires de CFTM-TV :
le folkloriste Pierre Daigneault et le roi du country, Willie Lamothe. (Photo Groupe TVA inc.)

Dominique Michel, Yvon Deschamps et Nathalie Simard. (Archives Échos-Vedettes.)

Les Grenadiers : Albert Viau, François Brunet, David Rochette et Paul-Émile Corbeil,
qui fit honneur à Jean Narrache (Émile Coderre) dans la série
Le vieux vagabond à Radio-Canada.

À Paris en 1970, au cabaret La resserre aux diables, Marcel Brouillard interviewe Colette Renard, l'illustre Irma la Douce. (Photo Max Micol.)

Diane Dufresne d'hier et d'aujourd'hui,
avec le nouvel homme de sa vie, Richard Langevin.

Un grand nom : Pauline Julien, née à Trois-Rivières, en 1928, et décédée à Montréal en 1998. (Photo Birgit.)

Raymond Lévesque, Pierre Létourneau et Jean Lapointe, lors des FrancoFolies de Montréal, en 1997. Trois chanteurs qui tournent régulièrement sur les ondes à l'émission d'Yvon Dupuis, diffusée à CIBL (Montréal).

LA CHANSON D'AMOUR

À toutes les époques et dans toutes les couches de la société, chez les nantis comme chez les indigents, la tradition amoureuse est bien présente dans la chanson. Nous avons tous été nourris de mots passionnés et tendres dès le berceau. Chacun de nous a fredonné les mêmes refrains et dansé sur les mêmes rythmes. La chanson d'amour est toute simple. Elle touche droit au cœur les femmes et les hommes de toutes les générations.

Le premier baiser arrive souvent après l'écoute d'une chanson, de la trame sonore d'un film, en été comme en hiver, tard la nuit ou tôt le matin. Lorsque la radio s'est mise à diffuser des rengaines amoureuses, nos mères et grands-mères craignaient de nous les faire entendre et d'écorcher nos chastes oreilles enfantines. Les chansons du cœur sont innombrables. Dans les salons ou à l'orée du bois, les amoureux du monde entier ont chantonné des romances venues d'un temps lointain et inscrites au panthéon des plus belles chansons françaises.

La comédienne et chanteuse Jeanne Moreau a toujours accordé une place prépondérante aux mélodies d'amour, qu'elle a su répertorier et mettre en valeur par ses écrits poétiques. Pour elle, la chanson d'amour fait jouer les cordes sensibles de l'être humain et de tous les instruments musicaux, qu'il s'agisse du violon, de l'accordéon, du piano, de la guitare; elle évoque aussi des musiques de danse, de la valse à la rumba, en passant par le tango et la java. Dans le film de François Truffaut, *Jules et Jim* (1961), Jeanne Moreau est irrésistible lorsqu'elle interprète *Le tourbillon*, chanson signée Bassiak sur une musique de Georges Delerue :

> *Elle avait des bagues à chaque doigt*
> *Des tas de bracelets autour des poignets*
> *Et puis elle chantait avec une voix*
> *Qui sitôt m'enjôla*

Parmi les grands paroliers du siècle qui ont écrit des chansons d'amour sublimes, il faut inscrire en lettres d'or le nom d'Eddy Marnay. Ce prolifique auteur de 3 500 mélodies a écrit les plus beaux succès d'Édith Piaf, d'Yves Montand, de Marie Laforêt, de Serge Reggiani et de Dalida. Bien des Québécois lui doivent aussi une fière chandelle, entre autres Ginette Reno, Johanne Blouin, Mario Pelchat, Diane Juster, Natalie Choquette, Lara Fabian, Danielle Oddera, ainsi que des centaines d'interprètes à travers la francophonie.

Au début des années 1980, on présente à Eddy Marnay une jeune débutante de 13 ans, Céline Dion, qui deviendra la star internationale que l'on sait. Eddy Marnay a été celui qui lui a vraiment donné sa première chance en lui composant des chansons sur mesure, telles *D'amour et d'amitié*, *La voix du bon Dieu*, *Tellement j'ai d'amour pour toi*, *Mélanie*.

Le président français François Mitterrand a su reconnaître l'ensemble de l'œuvre d'Eddy Marnay en le nommant chevalier de la Légion d'honneur. Dans ses livres autobiographiques, l'artiste raconte tout le plaisir qu'il a eu à exercer ce métier d'auteur-compositeur et d'écrire pour autant d'interprètes du monde entier. Parmi ses nombreuses rencontres, il se souvient de celle avec Paul Anka, avec qui il a passé quatre mois à Los Angeles pour produire un album.

Françoise Hardy, Frida Boccara et Claude Valade ont merveilleusement interprété *Les moulins de mon cœur*, un texte signé Eddy Marnay sur une musique de Michel Legrand :

> *Comme une pierre que l'on jette*
> *Dans l'eau vive d'un ruisseau*
> *Et qui laisse derrière elle*
> *Des milliers de ronds de l'eau*
> *Aux vents des quatre saisons*
> *Tu fais tourner de ton nom*
> *Tous les moulins de mon cœur*

On dit que l'amour a perdu son grand A avec la libération des mœurs et les préoccupations matérielles, familiales ou professionnelles. Heureusement, il existe encore des poètes qui continuent de nous faire rêver; que ce soit Francis Cabrel, Yves Duteil, Étienne Daho, Michel Sardou, Alain Souchon, Axelle Red, Jean-Jacques Goldman ou Luc Plamondon, tous nous font croire à un paradis perdu et retrouvé. Plus près de nous, il y a cette ballade de Jean Lapointe, *C'est dans les chansons*, dans laquelle on apprend que les chansons se vivent dans les lits mais se font lorsque l'on est en amour.

On n'oubliera jamais non plus *Hymne à l'amour*, qu'Édith Piaf a écrite et interprétée si divinement sur la musique de Marguerite Monnot :

> *Le ciel bleu sur nous peut s'effondrer*
> *Et la terre peut bien s'écrouler*
> *Peu m'importe si tu m'aimes*
> *Je me fous du monde entier*
> *Tant que l'amour inondera mes matins*
> *Que mon corps frémira sous tes mains*
> *Peu m'importe les grands problèmes*
> *Mon amour puisque tu m'aimes*

Édith Piaf a aussi gravé dans nos mémoires *La vie en rose*, qu'elle a composée en 1945 avec des mots simples, de tous les jours, sur une musique de Louiguy. Ce succès mondial traduit en plusieurs langues a été repris par Diane Dufresne, Dean Martin, Roch Voisine, Daniel Guichard, Grace Jones, Mireille Mathieu. Fait à noter : Roland Gerbeau et Marianne Michel en ont été les premiers interprètes.

Parmi les chansons d'amour qui ont jalonné notre siècle, mentionnons entre autres *Le cœur de ma mie* (1905), *Je t'ai donné mon cœur* (1931) de Francis Lehar, *Après toi je n'aurai plus d'amour* (1934), *Le bonheur est entré dans mon cœur* (1938), *Je suis seul ce soir* (1941), *L'amour est un bouquet de violettes* (1952) créée par Luis Mariano et reprise 1 000 fois par Evan Joanness.

En 1954, Raymond Lévesque compose *Quand les hommes vivront d'amour*; cette chanson est aussitôt enregistrée par Eddie Constantine et traduite en plusieurs langues. Dans le cadre de la Superfrancofête de Québec, en 1974, Félix Leclerc, Robert Charlebois et Gilles Vigneault l'ont chantée devant 125 000 personnes sur les plaines d'Abraham. D'autres interprètes ont enregistré à leur tour cette chanson qui a marqué le siècle, comme Cora Vaucaire, Enrico Macias, Nicole Croisille ou Luce Dufault.

Durant les années 1940, on sait que Charles Trenet est déjà à son apogée avec *J'ai ta main*, *La romance de Paris*, *Bonsoir jolie madame*. Henri Salvador n'est pas en reste en composant la musique de plusieurs belles chansons comme *Maladie d'amour* :

> *Maladie d'amour*
> *Maladie des amoureux*
> *Si tu n'aimes que moi*
> *Reste tout près de moi*
> *Maladie d'amour*
> *Maladie de la jeunesse*
> *Si tu n'aimes que moi*
> *Viens, mais prends garde à toi*

Pour sa part, Jacques Brel a contribué à rendre immortelles d'autres chansons d'amour, dont *La quête*, *La tendresse*, *Ne me quitte pas* et *Quand on n'a que l'amour* :

> *Quand on n'a que l'amour*
> *À s'offrir en partage*
> *Au jour du grand voyage*
> *Qu'est notre grand amour*
> *Quand on n'a que l'amour*
> *Mon amour toi et moi*
> *Pour qu'éclate la joie*
> *Chaque heure et chaque jour*

Durant les années 1960, on verra exploser des chansons toutes aussi suggestives comme *Mes mains sur tes hanches* (Salvatore Adamo), *Le sable et la mer* (Ginette Reno et Jacques Boulanger, et récemment Johanne Bond et André Sébastien), *D'aventure en aventure* (Serge Lama), *Je reviens te chercher* (Gilbert Bécaud).

Ah! ce qu'elles sont belles toutes ces chansons d'amour, comme *Cet anneau d'or* créée par Georges Guétary et reprise par Fernand Gignac,

Les amoureux des bancs publics de Georges Brassens, *Avec le temps* de Léo Ferré et, plus récemment, *Prends bien soin d'elle* de Claude Barzotti, *Mais je t'aime* de Nancy Dumais, *Je l'aime à mourir* de Francis Cabrel :

> *Moi je n'étais rien*
> *Mais voilà qu'aujourd'hui*
> *Je suis le gardien*
> *Du sommeil de ses nuits*
> *Je l'aime à mourir*

En 1999, Janine Gingras est remontée sur scène avec son grand succès *Toi, tu es tout pour moi* de Pat Di Stasio. En 2000, l'album *Pierre Dumont chante l'amour* semble destiné à faire sa marque.

Durant les années 1960, on a vu arriver d'autres poètes qui n'ont craint ni de parler de leur vie sentimentale et de liberté, ni de déclarer publiquement leur amour, sans fausse pudeur, à leur tendre moitié. Georges Dor nous touche profondément lorsqu'il s'adresse à Margot et lui dédie *Chanson pour ma femme* :

> *Le très beau nom de mon amour*
> *Quotidien comme le pain*
> *Comme la vie quotidienne*
> *Le très beau nom de mon amour*
> *Et du tien et du mien*
> *Et des amours anciennes*
> *Nous vivons côte à côte*
> *Mon bonheur est le tien*
> *Et ta peine est la mienne*
> *Tu m'as fait des enfants*
> *Plus beaux qu'arbres des champs*
> *Plus blonds que blés des plaines*
> *[...]*

❖ ❖ ❖

LA CHANSON ENFANTINE

Jusqu'au milieu du XIXe siècle, la chanson enfantine n'existe presque pas. Entre les berceuses — classifiées avec beaucoup de minutie par les folkloristes Arnold Van Gennep, Henri Davenson et Conrad Laporte — et le premier picotement amoureux, les enfants apprenaient et chantaient les refrains familiaux. Ils pouvaient aussi bien entonner *Le rêve passe*, *Les roses blanches*, *Berceuse aux étoiles* ou *Le cœur de Ninon*. C'est surtout la mère qui transmettait à sa progéniture les mélodies ancestrales. En France, on se réfère encore à un recueil intitulé *Chansons et rondes enfantines* paru en 1846.

L'Église a beaucoup encouragé les enfants à chanter, en leur apprenant des textes religieux en latin et en français, jusqu'au milieu du XXe siècle. Le moine Dom Lucien David publia, en 1941, *Les chants du catéchisme* et *Cantilènes et cantiques pour les enfants*. En France, on fait encore référence à ces recueils.

Au Québec, depuis les années 1940, on continue de puiser dans les cahiers de *La Bonne Chanson* de l'abbé Charles-Émile Gadbois pour redécouvrir *V'là l'bon vent*, *Isabeau s'y promène*, *Le p'tit cordonnier* ou *La cantinière* :

> *La cantinière a de beaux gants (bis)*
> *Cela dépend d'nos commandants, (bis)*
> *Nos commandants sont militaires,*
> *Vive la jolie cantinière!*
> *Un! deux! en avant.*

Dans tous les pays, le scoutisme, suivi par la JEC (Jeunesse Étudiante Catholique) au Québec et par l'Action catholique en France, ont toutefois apporté un souffle d'air frais dans les années 1920. Pour les enfants des villes et des campagnes, on a adapté tout un répertoire de chansons selon les âges, les circonstances, la vie en plein air et le milieu scolaire.

Les chansons participent à l'éducation des enfants, à développer leur imagination et leur mémoire. Il existe partout un répertoire scolaire qui est un heureux mélange de la chanson d'hier et d'aujourd'hui. On retient facilement les refrains de Patrick Bruel (*Casser la voix*) aussi bien que de Françoise Hardy (*Tous les garçons et les filles*), de Sheila et Joël Denis (*L'école est finie*), sans oublier Carmen Campagne (*La moustache à papa*), Pascal Normand (*La marche des fantômes* et *Danse marionnette*), Joe Dassin (*Le moustique*) et René Simard (*L'oiseau*). On est toujours surpris de constater que les plus jeunes chantent encore *En passant par la Lorraine* ou *À Saint-Malo beau port de mer* :

> *À Saint-Malo beau port de mer (bis)*
> *Trois gros navires sont arrivés.*
> *Nous irons sur l'eau,*
> *Nous irons nous promener,*
> *Nous irons jouer dans l'île.*

En 1964, Anne Sylvestre enregistrait ses premières chansons pour enfants; elle donna à d'autres l'idée d'en faire tout autant : Graeme Allwright, Maxime Le Forestier, Marie-Paule Belle, Boby Lapointe, Georges Brassens avec son album *Brassens chante pour les enfants*.

À sa façon, Chantal Goya a énormément encouragé les enfants à chanter. Depuis son premier succès obtenu en 1977 avec *Adieu jolis foulards* et son 15ᵉ album *Le soulier qui vole* en 1995, elle n'a pas cessé de se cantonner dans ce créneau bien particulier. Sur disques ou dans ses spectacles, tous les animaux favoris de Walt Disney y sont passés. Après *Davy Crockett, Mickey, Minnie, Barbe bleue, Le coucou*, elle a popularisé de nouveau *Voulez-vous danser grand-mère?*, mélodie créée dans les années 1940 par Lina Margy et Jean Lumière :

> *Voulez-vous danser grand-mère?*
> *Voulez-vous danser grand-père?*
> *Tout comme au bon vieux temps*
> *Quand vous aviez vingt ans*
> *Sur un air qui vous rappelle*
> *Combien la vie était belle*
> *Pour votre anniversaire*
> *Voulez-vous danser grand-mère?*

LES VOLETS DE LA CHANSON

Au Québec, et maintenant à travers toute la francophonie, c'est Carmen Campagne qui est devenue la nouvelle idole des enfants. On la retrouve sur de nombreux albums et sur scène, notamment à l'Olympia de Paris à plusieurs reprises. Son succès ne se dément pas. Elle est la reine incontestée, reconnue par son accent de la Saskatchewan francophone. Les petits et les plus âgés lui réclament sans cesse *La vache*, sa chanson fétiche produite en version rap, rock et classique, *L'arbre est dans ses feuilles* de Zachary Richard et *La danse du pigeonnier*. De l'autre côté de l'Atlantique, les petits Français ont répondu avec empressement à l'invitation de la Québécoise venue de l'Ouest canadien, sans toutefois rejeter leurs idoles comme Chantal Goya, Dorothée et Henri Dès. Ce dernier est également de plus en plus connu au Québec, grâce à ses visites régulières ponctuées de spectacles et de nouveaux albums. Depuis qu'il a remporté le prix de l'Académie Charles-Cros pour son album *Cache-cache*, il y a déjà 20 ans, il consacre sa vie aux enfants et ne l'a jamais regretté.

Au Québec, les comptines et les berceuses ont toujours occupé une place de choix dans les émissions de télévision pour enfants, comme *Bobino* avec Guy Sanche — l'émission a duré 28 ans — et *Les Satellipopettes* de Claude Steben. Revêtu de son costume du Capitaine Cosmos, ce dernier chantait *Le drapeau du bonheur*, *Notre galaxie*, *On est bien dans l'espace*. En 1997, Claude Steben lançait un album comprenant les chansons de son nouveau personnage, Grand-papa Jove, qui a pris la place du Capitaine Cosmos, réalisant 1 000 fois son slogan : *Que la force soit avec toi!*

Dans plusieurs autres émissions de télévision, on a accordé de l'importance à la chanson enfantine, que ce soit à *Fanfan Dédé* (André Richard), *Patof* (Jacques Desrosiers), *La Souris verte* (Louisette Dussault), *Chanterelle* (Pierrette Boucher), *Capitaine Bonhomme* (Michel Noël). Parmi les classiques de ce répertoire, on retrouve *Fais dodo*, *Colas mon p'tit frère*, *Lundi matin*, *Meunier tu dors*, *Savez-vous planter des choux* ou encore cette chanson mimée, maintes fois interprétée par Claudine Vallerand à son émission *Maman Fonfon* :

> *Ainsi font, font, font*
> *Les petites marionnettes*
> *Ainsi font, font, font,*
> *Trois petits tours et puis s'en vont.*

À la télévision de Télé-Québec ou de Radio-Canada, l'émission culturelle *Passe-Partout* a fait les délices des enfants et des parents pendant plusieurs années. Marie Eykel, dans le personnage de Passe-Partout, Claire Pimparé (Passe-Carreau) et Jacques L'Heureux (Passe-Montagne) ont fait connaître à leur jeune auditoire des douzaines de chansons et comptines que l'on retrouve dans des recueils joliment illustrés. Pour leur part, les Tape-Tambour (Lucie St-Cyr, Monique Richard et Antoine Durand) ont fait chanter et danser les plus jeunes avec leurs albums et spectacles.

Il en a été écrites de jolies mélodies depuis le temps où Zézette (Jeanne Couet) captivait les enfants avec *Bonbons caramels*, *Bergerette*, *Monsieur le soleil* (signée Hugues Aufray) et *La grenouille* (Francis Lemarque). De nouveaux personnages sont lancés constamment par les compagnies de disques. C'est le cas de l'ours polaire Patou, qui reprend dans l'album *Patou à l'école* des chansons extraites du répertoire pour enfants portant sur l'hygiène, la sécurité et une alimentation saine. Un autre héros, le nouveau Caillou, a pris son envol en 1999. D'autres suivront à coup sûr.

Avec Angèle Arsenault et Édith Butler, Jacqueline Lemay compose, interprète et produit des chansons pour enfants dont *C'est la récréation*, *Barbichon*, *Barbiché*. Tous ces titres se retrouvent sur cassettes, disques compacts et livres.

Pour le moment, c'est la dynamique et enjouée Véronique Cloutier qui mène le bal et réussit à faire chanter tout le monde, même les plus petits, avec ses invités lorsqu'elle anime *La Fureur*, une émission télévisée diffusée à Radio-Canada. Une panoplie de produits dérivés déborde sur les tablettes de grands magasins, et les enfants en raffolent autant que leurs parents.

De jolis contes musicaux conservent toute leur fraîcheur, d'une décennie à l'autre. Philippe Chatel a réussi cet exploit avec ses albums d'*Émilie jolie*, sur lesquels on entend les voix de Françoise Hardy, Henri Salvador, Sylvie Vartan, Julien Clerc, Robert Charlebois, Alain Souchon et Georges Brassens. De nouveaux interprètes apparaissent dans la version récente de cet album : Florent Pagny, Axelle Red, Maurane, Michel Fugain, Jacques Dutronc, Lara Fabian, Zazie, Étienne Daho, Danielle Darrieux, Johnny Hallyday.

En 1987, Francis Cabrel a, quant à lui, enregistré sur disque la chanson pour enfants *Il faudra leur dire*. Enfin, dans tous ses spectacles, Paolo Noël est toujours invité à chanter son succès du répertoire enfantin, repris encore aujourd'hui : *La chanson du p'tit voilier*, de l'abbé Paul-Marcel Gauthier, enregistrée en 1958.

> *Quand j'étais un tout petit garçon*
> *Je me sauvais de la maison*
> *Je partais, sans le dire à maman*
> *Pour aller jouer dans l'étang*
> *J'avais fait un bien joli voilier*
> *Avec des bouts de merisier*
> *Que mon père, un ancien marinier*
> *Avait laissés dans l'atelier.*

❖ ❖ ❖

LA CHANSON COUNTRY

La chanson et la musique country font leur apparition aux États-Unis dans les années 1920. Elles arriveront au Québec et au Canada français 20 ans plus tard, sous le style western. Willie Lamothe (1920-1992) est l'instigateur et le nouveau pape de ce courant musical audacieux et surprenant pour l'époque. Avant lui, les textes se chantaient en anglais par Roy Rogers et Gene Autry, deux cow-boys du Far West, rois de la guitare et du lasso, devenus célèbres grâce à leur apparition sur grand écran à Hollywood.

Willie Lamothe a dû relever le défi de faire accepter ce genre musical, moitié fantaisiste, moitié cow-boy, comme il le disait si bien. Le public «snobinard» en faisait ses gorges chaudes. Radio-Canada le boudait, et le bal de la reine du carnaval de Québec lui était interdit. Pourtant, derrière les accords de guitare de Willie Lamothe se cache toute l'histoire de la chanson western francophone. Comment a-t-il pu survivre aux vagues du rock'n'roll, du yéyé et des boîtes à chansons?

Alors que Willie Lamothe fait son service militaire et délaisse ses cours de professeur de danse, il écrit ses premières chansons dans les bases de Farnham, de Saint-Jérôme et du Lac Mégantic. À l'arrivée des nouvelles recrues, il monte sur scène avec son bel habit de cow-boy et sa guitare et s'évertue à remonter le moral des troupes, ce qu'il réussit fort bien. «En vendant mes chansons comme *Bœuf à spring*, à dix cents l'exemplaire, ça me faisait un petit revenu supplémentaire», a souvent raconté l'artiste.

Après la guerre de 1939-1945, Willie Lamothe travaille à l'usine Good Year de Saint-Hyacinthe. Il épouse Jeannette Lemieux et décroche ses premiers contrats au cabaret où il chante les fins de semaine. En 1946, il enregistre *Je suis un cow-boy canadien* ainsi que *Je chante à cheval*, bientôt suivies par *Allo, allo, petit Michel* et *Le cow-boy de la nuit*. Avec ces refrains et quelques versions de succès country américains, il part en tournée. Le public ne manque pas de remarquer sa grosse montre sertie d'un cheval en or et sa bague aussi brillante, en forme de fer à cheval! À travers le Québec, le nord de l'Ontario, la

Nouvelle-Angleterre, les provinces maritimes et toutes les contrées francophones d'Amérique du Nord, il remplit une multitude de salles.

À deux reprises, Willie Lamothe chante au Forum de Montréal, en première partie de Gene Autry. Il donne ensuite d'autres spectacles avec les vedettes country du moment comme Hank Snow, Bill Anderson, Buck Owens. Il devient vite familier avec les adeptes du western de Nashville. Au Québec, les stations de radio et de télévision font jouer ses succès. Il est le premier chanteur du genre à être diffusé sur les ondes. À CKVL, il anime *Willie Lamothe et ses chevaliers des plaines* et, plus tard, *Le ranch à Willie* à l'antenne de Télé-Métropole, durant six ans. En 1967, son association avec Bobby Hachey, guitariste chanteur de grand talent, est bénéfique pour l'un comme pour l'autre.

Comme l'écrivait Doris Lussier dans la préface d'une biographie, écrite par Diane Le Serge en 1975 : «C'est le vent des plaines qui souffle dans la gorge de Willie Lamothe [...]. Tous les Québécois qui n'ont pas l'âme gommée dans le snobisme bourgeois, ni desséchée par l'intellectualisme désincarné reconnaissent son talent. [...] Il représente pour le public de chez nous la présence d'une forme de folklore qui fait la joie depuis longtemps.» Avec plus de 200 disques enregistrés en 78, 45 et 33 tours et plus de deux millions d'exemplaires vendus, Willie Lamothe a connu la gloire et la fortune. Ses nombreux rôles au cinéma lui ont donné la stature d'un comédien chevronné. Il était impayable, plein d'humour et il savait compter : «Chaque fois que je chante *Mille après mille*, j'ai l'impression que je ramasse par terre un beau mille piastres cash.»

Le réalisateur Jean Beaudin a récemment tourné une télésérie sur la vie de Willie Lamothe diffusée au réseau TVA. Le comédien Luc Guérin campe à merveille le rôle du célèbre chanteur western. Il est bien secondé par Nathalie Mallette, Julie Ménard et Sébastien Huberdeau qui jouent des personnages proches de l'inoubliable Willie Lamothe.

Le Soldat Lebrun (1919-1980) aborde lui aussi le style western durant la Deuxième Guerre mondiale. Pendant son séjour à la base militaire de Valcartier, près de Québec, il compose des chansons nostalgiques qui vont droit au cœur de toutes les mères de famille ayant un mari ou un fils au front, et des fiancées qui attendent le retour de leur promis. Ses 78 tours envahissent les radios et délogent les tubes américains. Parmi ses succès au palmarès figurent *Reviens petit papa, L'adieu au soldat, Prière d'une maman, Je suis loin de toi mignonne* et *Viens t'asseoir près de moi* :

> *Viens t'asseoir près de moi, petite amie*
> *Dis-moi sincèrement que tu m'aimes*
> *Et promets-moi que tu n'auras*
> *D'ami que personne que moi*

Le Soldat Lebrun vend au Québec plus d'un million de disques pendant ces années, soit autant que Bing Crosby, Tino Rossi et Charles Trenet. En 1970, Willie Lamothe lui remettait un disque d'or, alors que la famille Lebrun tentait un bref retour sur scène.

D'autres chanteurs et guitaristes suivent les traces de Willie Lamothe et du Soldat Lebrun. Paul Brunelle, né à Granby en 1920, se produit sur scène et à la radio avec sa troupe *Les Troubadours du Far West*, jusqu'en 1982. RCA Victor lui fait enregistrer ses premières compositions : *Femmes que vous êtes jolies, Les filles des prairies, Mon enfant je te pardonne, La chanson des plaines, Le train qui siffle, Je suis un chevalier chantant, Ma belle poupée d'amour*.

Parmi les pionniers de la chanson western figure également Marcel Martel (1925-1999). Il fait lui aussi sa marque alors qu'il est sous les drapeaux. Même si les grosses machines à vedettes et les compagnies boudent ce style campagnard, Marcel Martel et ses semblables sont bien accueillis par le public. La vente de leurs disques est phéno-ménale. En 1966, Marcel Martel reçoit le trophée du meilleur album western, sous l'œil attendri de son épouse Noëlla Therrien et de sa fille Renée, qui exercent toutes deux le même métier.

Sur scène, à la radio, puis à la télévision, Marcel Martel va connaître son heure de gloire comme auteur, compositeur et interprète de *La chaîne de mon cœur, Charme hawaiien, Dans ma prairie, Loin de toi chérie, La vie d'un chevalier, Mon meilleur ami* (avec Oscar Thiffault) et autres. En 1983, Marcel Martel, se produit sur les grandes scènes et au réseau TVA avec sa fille Renée devenue vedette de la chanson country. À la fin de 1997, celle-ci reprend les grands succès de son père, avec lequel elle chante en duo *Bonsoir mon amour*, grâce à la magie de la technologie.

Le troubadour Roger Miron, comme on le désigne encore aujourd'hui, fait, quant à lui, ses débuts en 1950. Né à Saint-Théodore-de-Chertsey en 1929, il est le troisième enfant d'une famille de 15. Avec sa propre troupe, il part en tournée sur les traces de Paul Brunelle. En 1953, il connaît un énorme succès avec *Ne laisse pas voler ton cœur*. Pendant deux décennies, il produit avec ses compagnies de disques une centaine d'artistes comme Pierret Beauchamp, Jacques Michel, Claude Valade, Chantal Pary, Judith Joyal, Jacline Guy, Bob Robie. En 1956, Roger Miron vend plus de 300 000 exemplaires de sa chanson fétiche *À qui le p'tit cœur après neuf heures*, qui sera traduite en huit langues et reprise par Alain Morrisod et Sweet People.

Lors du 18ᵉ gala country western, Roger Miron s'est vu attribuer le titre de Monsieur Cabaret 1997-1998. Un de ses plus grands succès, *Troubadour tyrolien*, a été repris par Jeannine Lévesque et par l'étoile montante du registre country d'aujourd'hui, Manon Bédard, découverte du producteur Guy Cloutier.

Autre grand succès de ce style musical : *Quand le soleil dit bonjour aux montagnes*. Il est bien difficile de dire quel interprète a popularisé cette chanson, devenue presque un hymne national vers 1960. Plusieurs artistes l'ont en effet enregistrée : Willie Lamothe, Lucille Starr, Renée Martel, Marie King et Lévis Boulianne. Ce dernier (1932-1992) a remporté le trophée du meilleur disque western en 1968 avec son album *Chansons des prairies*.

En plus d'avoir sa propre émission à CHLT-TV et un magasin de musique à Sherbrooke, Lévis Boulianne trouve le temps de partir en tournée et de produire des dizaines de chanteurs pour le compte de sa compagnie de disques. Avec sa chanson *À ma fenêtre*, il est élu Artiste country de l'année 1977 par l'Association de musique folklorique et campagnarde du Québec. Dans les années 1980, Lévis Boulianne demeure actif dans le circuit des festivals et expositions de tous genres.

La popularité croissante des chanteurs country aux États-Unis ne se dément pas. Johnny Cash, Kenny Rogers, Anne Murray et Garth Brooks suscitent un réel engouement pour ce style musical. Shania Twain, la belle cavalière de Timmins en Ontario, remplit à son tour le Centre Molson à Montréal et vend plus de 20 millions de disques dans le monde. En 2000, elle gagne le grand prix de l'American Music Award comme meilleure chanteuse country.

Dans le cadre de la tournée Coup de cœur francophone 1999, on a vu Steve Faulkner, Denis Rainville, Bobby Hachey se produire sur la scène du Lion d'or, à Montréal. Ils ont défendu leur art avec fougue. Gerry Joly, Mara Tremblay et Benoît Leblanc étaient aussi de la partie.

En parcourant les rayons des disquaires, on trouve les cassettes et albums de nos chanteurs western et country les plus populaires : Patrick Norman, Renée Martel, Roger Miron, Gildor Roy, Pier Béland, André Sylvain, Katia, Paul, Julie et Dani Daraîche, Denis Champoux, Albert Babin, Serge Deyglun et Lise Lapointe. Serge Deyglun, artiste talentueux ayant connu la gloire dans les années 1950, avait pris plaisir à enregistrer au Quartier latin des parodies de chansons western comme *Le bachelier chantant*, *Retour des chantiers*, *L'ingénieur*, *Écris-moi souvent*. Lise Lapointe est une figure remarquée du festival Dix jours western de Dolbeau — Mistassini et de celui de Saint-Tite. Ces événements annuels, nombreux au Québec, attirent des milliers d'amateurs de chansons country et servent de prétexte à d'autres pour revenir faire un tour et saluer la parenté et les amis de leurs belles régions.

Un certain milieu artistique pontifiant et une partie de la population ignorent la force réelle du country. On place ce genre musical à part, loin des galas où l'on remet devant public des trophées aux plus méritants. Les bourses et les subventions des différents gouvernements ne leur sont pas accessibles. Peu d'artistes country respectés et aimés d'un vaste public sont invités aux grandes émissions de variétés à la télévision. À la radio, leurs disques tournent peu, sauf à CJMS Country. Pourtant, ces interprètes vendent beaucoup d'albums.

Le spectacle Country 2000, présenté au Casino de Montréal, a suscité beaucoup d'intérêt pour le public venu acclamer Normand Groulx — qui a été l'interprète de Johnny Rockfort dans *Starmania* — et pour Carole Fleury, Guy Favreau et Julie Crochetière.

En France, Hugues Aufray, influencé par Bob Dylan, a énormément contribué à faire connaître en Europe une forme de country, issue du folklore écossais et irlandais. Selon Roger Miron, toujours actif, et quelques sondages parmi nos connaissances, Georges Hamel est le chef de file actuel du country au Québec et dans la francophonie, avec 30 albums à son crédit et plus d'un million de disques vendus à ce jour. Le public l'aime, mais il aime aussi son public, comme le démontrent si bien les paroles de sa chanson *Une fleur pour vous* :

Une fleur à ma boutonnière
Une fleur quand je chante pour vous
Pour vous dire à ma manière
Que je vous aime beaucoup
Une fleur à ma boutonnière
Que je porte fièrement pour vous
Cette fleur pour moi est si chère
Elle représente chacun de vous

Les pétales de cette rose
Sont les années passées près de vous
Je n'connais pas de jours moroses
Lorsque je chante pour vous
Sous les réflecteurs de la scène
Sous la fumée qui grise mes cheveux
Je chante mes refrains les plus simples
Ils sont l'image des jours heureux

❖ ❖ ❖

LA CHANSON OUVRIÈRE

Lorsque l'on scrute les archives de la chanson, les palmarès ou les discographies, on ne trouve pas beaucoup de chansons dites «ouvrières», racontant les souffrances et les espoirs de toute une classe sociale. Il s'agit donc d'un genre plutôt marginal. Serait-ce que les refrains engagés, sociaux, résident ailleurs? Ou serait-ce que la censure, utilisée par les géants de l'industrie, joue son rôle souterrain?

Force est de constater que le Québec ne compte pas de chantres officiels de la condition ouvrière, comme il en existe en France, tels que Marc Ogeret, François Béranger, Jean Ferrat ou Renaud. Ce dernier n'a d'ailleurs pas craint de s'identifier à la classe ouvrière et de chanter *Société, tu m'auras pas* :

> *J'ai vu pousser des barricades*
> *J'ai vu pleurer mes copains,*
> *J'ai entendu les grenades*
> *Tonner au petit matin.*
> *J'ai vu ce que tu faisais*
> *Du peuple qui vit pour toi,*
> *J'ai connu l'absurdité*
> *De ta morale et de tes lois*

En 1973, Renaud faisait la manche. Avec le souci de gagner sa vie, il chantait quelques-uns des airs qui sont les plus beaux fleurons du répertoire de Bruant, Montéhus, Georgius, comme *La java bleue, Le dénicheur, Les mauvais garçons* :

> *Nous les paumés nous ne sommes pas aimés*
> *Des grands bourgeois qui nagent dans la soie*
> *Il faut avoir pour être à leur goût*
> *Un grand faux-col et un chapeau mou*

La chanson engagée fait malgré tout partie du répertoire de quelques chanteurs québécois, tels Jacques Michel (*Viens, un nouveau jour va se lever*), Plume Latraverse (*Les pauvres*), Claude Dubois

(*Comme un million de gens*), Richard Desjardins (*Les Fros*), Robert Charlebois (*Mon pays, ce n'est pas un pays, c'est un job*), Richard Séguin (*Journée d'Amérique*), Paul Piché (*Heureux d'un printemps*) :

> *Faut qu'j'm'en retourne dans mon trou, creuser ma peine*
> *J'ai vu l'surintendant, j'peux rien t'dire en attendant*
> *Le jour où ça sera nous qui ferons la fête*
> *Imaginez l'printemps, quand l'hiver sera vraiment blanc*

Les recherches de Pierre Fournier et son livre *De lutte en turlute* montrent pourtant que la chanson ouvrière et politique a toujours pignon sur rue dans toutes les manifestations. L'ethnologue Maurice Carrier en a répertorié des centaines, dont les premières remontent au régime anglais des années 1750. Il faut souligner qu'au Québec, la chanson ouvrière est intimement liée à la cause nationaliste, cette dernière prenant parfois la première place. Le texte d'Antoine Gérin-Lajoie, *Un Canadien errant*, repris par Nana Mouskouri et rendant hommage à l'exil des patriotes en 1837-1838, en est un bon exemple.

Il est vrai que certaines époques ont été propices à l'écriture de chansons portant sur des thèmes sociaux, que ce soit les guerres de 1914-1918 ou de 1939-1945 ou encore les grandes crises économiques mondiales. Madame Bolduc, par exemple, a écrit des textes revendica-teurs, dénonçant avec humour l'exploitation de ses semblables. Certaines de ses chansons rejetées par la bourgeoisie restent souvent d'actualité : *Le propriétaire, Sans travail, Les femmes, L'ouvrage aux Canadiens*. Aujourd'hui, on ne la chanterait plus avec les mêmes mots :

> *C'est à Montréal qu'il y a des sans-travail*
> *C't'effrayant d'voir ça les gens qui travaillent pas*
> *C'est pas raisonnable quand il y a de l'ouvrage*
> *Que ce soit les étrangers qui soient engagés*

Dans les années 1960 et 1970, le Québec comme la France — et ses troubles de mai 1968 — ont connu une effervescence sociale et ouvrière. Des grèves générales, dont celle de la United Aircraft, ont paralysé la vie économique. De nombreux artistes ont apporté leur soutien aux travailleurs en conflit. L'industrie du spectacle et du disque a tiré un certain profit de cette situation. L'*Automne Show* fut un moment marquant de ce temps-là. Pauline Julien, Diane Dufresne et Yvon Deschamps (*Les unions qu'ossa donne*) affirmaient leurs convictions profondes. Clémence DesRochers, avec *La vie de factrie*, a décrit les conditions peu reluisantes des ouvrières du vêtement :

> *Vu que les machines font trop de tapage!*
> *J'suis pas causeuse de profession…*
> *J'peux pas vous décrire mon parcours!*
> *Vu qu'il fait noir aller retour…*

De son côté, Dominique Grange, née à Lyon en 1940, s'est identifiée à la chanson ouvrière et révolutionnaire. Elle a enregistré des chansons engagées, dont elle a écrit les paroles et la musique, comme *Ce n'est qu'un début, continuons le combat*. On peut encore entendre cette chanson dans les rassemblements et manifestations.

Félix Leclerc (*L'alouette en colère*), tout comme Gilles Vigneault (*Jos Montferrand*), ont célébré le travail dans la continuité de la tradition folklorique. Claude Gauthier est un autre bel exemple avec *Le grand six pieds*.

Maurice Dusseault, ancien dirigeant de la CTCC, puis de la CSN, a composé un hymne enregistré sur disque et diffusé lors d'un congrès des années 1960. Un autre refrain, *Si on est ensemble*, produit par les trois centrales syndicales (CSN, FTQ, CEQ) en 1979, connaît encore son heure de gloire lors des conflits. L'organisateur de la grève de Murdochville, Émile Boudreault, en sait quelque chose tout comme Robert Arpin, Francine Leblanc et Jean-Pierre Guay, avec leurs mouvements syndicaux respectifs. Quant au folkloriste Gilles Garand, de la CSN, il faut le voir sur les lignes de piquetage avec son harmonica et ses propres chansons de circonstance, reprises en chœur.

Organisateur communautaire en CLSC depuis 1974, Pierre Fournier a produit trois albums consacrés à la chanson sociale et syndicale. Il nous apprend que Ralph Chaplin, syndicaliste américain du début du siècle, a composé la chanson *Solidarity Forever*, sur l'air populaire de *John's Brown Body*. Elle fut traduite en français par Jean Baumgerten (1915) et devint la chanson fétiche des mouvements ouvriers en

Amérique. En 1976, on a ajouté au Québec trois petits mots à ce refrain : *Et mes sœurs...* qui font toute la différence. En France, on chante toujours le texte original *Solidarité, mes frères*. À la demande de la FTQ, Raymond Lévesque a également enregistré en 1980 un album qui s'intitulait : *Raymond Lévesque chante les travailleurs,* sur lequel on retrouve également *Bozo-les-culottes* :

> *Il flottait dans son pantalon*
> *De là lui venait son surnom*
> *Bozo-les-Culottes*
> *Il avait qu'une cinquième année*
> *Il savait à peine compter*
> *Bozo-les-Culottes*
>
> *Comme il baragouinait l'anglais*
> *Comme gardien de nuit il travaillait*

La chanson ouvrière est bien loin des galas de l'ADISQ et des Victoires de la musique. Elle n'encombre pas davantage les palmarès. Ceux qui en font la programmation ont d'autres intérêts que la pensée sociale. La vraie chanson qui rassemble, que l'on entonne dans les manifestations, porte-t-elle d'heureux lendemains qui chantent?

> *En combattant pour elle, la classe ouvrière*
> *Apportera un ordre nouveau sur la terre*
> *Au coude à coude restons unis, prolétaires*
> *C'est l'union qui nous rend forts*
> *Solidarité, mes frères et mes sœurs*
> *Solidarité, mes frères et mes sœurs*
> *Solidarité, mes frères et mes sœurs*
> *Ensemble, nous vaincrons*

❖ ❖ ❖

*« La chanson populaire peut égaler
en signification et en importance les
plus belles œuvres. C'est à travers
les chansons que chantent et qu'ont
chanté les peuples, que se retrouvent
les sentiments et les émotions du pays,
aussi bien dans le malheur qu'aux
époques ensoleillées. »*

Maurice Chevalier

PORTRAITS INÉDITS

Ah! Le Petit vin blanc
1943

Ah! Le petit vin blanc
Qu'on boit sous les tonnelles
Quand les filles sont belles
Du côté de Nogent
Et puis de temps en temps
Un air de vieille romance
Semble donner la cadence
Pour fauter, pour fauter
Dans les bois, dans les prés
Du côté, du côté de Nogent

Paroles Jean DREJAC
Musique BOREL – CLERC
Interprètes : Lina Margy, Annette Lajon,
Michèle Dorlan, Alys Robi

Photo : Jacques Grégorio, Echos-vedettes

ADAMO, Salvatore
*Auteur, compositeur, interprète,
comédien*
Né le 1er novembre 1943, à Comiso,
près de Ragusa, en Sicile

Salvatore est le premier enfant des Adamo. Dans ce foyer ouvrier, la situation financière est des plus critiques. Suivant l'exemple de bien des compatriotes, Antonio Adamo décide de s'exiler. Il part pour la Belgique et se trouve un emploi comme mineur. Assuré de pouvoir nourrir convenablement les siens, il revient en Italie chercher son épouse Concela et son fils qui va avoir quatre ans.

Le ciel souvent gris de Jemmapes, où la famille s'installe, remplace le ciel lumineux et chaud de la Sicile. Sept ans après son arrivée, la famille s'agrandit avec la naissance de Délizia et, un an plus tard, de Pipo. Viendront ensuite Eva, Salvina, Giovanna, Titina. L'argent fait souvent défaut, mais le bonheur, jamais!

Salvatore n'est pas né sous de bons augures. Alors qu'il a à peine sept ans, une méningite le cloue au lit durant 13 longs mois. Ses parents passent des nuits à brûler des cierges, à égrener leur chapelet et à se demander si leur fils retrouvera l'usage de ses jambes. Par miracle, Salvatore sort de ce cauchemar et reprend le chemin de l'école communale.

Brillant élève, fréquentant notamment le collège Saint-Ferdinand, Salvatore donne l'impression d'être un enfant triste. Il n'en est rien. Il chante à la chorale paroissiale et sa voix, claire et vive, surprend tous ceux et celles qui l'entendent. Il est vrai que depuis sa naissance, il écoute les grands ténors italiens, dont son père possède de précieux 78 tours. Le jeune garçon rassemble régulièrement autour de lui toute la famille, lorsqu'il chante et joue de la guitare que lui a léguée son grand-père avant de mourir. L'adolescent partage ainsi ses loisirs entre la musique et son équipe de football, qu'il mène souvent à la victoire.

Puis un jour, la chance se présente enfin. Radio-Luxembourg organise en effet un concours de découvertes (radio-crochet) dans toute la France et les pays limitrophes. Les parents et amis de Salvatore le pressent de monter sur les tréteaux du grand cirque ambulant, installé à Jemmapes. Même si sa voix a mué, le jeune homme se risque à interpréter sa première composition, *Si j'osais*, et se classe pour la grande finale qui se tiendra à Paris. Le jury, composé de Jacques Hélian, Yvette Giraud et Philippe Clay, est unanime : Salvatore mérite le premier prix, lequel lui est remis par Charles Aznavour.

Rassuré, sans toutefois abandonner ses études, Salvatore écrit les paroles et la musique de ses chansons. En février 1963, *Sans toi, ma mie* démarre subitement en Belgique, où il devient vedette dans son pays d'adoption. Tous les music-halls belges et hollandais le réclament. La nouvelle idole, couverte de fleurs, baisers et cadeaux, triomphe avec *En blue jeans et blouson d'cuir*, *N'est-ce pas merveilleux*, *J'aime une fleur*. Mais pour conquérir Paris, surtout lorsque l'on est belge, c'est une autre histoire !

On ne parle que d'Adamo, au point d'en oublier son prénom. Bruno Coquatrix l'invite à passer à l'Olympia le 12 janvier 1965, lors d'une soirée Musicorama. Le déclic se produit lorsqu'il entame *Vous permettez, monsieur ?* Le public parisien, d'abord sceptique et étonné, est ravi et chaviré. Le 16 septembre de la même année, il va passer trois semaines dans ce temple de la renommée où, par la suite, il retournera à maintes reprises. En 1966, Adamo fait sa première visite à Montréal, à la Comédie-Canadienne. Le public est une fois de plus en délire !

La malchance poursuit le chanteur. Lors d'une tournée en France, Adamo est victime d'un accident de voiture à Poitiers. Les équipes d'urgence le retirent d'un amoncellement de ferraille ; il a le visage fracassé. Il restera dans l'obscurité durant 20 jours, ne pouvant ni bouger ni parler. Antonio Adamo veille de nouveau au chevet de son fils, l'empêchant de sombrer dans le coma et le désespoir. Il lui faudra réapprendre à parler et, bien sûr, à chanter.

Quand son père se noie, en août 1966, en portant secours à une fillette en péril, Salvatore Adamo, à peine remis de son accident, croit mourir de chagrin. Il devient chef de famille et partage son temps entre les voyages et la maison de Jemmapes qu'il a fait construire pour les siens. Sa mère ne se remet jamais tout à fait de la disparition de son mari. Pipo touche quant à lui à tous les instruments ; Délizia enregistre des compositions de son frère ; Éva veut être présentatrice à la télévision, Salvina acrobate, Giovanna vendeuse et Titina chanteuse aussi ! En 1967, Adamo tourne dans le film *Les Arnaud*, avec Bourvil, avant la sortie du livre *Salvatore Adamo raconté aux enfants*.

La vie privée de Salvatore Adamo ne donne aucunement prise aux potins en tout genre, même s'il est sollicité par de nombreuses admiratrices, riches héritières ou ouvrières. En 1969, il épouse Nicole Durant, son amie d'enfance.

Ce n'est un secret pour personne : Salvatore Adamo voue une véritable admiration à son compatriote Jacques Brel, ainsi qu'à Georges Brassens qui lui accordera son aide et son amitié sa vie durant. Charles Trenet lui dédie pour sa part ces mots : «Adamo a prouvé que la jeunesse peut avoir la sensibilité, la nuance et la force. Il ne sera jamais chassé du paradis des grands talents.»

La plupart des chansons d'Adamo grimpent au palmarès et s'y maintiennent : *J'ai raté le coche*, *Quand les roses*, *L'amour te ressemble*, *Crier ton nom*, *Les filles du bord de la mer*, *Dolce Paola* (en l'honneur de la reine des Belges), *Amour perdu* et *Vous permettez, monsieur ?* Cette chanson se vend à plus de 250 000 exemplaires en quelques semaines seulement, malgré la vague yé-yé qui bat son plein.

Finis les matchs de football et les heures passées à écouter ses idoles en famille ! Salvatore Adamo sillonne l'Europe, le continent américain, le Moyen-Orient avec de nouveaux succès : *Une mèche de cheveux*, *C'est ma vie*, *Mes mains sur tes hanches* et *Tombe la neige*. Il a fallu qu'une chanteuse nipponne enregistre cette chanson pour que *Yuki wa furu* (titre en japonais) demeure au palmarès pendant 72 semaines. Reprise dans une dizaine de publicités différentes, *Tombe la neige* a permis à Adamo de collectionner pas moins de 36 billets aller-retour Paris-Tokyo. Cette mélodie, dont on compte 500 versions, Adamo l'avait composée à l'âge de 17 ans, pour sa petite amie qui lui avait fait faux bond lors d'un rendez-vous galant…

> *Tombe la neige, tu ne viendras pas ce soir*
> *Tombe la neige et mon cœur s'habille de noir*
> *Ce joyeux cortège, tout en larmes blanches*
> *L'oiseau sur la branche, pleure le sortilège.*

Entre 1968 et 1980, le producteur Michel Gélinas, en accord avec Charley Marouani, a présenté Salvatore Adamo à la Place des Arts à neuf reprises (35 représentations). De Montréal à Sherbrooke, Trois-Rivières à Québec, Rimouski à Chicoutimi, le résultat est le même : les salles sont combles, le public est ravi. Des ennuis de santé forcent Adamo à ralentir la cadence à la fin de la décennie. Il n'est donc plus question de donner 250 spectacles par an! Sur disque, sa carrière continue à un bon rythme : *Avec des si* (1986), *Quand la liberté s'envole* (1988), *Ses plus belles chansons* (compilation, 1994), *La vie comme elle passe* (1995), *À la mode* (1996) pour marquer une nouvelle rentrée à l'Olympia et *Les plus grands succès d'Adamo* (1999). À ce jour, Adamo a vendu à travers le monde 85 millions de disques, enregistrés en sept langues.

Il arrive parfois à l'artiste d'être nostalgique et de faire un retour en arrière pour se rappeler tout ce qu'il a accompli. Il se souvient notamment de son premier film, tourné en 1967, aux côtés de Bourvil et de Christine Delaroche, et de ceux qui ont suivi : *L'ardoise* (1969), *L'île aux coquelicots* (1971). Le timide Salvatore Adamo n'a pas non plus oublié le temps où il possédait toute une ménagerie : chiens, chats, perroquet, singe, moutons, cygne et canards.

Lors d'un séjour à Québec en avril 1993, où il avait donné quatre représentations au Théâtre Capitole, Adamo a pris le temps de se promener dans les rues de la capitale et de traverser le pont qui mène à l'Île d'Orléans. Il voulait voir l'endroit où Félix Leclerc avait entrepris, en 1988, son ultime voyage vers l'au-delà.

Le public a l'impression de bien connaître Adamo, un peu comme s'il faisait partie de la famille. Avec simplicité, gentillesse et une voix hors du commun, il a non seulement composé et chanté des refrains populaires sur des airs de valse, tango et java, mais aussi des chansons engagées, démontrant son humanisme et sa maturité. Avec *Inch'Allah*, il a pris position au sujet du conflit israélo-arabe; avec *Manuel*, il a dénoncé le régime franquiste; avec *Vladimir*, il s'est insurgé contre la dictature soviétique; avec *De l'autre côté du pont*, il a condamné les atrocités de la guerre en Bosnie. Malgré ces dénonciations, Adamo reste le doux poète décrit par Brel : «Tendre Salvatore. Tu es un jardinier. Et notre temps qui ressemble à Sarcelles en conserve trop peu. Et les fleurs que tu provoques gardent la fraîcheur et la sauvagerie des bouquets du bord de la route. Tendre jardinier de l'amour! Je sais de plus grandes ambitions, je n'en sais pas de plus belles.»

Adamo n'est pas près de prendre sa retraite. En l'an 2000, il se produira en France, en Belgique, au Portugal, en Turquie et au Japon. En plus de publier son premier roman, il a lancé de nouveaux albums en espagnol, en allemand, en italien et en français. À compter du 27 février 2001, il prendra de nouveau l'affiche de l'Olympia de Paris, avant de venir chanter au Québec. Cette lettre du 6 juin 2000 montre bien toute la gentillesse et la simplicité du chanteur.

Salvatore Adamo

Cher Marcel,

Je suis ravi et flatté par le résumé, sensible et circonstancié, de mon histoire que vous proposez. Je ne sais pas si je mérite tant d'éloges.

Je vous souhaite un grand succès pour votre livre, et je vous remercie pour l'intérêt que vous m'avez témoigné.

Sincèrement et amicalement.

Salvatore
Adamo

AUBRET, Isabelle
Interprète
Née Thérèse Coquerelle, le 27 juillet
1938, à Lille, en France

Photo : Michel Marcil, Échos-vedettes

La talentueuse Lilloise appartient à une famille modeste de 11 enfants, habitant une ville industrielle du nord de la France, reconstruite en partie après la Deuxième Guerre mondiale. Comment expliquer que la petite Thérèse, poursuivie par la malchance, soit devenue la grande Isabelle Aubret, celle qui a fait connaître dans le monde les plus belles chansons d'Aragon, de Jacques Brel et de Jean Ferrat? Sa vie, traversée par tant d'épreuves, relève du miracle.

Isabelle partage ses loisirs entre des cours de chant, de danse et d'art dramatique. À 14 ans, elle est championne de France en gymnastique et travaille dans une usine. Dans tous les concours, fêtes populaires et bals du samedi soir, la chanteuse aux cheveux blonds tente sa chance et surprend agréablement le public et les organisateurs de spectacles. Ces derniers ne tardent pas à lui conseiller de quitter l'atelier de filature, où elle est bobineuse et son père, contremaître, pour se consacrer exclusivement à la chanson. Forte de son expérience de chanteuse d'orchestre au Havre, elle trouve un emploi dans un cabaret, à Paris.

En 1961, Isabelle Aubret enregistre son premier 45 tours avec *Nous les amoureux* et *Le gars de n'importe où* et remporte le Grand Prix du Festival d'Enghien avec *Rêve mon rêve*. Jacques Canetti l'invite à passer au music-hall de l'ABC, en première partie de Sacha Distel. Avec *Un premier amour*, elle décroche le Grand Prix de l'Eurovision au Luxembourg. Jean Ferrat et le producteur Gérard Meys l'aident à monter un solide tour de chant autour de *Deux enfants au soleil*. En mars 1963, Isabelle Aubret confirme son talent et laisse exploser sa joie et sa voix à l'Olympia, en première partie du spectacle de Jacques Brel.

Pressentie pour jouer le premier rôle dans *Les parapluies de Cherbourg* (Jacques Demy et Michel Legrand) et accompagner Jacques Brel dans sa tournée d'été, Isabelle Aubret doit renoncer à ces projets bien malgré elle. Un accident de la route la cloue sur un lit d'hôpital. Comptant 18 fractures et devant subir cinq interventions chirurgicales délicates, la chanteuse est entre la vie et la mort. Son appétit de vivre et de chanter ainsi que sa volonté de fer lui permettent de sortir de ce cauchemar. En 1963, Jacques Brel lui cède les droits de *La Fanette*, et Jean Ferrat lui donne *C'est beau la vie*, deux chansons qui resteront à jamais. Deux ans plus tard, en première partie de Salvatore Adamo, la frêle chanteuse au cœur d'or renoue avec l'Olympia.

Isabelle Aubret ne regrette pas d'avoir enregistré la chanson de Jacques Brel que celui-ci avait composée en l'honneur de sa propre fille Isabelle :

> *Quand Isabelle chante plus rien ne bouge*
> *Quand Isabelle chante au berceau de sa joie*
> *Elle vole le velours et la soie*
> *Qu'offre la guitare à l'infante*
> *Pour se les poser dans la voix*
> *Belle Isabelle quand elle chante*

En dépit de la douleur et de ses cicatrices, Isabelle Aubret enregistre un album qui émeut la France entière et traverse les océans. On y retrouve entre autres *Les amants de Vérone* et *Beyrouth*. Avec *La source*, Isabelle Aubret participe de nouveau au Grand Prix d'Eurovision à Londres, en 1968, et se produit en covedette avec Félix Leclerc à Bobino. Elle y reviendra quatre ans plus tard. La voilà enfin au sommet de l'affiche, reconnue pour son talent. Isabelle Aubret entame alors une longue tournée (1970-1981) dans les pays francophones, ainsi qu'en Pologne, en Allemagne, en Finlande, en Tunisie, en Algérie, au Maroc, en Union soviétique et à Cuba. En 1976, au Festival de Tokyo, au Japon, elle est sacrée meilleure chanteuse au monde.

Celle qui s'était sortie une première fois du cauchemar à force de conviction et de témérité, connaît de nouveau l'enfer. En 1982, Isabelle Aubret est victime d'un terrible accident au gala de l'Union des artistes, alors qu'elle effectue un numéro de trapèze. Elle est contrainte d'abandonner son métier pendant deux ans. Avec la détermination et le courage qui la caractérisent, elle repart sur les routes de France et du monde entier où le public la réclame.

En 1986, Micheline Ricard, des Productions Mimosa et de la station de radio CIEL, la produit au Théâtre Arlequin à Montréal. Elle écrit dans le programme souvenir : « À propos de mon amie Isabelle… elle me fascine, m'étonne, me fait rire, m'émeut, m'attendrit et m'apprend… m'apprend à aimer la vie ! à goûter la vie ! et à la chanter ! C'est une ambassadrice exceptionnelle ! Je vous souhaite une belle rencontre avec elle et les auteurs qu'elle a choisi de chanter ! » Huit ans plus tard, les Québécois retrouveront la chanteuse à la Place des Arts pendant quatre soirs consécutifs.

Isabelle Aubret connaît la gloire à l'Olympia en 1987 et reçoit la même année le Grand Prix du disque, le prix du président de la République ainsi que celui de l'Académie Charles-Cros. Au comble de la joie, elle reçoit le titre de chevalier de la Légion d'honneur, le 1er janvier 1990. Toutes ces récompenses lui donnent des ailes pour remonter sur les planches de l'Olympia et sortir d'autres albums, accompagnée de nouveaux auteurs comme Pierre Grosz, Claude Lemesle, Jean-Jacques Goldman, Cyril Assou, Nicolas Peyrac qui rejoignent Aragon, Jean Ferrat, Georges Brassens, Guy Béart et les autres.

Il est bien difficile d'oublier l'interprétation magistrale que fait Isabelle Aubret des chansons de Jean Ferrat, comme *Nous dormirons ensemble, Aimer à perdre la raison, C'est beau la vie, C'est toujours la première fois.* Les inconditionnels de la grande dame se souviennent également de ses enregistrements de *La vie en rose* d'Édith Piaf, *Parlez-moi d'amour* de Jean Lenoir, *Et maintenant* de Gilbert Bécaud, *La moitié du monde est une femme* de Jacqueline Lemay.

Sur son album *Changer le monde,* produit en 1998 par Gérard Meys, on retrouve *Le cinquième prophète* de Pierre Delanoë, *J'ai le regret de vous dire oui* de Michel Legrand, *Des mots* d'Adamo, *Tu m'as fait signe* de Didier Barbelivien et plusieurs autres beaux textes de Bruno Grimaldi. La rentrée d'Isabelle à Paris, à la fin des années 1990, coïncidait avec le lancement de son plus récent album *Parisabelle*, sur lequel figurent 18 grandes chansons sur Paris. Une merveille!

Dans le Pas-de-Calais, à Colonne-Ricouart, en Artois, et à Harnes, deux maisons de la culture portent le nom de la chanteuse. Le public français a compris, avec le temps, la valeur de l'une de ses ambassadrices, souvent boudée par certains médias pour avoir défendu ses idées socialistes.

Richard Cannavo a bien raison d'écrire que la femme de tête garde les pieds sur terre et un œil sur les souffrances de la planète. Isabelle Aubret continue de se porter à la défense des enfants et des handicapés par la vie. Depuis 40 ans, elle poursuit sa croisade de l'amour et de la tendresse à travers des chansons comme *La Fanette*. Cette chanson, Jacques Brel l'avait interprétée au Théâtre du Gymnase à Marseille, le 31 décembre 1962, alors qu'il partageait la scène avec son amie Isabelle Aubret. Celle-ci a créé la version féminine de cette chanson :

> *Nous étions deux amis et Fanette m'aimait*
> *La plage était déserte et dormait sous juillet*
> *Si elle s'en souviennent les vagues vous diront*
> *Combien pour La Fanette j'ai chanté de chansons*

❖ ❖ ❖

AZNAVOUR, Charles
Auteur, compositeur, interprète,
comédien, éditeur
Né le 22 mai 1924, à Paris

Photo : Échos-vedettes

Varenagh Aznavourian est né dans une clinique parisienne dirigée par les religieuses. Sa famille vient tout juste d'émigrer pour échapper aux persécutions turques contre le peuple arménien. Misha, son père, a parcouru son pays en chantant à la manière des troubadours. Knarr, sa mère, a suivi son époux dans le quartier latin, avec leur fille Aïda. Le couple réalise un vieux rêve : ouvrir un restaurant et bistro, Le Caucase.

Le petit Varenagh, devenu Charles, monte pour la première fois sur scène à l'âge de trois ans, pour réciter des poèmes. Il veut devenir comédien et suit des cours accélérés. À 11 ans, on le surprend au Théâtre Marigny, à l'Odéon, dans *L'enfant*. Il acquiert de l'expérience en se produisant en tournée au Théâtre de La Madeleine. Avec sa sœur, il écrit ses premières chansons et décroche des petits contrats dans des galas, où il se fait remarquer par ses imitations de Maurice Chevalier et de Charlie Chaplin.

Au début de la guerre de 1939, Charles Aznavour vend des journaux dans la rue tant il tire le diable par la queue. Au Club de la chanson, il fait la connaissance du président de l'association du même nom, Pierre Roche, pianiste, compositeur et interprète. À la fin des hostilités, en 1945, le duo qui s'est formé se produit alors dans les cabarets parisiens et continue d'écrire des chansons qu'il soumet à différents interprètes. En 1947, Georges Ulmer obtient le Grand Prix du disque avec *J'ai bu*.

Grâce à l'intervention d'Édith Piaf, Pierre Roche et Charles Aznavour arrivent à Montréal pour se produire au Faisan doré durant

10 mois, à raison de 20 spectacles par semaine. Après un passage au Quartier latin et quelques galas au Québec et à New York, où ils retrouvent Édith Piaf, et le mariage de Pierre Roche avec Aglaé, Charles Aznavour décide de faire cavalier seul. C'est la fin de huit années de travail en commun, mais pas d'une amitié qui dure encore. Pierre Roche, âgé de 81 ans, vit aujourd'hui paisiblement à Sainte-Foy, en banlieue de Québec.

Faut-il rappeler que le petit Charles, comme l'appellent les Français, et le petit Napoléon, selon les Américains, a appris durement son métier en passant des jours et des nuits dans l'antichambre de la gloire? Ses premières chansons sur disque, c'est à Montréal qu'il les a interprétées : *En revenant de Québec, Simplette, Il faut de tout pour faire un monde, Retour, Boule de gomme, Le feutre taupé, Les cartes.* Pour lui donner confiance, ses compagnons de travail comme Jacques Normand, Pierre Roche, Monique Leyrac et Jean Rafa l'encouragent sans cesse. Blessé par les critiques acerbes qui ne ménagent ni sa voix ni son physique, découragé, Charles Aznavour a en effet envie de tout lâcher. Devenu la vedette française qui a vendu le plus de disques au monde, à 76 ans Charles Aznavour se rappelle sans amertume ses années de vaches enragées. «On n'a rien pour rien, confie-t-il. Il faut bosser sans répit et attendre son heure.» À 18 ans, avant de chanter *Je m'voyais déjà*, Charles Aznavour avait écrit *Sa jeunesse* qui commence ainsi : «Lorsque l'on tient dans ses mains cette richesse.» N'ayant pas à ce moment là suffisamment de maturité, de caractère et de conviction pour rendre cette chanson crédible aux yeux du public, ce n'est que beaucoup plus tard qu'il l'a chantée.

En 1953, c'est le Maroc qui reconnaît son immense talent avec *Viens pleurer au creux de mon épaule.* Son succès rejaillit aussitôt à Paris, où on l'engage à l'Olympia en première partie de Sidney Bechet. Ébahi, Eddie Barclay le fait entrer en studio pour enregistrer *Sur ma vie*, qui envahit les postes de radio en un temps record. Une première apparition de Charles Aznavour aux Trois Baudets de Jacques Canetti et un premier disque chez Philips avaient suscité l'intérêt des producteurs.

En le prenant sous son aile, Édith Piaf gagne son pari de le rendre célèbre; elle choisit d'ajouter à son répertoire la chanson *Jézébel*. Il n'en faut pas plus pour que les vedettes de l'heure veuillent chanter Charles Aznavour. Eddie Constantine enregistre *Et baîller et dormir*, Philippe Clay, *Le noyé assassiné*, Juliette Gréco, *Je hais les dimanches*, qui obtint un Grand Prix au concours de la chanson de Deauville et de la SACEM. Édith Piaf pardonnera difficilement à son protégé de ne pas lui avoir proposé cette dernière chanson. Viendront ensuite Patachou, Gilbert Bécaud, Yves Montand, Nana Mouskouri. Plus tard, quand le monde entier sera à ses pieds, ce sera au tour de Frank Sinatra, Barbra Streisand, Harry Belafonte, Placido Domingo de faire connaître le petit Napoléon.

Après un mois de succès à l'Alhambra, en 1956, Charles continue d'écrire des chefs-d'œuvre et de se produire aux quatre coins de l'Europe. En 1963, au Carnegie Hall à New York, il est acclamé par le public et la presse américaine, qui vante la beauté de *La Mamma*, *Les comédiens*, *Tu t'laisses aller*. On le compare au grand Maurice Chevalier. Deux ans plus tard, il prend d'assaut l'Olympia et devient la coqueluche du Tout-Paris, en même temps que l'on joue au Chatelet son opérette *Monsieur Carnaval* avec Georges Guétary, pour lequel il a composé la musique de *La Bohème*.

En novembre 1969, Charles Aznavour remplit à huit reprises les 3 000 fauteuils de la salle Wilfrid-Pelletier à la Place des Arts. Rudel-Tessier écrit dans le quotidien *La Presse* : «Dans son costume blanc, sa chemise prune, il a su conquérir les Montréalais — comme si ce n'était pas déjà fait. Non! À bien y penser, ce pays du Québec! Aznavour n'a jamais eu à le conquérir. Cela s'est fait autrement, il y a plus de 20 ans, comme naît quelquefois l'amour — sans qu'on s'en rende compte.» Il a su enflammer la salle quand il a chanté *Je te réchaufferai* :

> *Le ciel tisse une couverture de laine*
> *L'été prépare ses quartiers d'hiver*
> *Mais n'aie pas peur de la froidure, Hélène*
> *Je te réchaufferai, je te réchaufferai*

Quatre ans auparavant, alors qu'il est au sommet de la gloire, Charles Aznavour rencontre dans une boîte de nuit suisse la jolie Suédoise Ulla Thorsell. Vivant à Paris depuis deux ans, elle ne connaît rien de celui qui fait chavirer bien des cœurs. Il a 41 ans; elle en a 23. Dans les années

1960, une si grande différence d'âge est presque choquante. Ulla Thorsell accompagne Charles Aznavour à Québec où il présente son tour de chant au Capitol, le 30 octobre 1967. Le 12 janvier 1968, un an après un mariage civil à Las Vegas, le couple unit sa destinée à l'église arménienne de Paris. Trois jours plus tard, Charles Aznavour est sur les planches de l'Olympia. Il trouve enfin la sérénité, l'équilibre, en menant désormais une vie calme et ordonnée. Il chante :

> Sur ma vie je t'ai juré un jour
> De t'aimer jusqu'au dernier jour de mes jours
> Et le même mot
> Devait très bientôt
> Nous unir devant Dieu et les hommes

La vie de Charles Aznavour n'a pas toujours été de tout repos sur le plan sentimental. Il avait 19 ans quand il a rencontré Micheline, de trois ans sa cadette. Le couple a eu une fille, Patricia, née en 1946. Une fois séparé, Charles Aznavour épouse Evelyne Plessis, une superbe danseuse de cabaret, qui le quittera peu de temps après un terrible accident d'auto qui a failli lui coûter la vie. Charles Aznavour se console dans les bras d'Estelle Blain. Le chanteur est également père de Patrick, décédé en 1976. De son union avec Ulla Thorsell, qui est toujours au beau fixe, Charles Aznavour a eu trois enfants : Katia en 1969, année où il se produit de nouveau à l'Olympia; Misha, en 1971 et Nicolas, en 1973. Ce dernier étudie actuellement en sciences à l'Université de Montréal. Quant à Katia, choriste, elle voyage constamment avec son père.

Charles Aznavour connaît aussi le succès sur les écrans de cinéma. À 40 ans, il compte déjà 20 films à son actif! Ses débuts sur pellicule remontent à 1938 avec *Les disparus de Saint-Agil*. En 1960, Truffaut le fait tourner dans *Tirez sur le pianiste*. Chabrol lui offre plus tard un rôle dans *Les fantômes du chapelier*. Entre temps, il y eut *Taxi pour Tobrouk*, *Le passage du Rhin*, *Horace 62*. Au tournant du 3e siècle, on compte une cinquantaine de films et téléséries auxquels il a participé. Parmi les plus récentes, citons *Baldipata* (T'as pas dix balles, en verlan) où il joue aux côtés d'Annie Cordy. Ses acteurs favoris sont Jean Gabin, Michèle Morgan et Lino Ventura.

Dans son autobiographie publiée en 1970, Charles Aznavour hurle son indignation et raconte ses insurmontables démêlés avec le fisc français et sa décision de s'installer en permanence en Suisse et de vendre sa maison de l'avenue Foch. *Paris-Match* le présente comme un homme d'affaires averti qui contrôle une véritable usine de chansons, avec une centaine d'employés.

L'imprésario québécois Guy Latraverse convainc Charles Aznavour de se produire aux FrancoFolies de Montréal, en 1995. Durant trois soirs, il joue à guichets fermés dans la grande salle de la Place des Arts. Il ouvre le rideau avec *Hier encore* et continue avec un tour de chant uniquement en français. On ne lui tient plus rigueur de son «show» bilingue avec Liza Minelli quelques années auparavant. En 1998, Charles Aznavour est de retour aux États-Unis où il donne 30 spectacles à New York, Chicago, Los Angeles.

En 1999, Guy Latraverse le présente de nouveau au Centre Molson, à Montréal, où 10 000 spectateurs le portent aux nues. Dans les jours qui suivent, Charles Aznavour poursuit son périple à Québec, Toronto, Ottawa avec *Les plaisirs démodés*, qui est toujours à la mode, *Que c'est triste Venise*, *Comme ils disent* et d'autres refrains immortels. Son récent album *Jazznavour* est en vente dans cent pays, visités depuis 50 ans : Liban, Pologne, Argentine, Chili, Pérou, Inde, Belgique, Italie. Pas étonnant que ce globe-trotter parle six langues couramment.

Parmi les chansons «jazzées» que l'on trouve sur ce merveilleux enregistrement figurent *J'aime Paris au mois de mai*, *Tu t'laisses aller*, *À t'regarder*, *Au creux de mon épaule*, *For me formidable* et *Les plaisirs démodés* :

> *Viens découvrons toi et moi*
> *Les plaisirs démodés*
> *Ton cœur contre mon cœur*
> *Malgré les rythmes fous*
> *Je veux sentir mon corps*
> *Par ton corps épousé*
> *Dansons joue contre joue (bis)*

Au début de l'an 2000, au terme de quatre ans d'écriture, Charles Aznavour assiste au succès de sa comédie musicale sur Toulouse-

Lautrec qui est présentée en Angleterre. Le 24 octobre, il se produira au Palais des congrès de Paris pendant deux mois. «Rassurez-vous, de nous confier le chanteur, Je ne ferai jamais de tournée d'adieu.» Au milieu de ses obligations professionnelles, Charles Aznavour trouve le temps de faire de la natation, de l'équitation et de passer du temps avec sa famille et ses amis. Il continue d'apporter son aide aux sinistrés d'Arménie, à l'UNICEF et aux Restos du cœur, autant de causes humanitaires qu'il affectionne particulièrement.

À 76 ans, le grand Charles continue de nous en mettre plein la vue et de prétendre que sa source d'inspiration et son idole portent un nom : Charles Trenet. En achetant les Éditions Raoul Breton, qui ont publié ses œuvres, il veut donner la chance aux jeunes qui ont du talent comme Lynda Lemay, sa protégée depuis quatre ans.

Pour tout ce qu'il a accompli dans le monde, la France se devait bien de lui accorder la distinction d'officier de la Légion d'honneur. Arrivera-t-il un jour à prendre sa retraite? On s'imagine mal Charles Aznavour en pantoufles. Avec lui, l'imagination ne connaît pas de limites. On va toujours l'identifier à sa mélodie *Sa jeunesse* qui date de 1956 :

> *Avant que de sourire, nous quittons l'enfance*
> *Avant que de savoir la jeunesse s'enfuit*
> *Cela semble si court que l'on est tout surpris*
> *Qu'avant que de comprendre, on quitte l'existence*

❖ ❖ ❖

Bambino
1955

Et gratte, gratte sur ta mandoline
Mon petit Bambino
Ta musique est plus jolie
Que tout le ciel de l'Italie
Et chante et chante de ta voix câline
Mon petit Bambino
Tu peux chanter tant que tu veux
Elle ne te prend pas au sérieux
Avec tes cheveux si blonds
Bambino, Bambino
Tu as l'air d'un chérubin
Bambino, Bambino
Va plutôt jouer au ballon
Bambino, Bambino
Comme le font tous les gamins

Paroles françaises Jacques LARUE
Musique G. FANCIULLI
Interprètes : Patrice et Mario, Bob Martin, Georges Guétary,
Dalida, Luis Mariano, Carmen Déziel, Jean Paquin

Photo : Jocelyn Chevalier, Échos-vedettes

BÉART, Guy
Poète, musicien, auteur, compositeur,
interprète
Né le 16 juillet 1930, au Caire,
en Égypte

Enfant, Guy Béart voyage sans cesse à travers le monde, grâce à son père. Expert-comptable et administrateur de sociétés, Guy Béart travaille au Mexique, en Grèce, au Liban ou en Italie. Il s'installe enfin à Nice, sur la Côte d'Azur, pour faire ses études secondaires. Devenu professeur de géométrie et ingénieur des ponts et chaussées en 1952, il continue de flirter avec la chanson et le théâtre. Musicien dans l'âme, il apprend très jeune à jouer de la mandoline, du violon et de la guitare. Après le décès de son père, il s'installe à Paris en 1953, avec sa mère Amélie et sa sœur Doris. Les trois s'adonnent passionnément aux échecs.

C'est trois ans plus tard que Guy Béart fait ses vrais débuts parisiens dans les boîtes à la mode de la rive gauche. Il y écrit son premier succès *Qu'on est bien*, à Port-Salut précisément. Patachou, Zizi Jeanmaire, Maurice Chevalier et Juliette Gréco ajoutent rapidement les compositions du jeune poète à leur répertoire. Découvert par Jacques Canetti, Guy Béart entre au Théâtre des Trois-Beaudets où il se lie d'amitié avec Félix Leclerc, Jacques Brel, Boris Vian et l'écrivain Louis Nucéra. En 1957, le poète des harmonies obtient le Grand Prix du disque avec *L'eau vive*, composée pour le film du même nom signé François Villiers. Parmi les 300 chansons que Guy Béart a composées, plusieurs restent dans la mémoire, comme *Poste restante, Il y a plus d'un an, Laura, Le Quidam, La vérité, Bal chez Temporel* :

> *Si tu reviens jamais danser*
> *Chez Temporel un jour ou l'autre*
> *Pense à ceux qui tous ont laissé*
> *Leurs noms gravés auprès du nôtre*

Comme s'il était imprégné de ces airs d'antan, Guy Béart adore chanter les vieilles chansons françaises et le folklore d'autrefois. Ses interprétations de *Vive la rose*, *Aux marches du palais* et *Le pont de Nantes* sont superbes. Au Québec comme ailleurs, il prend plaisir à reprendre ces airs d'autrefois, n'hésitant pas à discourir du passé avec ses amis Gilles Vigneault, Raymond Lévesque ou encore Jean-Pierre Ferland. Son premier gala à Montréal, il le donne au Forum en compagnie d'Annie Cordy et de Sacha Distel.

Après avoir gagné le Grand Prix de l'Académie Charles-Cros en 1965, Guy Béart devient producteur et animateur de *Bienvenue*, une émission qui, pendant dix ans, sera l'une des plus cotées auprès du public. Les heures de travail qu'il y consacre ne l'empêchent pas pour autant de prendre l'affiche au Théâtre des Champs-Éysées, à Bobino ou à l'Olympia.

Avare de confidences sur la scène publique, Guy Béart étale avec parcimonie sa vie privée d'homme libre dans sa biographie *Guy Béart, l'espérance folle*. Il publie cet ouvrage chez Robert Laffont, après voir vaincu une grave maladie. Il y avoue sans retenue son amour de la beauté, de Dieu et des femmes. Ses folles amours et nombreuses rencontres en témoignent largement. Après Carmen, Irène, Anne-Marie, Micheline et les autres, il finit par épouser Cécile. Après cinq ans de vie commune, le couple se sépare en 1963. De cette union est née Ève. Plus tard, Dominique, poétesse et chanteuse, entrera dans sa vie. En 1962, il a un nouveau coup de foudre pour Geneviève, puis pour Dominique et Isabelle en 1979. Inutile de dire que toutes ces histoires d'amour inspirent de nombreuses chansons. Sa première fille, Emmanuelle, resplendissante étoile de cinéma, a fait, quant à elle, deux années d'études à Montréal.

Depuis son retour attendu sur la scène en 1987 avec son spectacle *Demain, je recommence*, Guy Béart poursuit sa route en Europe, au grand plaisir de ses admirateurs. Après une longue absence au Québec, il revient à la Place des Arts en août 1996, dans le cadre des FrancoFolies de Montréal. Ses succès d'hier et ceux d'aujourd'hui — extraits de son nouvel album *Il est temps* — y sont chaleureusement acclamés. La même année, il publie *L'eau vive de la vérité*, l'intégrale de son concert donné à l'Olympia. «La force réelle dans la vie, c'est la paix intime, la paix à l'intérieur de soi et parmi ceux qui vous entourent», écrit Guy Béart. Pour bien longtemps, on reprendra en chœur cette chanson immortelle, *L'eau vive* :

> *Ma petite est comme l'eau*
> *Elle est comme l'eau vive*
> *Elle court comme un ruisseau*
> *Que les enfants poursuivent*
> *Courez, courez, vite si vous le pouvez*
> *Jamais, jamais*
> *Vous ne la rattraperez.*

Il est bien difficile de cataloguer le chanteur dans une quelconque catégorie. Le ton de Guy Béart est tellement personnel! Nous le reconnaissons immédiatement. Il a une griffe, une couleur bien à lui. Certains diront qu'il n'est pas engagé, pourtant plusieurs de ses chansons démontrent le contraire. Il y a 20 ans, quand il chantait *Les pouvoirs*, il dérangeait bien des gens :

> *Contre tous les pouvoirs*
> *Du grand jour du grand soir*
> *Qu'ils soient démocratique*
> *Royaliste, impérial,*
> *Ou qu'ils soient syndical, commercial, politique…*

Guy Béart est bien branché sur nos inquiétudes, sur la vie qui bat. À Patrice de Plenkett, il se confiait : «Le système soviétique m'horrifie, le système américain me terrifie… on peut composer des chansons avec le terrible. Pas avec l'horrible [...]».

❖ ❖ ❖

Photo : Paul Ducharme, Échos-vedettes

BÉCAUD, Gilbert
Auteur, compositeur, interprète et comédien
Né François Silly, le 24 octobre 1927, à Toulon, en France

L'enfance du jeune François est bercée de soleil, du chant des cigales et de l'odeur des oliviers, dans le midi de la France. À la mort de son père, il quitte Toulon pour la cité niçoise avec sa mère et son beau-père, M. Bécaud, dont il gardera le nom tout au long de sa carrière. François entre au Conservatoire de musique de Nice et rêve de devenir un grand pianiste. En 1942, nouveau déménagement, pour Paris cette fois. Pour vivre, le jeune homme travaille dans l'hôtellerie et la cordonnerie, alors que sa mère devient couturière. Puis la guerre éclate. François entre dans la Résistance et joint le maquis du Vercors, près de Grenoble, où il restera jusqu'à la fin de la guerre.

De retour dans la capitale, il devient pianiste dans les cabarets et rencontre une jeune et belle comédienne, Monique, surnommée affectueusement Kiki. Il l'épouse en 1952. François ayant changé son nom pour Gilbert, enregistre son premier disque et devient papa d'un premier fils, Gaya. La famille s'agrandit rapidement de quatre autres enfants : Philippe, Jenny, Anne et Émilie.

Devenu pianiste accompagnateur de Jacques Pills, Gilbert Bécaud commence à parcourir le monde et s'arrête à Montréal au His Majesty's. Jacques Pills s'y produit avec son épouse, Édith Piaf. Celle-ci accepte alors de chanter *Je t'ai dans la peau*, chanson dont Gilbert Bécaud a composé la musique. De quoi se sentir fier ! Édith Piaf le recommande fortement au fonctionnaire et écrivain Louis Amade, directeur de cabinet à la préfecture de Seine-et-Oise. Ce dernier jouera un rôle prépondérant dans la carrière de celui que l'on appelle déjà *Monsieur 100 000 volts*, tant il électrise la jeunesse et enflamme les parents. De cette association avec le poète Louis Amade naîtront de multiples chansons.

Dès 1953, Gilbert Bécaud envahit les ondes avec *Les croix* et *Mes mains*. Puis viennent *C'était mon copain, La ballade des baladins, Les marchés de Provence, Pilou… pilou… hé, L'important, c'est la rose, On prend toujours un train pour quelque part, Un peu d'amour et d'amitié*.

Gilbert Bécaud travaille tout d'abord avec Charles Aznavour; ensemble, ils créent notamment *Quand tu t'en vas* et *Viens*. Puis l'auteur se tourne bientôt du côté de Pierre Delanoë, avec lequel il composera *L'orange, La maison sous les arbres* et *Je t'appartiens*. Avec Maurice Vidalin, Gilbert Bécaud signe *La grosse noce, La vente aux enchères*, où apparaît Monsieur Pointu et *Le bain de minuit*. De passage à Québec, en 1960, il s'associe avec Gilles Vigneault pour composer la musique de *Natashquan*. Bref, les succès s'enchaînent pour Gilbert Bécaud qui enregistre *Et maintenant* en allemand, en arabe et en anglais :

> *Et maintenant, que vais-je faire*
> *De tout ce temps, que sera ma vie*
> *De tous ces gens qui m'indiffèrent*
> *Maintenant que tu es partie*

Bon nombre d'interprètes adoptent rapidement les textes et musiques signés Gilbert Bécaud, comme la fantaisiste Marie Bizet, Édith Piaf, Les Compagnons de la chanson, Jacques Brel (*L'amour est mort*), Line Renaud, Christine Chartrand (*Mon arbre*), Dalida, Francis Cabrel, Stéphane Golmann.

En février 1954, lorsque Bruno Coquatrix caresse le projet de faire de l'Olympia le grand music-hall parisien, il donne la chance à Gilbert Bécaud de faire la première partie de Lucienne Delyle et de son mari, le chef d'orchestre Aimé Barelli. C'est un triomphe! Gilbert Bécaud y reprendra l'affiche, seul, l'année suivante. En véritable habitué, il y reviendra à 30 reprises tout au long de sa carrière. En 1997, il est d'ailleurs choisi pour inaugurer le nouvel Olympia, entièrement rénové.

Fidèle à ses amis, son costume de scène bleu et sa cravate à pois, la main résolument collée à l'oreille et la nécessité, en coulisses, de prendre «une sainte touche» (une bouffée de cigarette) entre deux chansons, Gilbert Bécaud est très attachant, au point de devenir l'idole de toute une génération, malgré les détracteurs jaloux de sa notoriété et de sa fortune si rapidement acquise. Peu importe, le monde entier appartient à Gilbert Bécaud!

À Montréal, le chanteur se produit à guichets fermés que ce soit à la Place des Arts — 11 fois entre 1968 et 1981 — à l'aréna Maurice Richard ou à la Comédie-Canadienne. À Québec, il connaît le même triomphe au Palais Montcalm, au Grand Théâtre de Québec ou au Capitol, dès 1962. Grâce aux démarches fructueuses du producteur Guy Cloutier, il reviendra en 1993, 1995 et 1998 au même endroit, devenu le Capitole. Il y chante :

Toi petit que tes parents
Ont laissé seul sur la terre
Petit oiseau sans lumière
Sans printemps
Dans ta veste de drap blanc
Il fait froid comme en Bohème
Tu as le cœur comme en carême
Et pourtant… l'important c'est la rose
L'important c'est la rose (bis)
Crois-moi

En 1965, Gilbert Bécaud s'envole pour l'ex-URSS et donne 80 récitals de Moscou à Bakou. Sa chanson *Nathalie*, romance sentimentale aux accents folkloriques signée Pierre Delanoë, y fait fureur. Elle annonce le dégel des relations diplomatiques entre la France et l'ex-URSS. De retour en France, il donne 242 spectacles en 10 mois, avec toute l'énergie qu'on lui connaît. S'il avait continué de se produire aux États-Unis, nul doute qu'il aurait pris la relève des Maurice Chevalier, Édith Piaf et Charles Aznavour. En décembre 1986, il crée à New York *Madame Rosa*, une comédie musicale adaptée du roman d'Émile Ajar *La vie devant soi*. À Los Angeles, il enregistre l'album *Une vie comme un roman*. Mais Gilbert Bécaud fait toutefois sa marque auprès des interprètes américains qui enregistrent à leur manière ses succès : Frank Sinatra et Herb Alpert avec *What now my love* (reprise de *Et maintenant*), Elvis Presley, Bob Dylan et les Everly Brothers avec

Let it be me (reprise de *Je t'appartiens*), Sonny and Cher, Andy Williams, Glen Campbell. On ne compte plus non plus les différentes versions de *It must be him* (*Quand on est seul sur son étoile*). Cette percée outre-Atlantique, Gilbert Bécaud la doit à son talent et au travail de l'éditeur Raoul Breton, qui a su faire connaître ses chansons déjà si populaires en France. Chez nous, Martine St-Clair a eu le bonheur d'enregistrer en duo, à Paris, *L'amour est mort*, aux côtés de cette tornade, ce bourreau de travail à l'imagination folle.

Selon Jean Cocteau — pour qui Gilbert Bécaud a composé *Quand il est mort le poète* avec Louis Amade — et François Mauriac, le chanteur aurait pu devenir un grand acteur comme Jean Gabin ou Lino Ventura, s'il avait poursuivi sa carrière de comédien. En 1956, Gilbert Bécaud avait en effet joué dans *Le pays d'où je viens*, un film de Marcel Achard, avec Françoise Arnould, puis dans *Casino de Paris*, aux côtés de Caterina Valente. Trois ans plus tard, il jouait dans *Croquemitouffe*, dans lequel il tenait le rôle principal en plus d'en avoir composé la musique. En 1972, il acceptera également de tourner dans *Un homme libre* de Roberto Muller, après avoir composé la musique du film *Babette s'en va en guerre* avec Brigitte Bardot.

Homme de chansons, Gilbert Bécaud est aussi un musicien qui rêve d'une œuvre plus grandiose. Pendant cinq ans, il travaillera de toutes ses forces à composer son *Opéra d'Aran* avec la complicité de Jacques Emmanuel, Pierre Delanoë et Louis Amade. Ce spectacle verra le jour au Théâtre des Champs-Élysées, le 25 octobre 1962. Porté aux nues par les uns, décrié par les autres, ce drame lyrique sera joué à 100 reprises en France. Trois ans plus tard, il sera présenté à Montréal, à la Place des Arts, grâce au maire de l'époque, Jean Drapeau.

Grand Prix de l'Académie du disque en 1960, chevalier de la Légion d'honneur en 1974, prix de l'Académie Charles-Cros et récipiendaire de multiples décorations, Gilbert Bécaud n'a plus à prouver son talent. Connu à travers le monde, il se sent chez lui n'importe où, mais la scène reste son endroit de prédilection. Il mène tambour battant une existence parfois tapageuse, remplie d'amour et d'amitié, difficile parfois à cerner mais toujours sincère.

À 73 ans, Gilbert Bécaud n'a pas trouvé le temps de s'assagir et de mettre en sourdine son dynamisme et ses rêves les plus fous.

« Produit » d'après-guerre, ses refrains sont toujours dans nos mémoires avec la même fraîcheur. Gilbert Bécaud est définitivement un monstre sacré de la chanson française, selon l'heureuse expression de Jean Cocteau. Il n'a pas dit son dernier mot et sa musique ne rate jamais sa cible. Au printemps 2000, son dernier album intitulé *Faut faire avec...* est rempli de soleil. Luc Plamondon a écrit les paroles de *La fille au tableau* et son ami Pierre Delanoë, *L'arbre*, *Les gens de l'Île*, *Dieu est mort*, *Pour oublier quoi* et *Chante-moi* qui connaîtra sûrement le succès au palmarès :

> *Chante, chante, chante-moi (bis)*
> *Tu vois bien que je suis triste*
> *Chante-moi pour que j'existe*
> *Chante-moi en rock en folk, mais chante-moi*

❖ ❖ ❖

Photo : Michael Slobodian, Justin Time Records

BLOUIN, Johanne
Auteure, compositrice et interprète
Née le 19 septembre 1945,
à Saint-Hyacinthe

Bercée par les vocalises de sa mère, Lena Cushen, chanteuse de jazz, et les envolées musicales de son père au trombone, Johanne Blouin rêve de monter sur les planches dès son plus jeune âge. Après des études supérieures, un baccalauréat en musique et un diplôme en danse classique, elle part pour Banff, en Alberta, étudier le théâtre. Avec autant de compétences artistiques, elle remplace de pied ferme France Castel dans la comédie musicale *Starmania* en 1980. Johanne Blouin compte ainsi parmi les innombrables talents mis sur orbite par Luc Plamondon.

Lewis Furey et Carole Laure l'invitent à leur tour à se joindre à eux dans le spectacle intitulé *Vous auriez dû mentir aussi*, qui fait salle comble à Montréal et à Paris en 1983. Deux ans plus tard, elle donne naissance à Élisabeth. Son conjoint Normand Brathwate entre en studio avec elle pour enregistrer *Le pays de ton amour*.

Lors d'un gala au réseau Radiomutuel, la chanteuse reprend avec joie *Le P'tit Bonheur* de Félix Leclerc. Le producteur Guy Cloutier, présent dans la salle, lui offre aussitôt d'enregistrer un album complet intitulé *Merci Félix*, avec les chansons de l'illustre poète : *Sors-moi donc Albert, Moi, mes souliers, Attends-moi, ti-gars, Le train du Nord, Tirelou, L'hymne au printemps, Bozo, Le tour de l'île, Notre sentier* et bien entendu *Le P'tit Bonheur*. L'album, qui sort quelques temps seulement avant que Félix Leclerc ne s'éteigne, remporte aussitôt deux trophées au gala de l'ADISQ.

Un an plus tard, à la sortie de son album éponyme, Johanne Blouin grimpe au sommet des palmarès avec *Dors Caroline* (Pierre Flynn),

Bébé lune (Michel Rivard) et *J'aurais voulu te dire*. Avec son titre de Meilleure interprète de l'année, elle part en tournée et, en même temps, enregistre en studio l'album de Noël *Sainte Nuit*, accompagnée de 50 musiciens et 75 choristes. En 1992, Johanne se fait connaître comme auteure et compositrice en signant 11 titres sur son album *Entre l'amour et la guerre*.

Pour la lutte contre le sida, Johanne Blouin réussit l'exploit de réunir 22 des plus grands noms de la chanson québécoise afin de produire le disque et le vidéo *Au nom de l'amour*. En 1993, avec le pianiste Guy St-Onge, elle crée *Souviens-moi* sous sa propre étiquette Étoile du nord. On y retrouve des chansons immortelles comme *Avec le temps* (Léo Ferré), *Ne me quitte pas* (Jacques Brel), *Me voilà seul* (Charles Aznavour). L'album tourne sur toutes les ondes, de l'Europe à l'Asie. La même année, Johanne Blouin entame une nouvelle vie sentimentale.

Sur son huitième album intitulé *De Félix à aujourd'hui*, sorti en 1996, de nouvelles chansons prennent leur envol, dont *Rien que l'amour*. La musique est signée David Foster et les paroles, Jean-Marie Moreau, à qui on doit aussi *Rivière* et *J'aurais voulu te dire*. Sur cet album figure également *C'est une promesse* — musique de Steve Barakatt, paroles de Johanne Blouin — que l'artiste interprète en duo avec sa fille Élisabeth (Blouin-Brathwate).

D'autres albums, comme *Que veux-tu que je te dise?* en hommage à Jean-Pierre Ferland, viendront s'ajouter à la liste déjà imposante des succès, tout au long de la carrière de Johanne Blouin. C'est notamment le cas de *Noëls d'espoir*, sur lequel elle retrouve Michel Legrand. Johanne Blouin s'est produite au Festival international de jazz de Montréal à trois reprises, puis aux FrancoFolies de Montréal, à la Place des Arts et au Festival franco-ontarien à Ottawa. Michel Legrand lui a également composé une chanson sur mesure, *Souvenirs de vous*, et l'a invitée à se produire avec lui à Paris. À la fin des années 1990, Johanne Blouin participe à de nombreux festivals et présente un nouveau spectacle, *Le jazz et moi*.

Au cours des dernières années, la chanteuse à voix est passée par toute la gamme des émotions, tant sur le plan professionnel que sur le plan sentimental. Sa rencontre avec le producteur Guy Cloutier a été des plus bénéfiques, de même que la venue, en 1999, de l'imprésario Lionel Lavault, auparavant gérant de Ginette Reno. L'année s'est terminée par une série de concerts de Noël dans plusieurs églises du Québec et de l'Ontario.

L'équipe qui entoure Johanne Blouin est bien déterminée à la propulser sur la route de la gloire, à travers le monde. Avec 10 albums, des centaines de spectacles à Montréal comme à Québec, Johanne Blouin y parviendra sûrement, elle qui est aussi à l'aise avec 100 musiciens qu'avec un seul.

Parmi les honneurs et les prix remportés, Johanne Blouin est particulièrement fière de la médaille d'argent que lui a décerné la Société académique des Arts, Sciences, Lettres de l'Académie française, pour sa contribution aux domaines culturel et social. Une autre Québécoise capable de s'affirmer sur la scène internationale. Après tant de détours, Johanne Blouin lorgne du côté des États-Unis et décide de se consacrer au jazz, domaine dans lequel elle excelle. C'est ainsi que l'album *Everything must change* voit le jour en mai 2000.

❖ ❖ ❖

BOCAN, Joe
Auteure, interprète et comédienne
Née Johanne Beauchamp,
le 8 septembre 1957, à Montréal

Photo : Échos-vedettes

Jusqu'à l'âge de sept ans, Johanne vit une enfance heureuse dans le quartier Ahuntsic, parmi les siens : sa mère Lucille (Lulu), son père Louis (Loulou) et ses deux frères, Gilles et Luc. Puis la famille traverse la rivière des Prairies pour s'établir à Laval. À 17 ans, Johanne (dite Joe) vole de ses propres ailes, tout en gardant des liens étroits avec ses proches.

Au cégep de Saint-Hyacinthe, Joe Bocan étudie en théâtre et rêve de devenir comédienne, tout en apprenant la guitare et en composant des poèmes et de jolies mélodies où se mêlent humour et lucidité. Si souvent qualifiée de féministe, d'extravagante, d'extravertie et parfois même d'extraterrestre, elle possède tous les disques de ses idoles, Claude Léveillée, Jean-Pierre Ferland et Jacques Brel et connaît tout leur répertoire.

La belle séductrice fait ses débuts comme comédienne à la télévision de Montréal et au théâtre, à Toronto. Sa première expérience comme chanteuse, au Festival international de la chanson de Granby, en 1984, n'est pas très concluante. Elle y remporte toutefois le deuxième prix comme auteure-interprète. Joe ne fait pas une croix sur sa carrière pour autant, bien au contraire. Décidée plus que jamais à se faire un nom, elle entreprend de monter un premier spectacle avec le claviériste Tom Rivest et de s'appeler dorénavant Joe Bocan.

La critique accueille favorablement son premier 45 tours, sorti en 1985, ainsi que le spectacle qui l'a précédé, *Vingt chansons branchées*, présenté à l'Eskabel. Joe Bocan ressent le besoin de faire connaître ses idées et de dénoncer les injustices, notamment le sort des femmes battues. Ces combats lui inspirent la chanson *Bien au chaud*, dont la musique est signée Thomas Gratton :

Au téléjournal ce soir
On m'apprend qu'il est mort
Dans un autre pays très loin
Même si je ne le connais pas
La mort au fond me fait mal

En dessous d'un palmier
Bien au chaud
Reagan s'en fout
Et moi je sais
Je n'ai rien d'autre à faire
Que de chanter…

Joe Bocan continue de mener à bien sa carrière de comédienne et joue le rôle d'une chanteuse dans la pièce *Défendu*, de Claude Poissant, en 1984. Au gala de l'ADISQ, deux félix viennent couronner son deuxième spectacle, *Paradoxale*, en 1986. Au cinéma, elle devient La Madelon dans le film musical *La guerre oubliée*, de Richard Boutet. Au petit écran, elle a fait le bonheur des enfants dans la télésérie *Minibus*, présentée à Radio-Canada.

Malgré des horaires chargés, Joe Bocan trouve le temps d'écrire pour son nouvel album éponyme, sorti en 1988. Cinq de ses chansons se classent au palmarès pendant 55 semaines. L'année suivante, *Repartir à zéro*, écrite par Danièle Faubert et Germain Gauthier, remporte le Grand Prix Radiomutuel.

Presque toutes les chansons de Joe Bocan reflètent une préoccupation sociale et un engagement envers la communauté. Loin d'elle les refrains à l'eau de rose. Ses textes, dont *Comme une enfant* et *Les femmes voilées*, traduisent ses préoccupations :

Ces femmes voilées
Une force entre elles
Plus grande que la puissance des hommes
Ces femmes voilées
Les yeux en deuil pour oublier
Tout rêve secret qui meurt blessé
Ces femmes voilées
Personne ne devrait mourir
Sans qu'on n'ait vu leur sourire

L'artiste mène de front sa carrière de chanteuse et de comédienne (*Pimpon* à Canal-Vie, *Maman chérie* à Radio-Canada, *La misère des riches* à TVA, émission où elle rencontre l'amour en la personne de Charles Biddle dont elle se séparera en l'an 2000. Elle monte sur la scène du Spectrum en 1989 pour présenter *Vos plaisirs et le mal*. Le Félix du meilleur spectacle de l'année lui reviendra ainsi que celui de la meilleure mise en scène. En 1990, elle est élue Interprète féminine de l'année.

Quand on l'accuse d'avoir une image sexy, Joe Bocan répond tout de go : «Pourquoi ne pourrais-je pas être à la fois provocante et intelligente? Quelqu'un qui se déhanche mais qui, tout à coup, donne des coups de poignard en venant dire une vérité qui est la sienne, il y en a qui ne peuvent pas le prendre [...].»

Joe Bocan écrit presque tous les textes de son deuxième album, intitulé *Désordre*, produit en 1991. Plusieurs des chansons qu'il contient, dont *Maude* (Yves Décary et Jocelyn Savard), *Pour l'amour extrême*, *Apocalypso* (Robert Campeau et Tabou) se hissent au sommet des palmarès. C'est une période de bonheur tranquille pour la femme fatale. De son union avec Charles Biddle, elle aura trois enfants : Charlotte, William et Samuel, né le 26 décembre 1997, à Montréal. Joe Bocan vit aujourd'hui dans une grande maison au bord d'un lac, à Sainte-Marceline de Kildare, dans la région de Lanaudière.

Joe Bocan a participé aux FrancoFolies de Montréal en 1993, au cours du spectacle *Les cahiers secrets* présenté à l'Olympia avec Claude Léveillée.

Quel grand moment que celui où l'on put entendre ce duo chanter *Le rendez-vous!* Le public fut séduit dès les premières notes : «Garderez-vous, parmi vos souvenirs, ce rendez-vous…». La complicité entre les deux artistes, qui s'était établie lors du tournage du film *Meurtre en musique,* était éminente sur scène. Dans le même laps de temps, Joe Bocan participait au spectacle *Jacques Brel, 15 ans déjà,* réunissant, au Théâtre Saint-Denis, Claude Dubois, Paul Piché et bien d'autres.

Tout en étant une mère de famille attentionnée, Joe Bocan ne cesse de travailler à l'écriture et à l'élaboration de son nouvel album et nouveau spectacle, entièrement dédiés à la jeunesse. Avec la rigueur et le professionnalisme qui la distinguent, nul doute qu'elle saura envahir la scène avec fougue, un peu à l'image de Diane Dufresne, avec beaucoup d'humanisme, de détermination et de sensibilité.

Le milieu artistique sait fort bien que Joe Bocan n'a jamais voulu manger dans la main de quiconque, au risque de perdre son authenticité. Avec sa propre entreprise, Palmiers, elle produit tous ses spectacles, albums et vidéos. C'est donc vrai que les véritables artistes remontent toujours à la surface au moment où l'on ne s'y attend pas.

Joe Bocan finira bien par donner une suite à la chanson de Francis Cabrel qu'elle aurait tant aimé écrire, *Saïd et Mohammed,* parlant des Musulmans et du regard porté sur eux. Dans ses propos du début de troisième millénaire surgit une autre façon de comprendre et de voir les choses difficiles à changer. «En tant que femme, il y a peut-être des gens qui ne nous prennent pas au sérieux, mais si on y croit, il faut foncer, ne pas avoir peur, affirmer notre différence, non la cacher.»

❖ ❖ ❖

Clopin-clopant
1947

Et je m'en vais, clopin-clopant
Dans le soleil et dans le vent
De temps en temps, le cœur chancelle
Y'a des souv'nirs qui s'amoncellent
Et je m'en vais clopin-clopant
En promenant mon cœur d'enfant
Comme s'envole une hirondelle
La vie s'enfuit à tire-d'aile
Ça fait si mal au cœur d'enfant
Qui s'en va seul, clopin-clopant

Paroles Pierre DUDAN
Musique Bruno COQUATRIX
Interprètes : Pierre Dudan, Henri Salvador, Sacha Distel,
Jean Sablon, André Lejeune

Photo : Échos-vedettes

CABREL, Francis
Auteur, compositeur et interprète
Né le 23 novembre 1953, à Agen,
en France

Petit-fils d'émigrés italiens, Francis Cabrel est resté fidèle au village de son enfance : Astaffort, dans le Lot-et-Garonne (sud-ouest de la France). Ses parents, Rémi — Remiso de son vrai prénom, avant d'être naturalisé — et Denise — originaire du Frioul, en Italie du Nord — ont quitté Agen pour s'y installer. Francis y a grandi avec sa sœur Martine et son frère Philippe, et… y réside toujours! À 11 ans, son oncle lui offre une guitare espagnole qu'il ne sortira de son placard que trois ans plus tard. Dans l'entrepôt de chaussures où il est magasinier, il s'en sert pour composer ses premières chansons, tout en classant souliers et pantoufles.

De 15 à 20 ans, Francis Cabrel devient chanteur et guitariste pour les formations Les Jazzmen et Les Gaulois. Il connaît par cœur le répertoire des Beatles et des Rolling Stones, qu'il interprète aussi bien en anglais qu'en français. Le jeune chanteur a toutefois un faible pour les textes de Bob Dylan et du Montréalais Leonard Cohen. Avec ses amis musiciens, Francis Cabrel sillonne les routes : le samedi soir, il chante en Dordogne; le dimanche, en Corrèze et le lundi, il est de retour en classe sans avoir vraiment fermé l'œil de la nuit.

En 1974, après avoir été remarqué lors d'un radio-crochet, Francis Cabrel gagne un concours de la station Sud-Radio de Toulouse, en interprétant *Petite Marie*, chanson dédiée à sa future épouse Mariette. Trois ans plus tard, avec ses longs cheveux, sa moustache épaisse et sa démarche timide, il fait de modestes débuts à l'Olympia, en première partie du chanteur hollandais Dave. Un an plus tard, il remporte le prix du public au Festival de Spa, en Belgique, avec *Pas trop de peine*.

Plusieurs titres de ses deux premiers albums (*Ma ville*, en 1977 et *Les chemins de traverse*, en 1979) connaissent le succès, comme *Les murs de poussière*, *L'instant d'amour*, *C'était l'hiver* et *Je t'aime à mourir* enregistrée aussi en italien et en espagnol. Grâce aux bonnes ventes de ces titres, Francis Cabrel s'installe dans un bel appartement du Marais, en plein cœur de Paris.

Les Québécois le découvrent davantage à travers ses deux albums à caractère social *Fragile* (1980) et *Carte postale* (1981), incluant *La Dame de Haute-Savoie*, *Répondez-moi*, *Je pense encore à toi*. Fort de ces succès, Francis Cabrel gagne le Félix de l'artiste étranger le plus populaire au Québec, lors du gala de l'ADISQ en 1981. Viendront ensuite les albums *Quelqu'un de l'intérieur* (1983), *Cabrel public* (1984) et *Photos de voyage*, avec les célèbres titres *Ma place dans le trafic*, *Tu es toujours la même*, *La fille qui m'accompagne* :

Elle parle comme l'eau des fontaines
Comm' les matins sur la montagne
Elle a les yeux presque aussi clairs
Que les murs blancs du fond de l'Espagne
Le bleu nuit de ses rêves m'attire
Mêm' si ell'connaît les mots qui déchirent
J'ai promis de ne jamais mentir
À la fille qui m'accompagne

Au journaliste parisien Hugues Royer, Francis Cabrel déclare : «Montréal a été pour moi, dès 1980, un gros choc. Cette présence de la langue française que les Québécois protègent toutes griffes dehors, en même temps qu'ils construisent d'immenses buildings et roulent dans de grosses bagnoles américaines[...] Ça fait un contraste incroyable».

Arrive 1986, une année charnière dans la vie de Francis Cabrel, celle du premier triomphe à l'Olympia où il s'était produit quatre ans auparavant. À 33 ans, le jeune interprète est comblé par son métier et sa famille. Mariette donne naissance à leur premier enfant, Amélie; Manon, comme la célèbre héroïne de Pagnol, naîtra quatre ans plus tard. Auprès de Mariette, il trouve refuge et soutien depuis 30 ans. Elle est toujours à ses côtés, qu'il s'agisse d'épauler une cause humanitaire comme la lutte contre la leucémie ou de défendre les intérêts d'Astaffort, dont Cabrel est conseiller municipal depuis une dizaine d'années. C'est pour elle, et toutes les femmes qui lui ressemblent, qu'il a composé *Je t'aimais, je t'aime, je t'aimerai* et *Encore et encore*.

De *Petite Marie à Sarbacane* — album vendu à deux millions d'exemplaires — en passant par *Cent ans de plus* et *Quand j'aime une fois, j'aime pour toujours* de Richard Desjardins, beaucoup d'eau a coulé sous les ponts de la Seine et du Saint-Laurent. Attaché à ses racines, à son coin de pays, Francis Cabrel a voulu s'arrêter un moment pour voir grandir ses filles. Cette douceur de vivre, il la décrit merveilleusement bien dans sa chanson *Répondez-moi*, reprise par Nana Mouskouri :

> *Je vis dans une maison sans balcon, sans toiture*
> *Où y'a même pas d'abeilles sur les pots de confiture*
> *Y'a même pas d'oiseaux, même pas la nature*
> *C'est même pas une maison*

En 1998, Cabrel revient au Québec où le public continue de le suivre et de l'acclamer. Quelle agréable surprise d'apprendre alors que l'auteur confiait à la Gaspésienne Isabelle Boulay la première partie de son spectacle en France, à l'automne 1999. Six soirs à l'Olympia (2 000 places), cinq au Zénith (6 500 places) et une tournée dans douze villes, voilà qui met sur les rails la jeune chanteuse. La même année, Francis Cabrel lançait une école de la chanson dans son village d'Astaffort.

En février 2000, Francis Cabrel foule pour la première fois la scène du Centre Molson. Il s'y produit trois soirs consécutifs, puis retourne au Grand Théâtre de Québec pour cinq soirs. Il y entonne les succès de ses deux derniers albums *Samedi soir sur la terre* — dont les ventes égalent celles de *Sarbacane* — ainsi que *Hors saison* et son célèbre *Le reste du temps*.

Malgré de longues absences sur scène, Francis Cabrel ne se fait jamais oublier. Il continue par ses chansons à brosser un portrait réel du temps et des gens qui passent. Depuis le succès phénoménal de *Je l'aime à mourir*, il ne laisse personne indifférent et donne à chacun le goût de vivre et de chanter à l'échelle de la francophonie.

CAMPAGNE, Carmen
Auteure et interprète
**Née le 8 septembre 1959,
à Willow Bunch, en Saskatchewan**

Photo : Jean-François Bérubé

Avec près de deux millions de vidéocassettes, albums et produits dérivés répandus dans la francophonie, la coqueluche des enfants, Carmen Campagne, a connu une ascension galopante, qui s'est faite avec la bénédiction des parents. Petits et grands prennent plaisir à s'amuser en famille et à chanter avec la diva *Un bon chocolat chaud*, chanson devenue, avec le temps, *La vache* et interprétée en version rap, rock et classique, puis ensuite un autre succès, *La moustache à papa*.

Carmen Campagne n'a jamais oublié ses racines françaises en dépit de l'environnement anglophone de son village de 400 habitants, situé au sud de la Saskatchewan. Son père, Émile, est né de parents français immigrés au Canada en 1907. Sa mère, Marguerite, a toujours travaillé d'arrache-pied sur la ferme afin de nourrir et d'habiller convenablement ses sept enfants (six filles et un garçon) ainsi que les «engagés» travaillant à l'élevage des bêtes et aux récoltes. «Mon père était souvent le seul à embaucher des métis [...]. Il nous a enseigné à être ouverts d'esprit et à accepter les différences. [...] Nous étions l'une des rares familles francophones du village. Nos parents nous obligeaient à communiquer en français entre nous et avec nos amis», se souvient Carmen Campagne.

À la maison, les soirées sont rythmées par les chants et la danse. Le père de Carmen a un faible pour les chansons folkloriques et les cantiques. À 78 ans, il chante toujours avec la chorale lors de la messe de minuit de Willow Bunch, qui s'appelait autrefois Saint-Ignace-des-Saules. En épluchant les cahiers de La Bonne Chanson de l'abbé Gadbois répandus d'un océan à l'autre, la famille — Carmen en tête

— mémorise *Vive la canadienne, O Canada, mon pays, mes amours, Au fond des campagnes, La feuille d'érable* et l'incontournable *Alouette*.

Au début des années 1970, Carmen Campagne et ses sœurs Aline, Suzanne, Solange, Annette et Michelle ainsi que son frère Paul fondent un ensemble musical, portant le nom La famille Campagne. Par la suite, lors de la prestation de Carmen Campagne à l'Expo 1986 de Vancouver, le groupe s'appellera Folle Avoine. L'année suivante, lorsque quatre membres de la famille décident de s'installer au Québec, le groupe devient Hart Rouge.

En 1986, Carmen Campagne donne naissance à son premier enfant, Stéphanne. Elle décide de reprendre ses fonctions de professeure de français à Winnipeg. Puis naissent Jean-Yves (1989) et Marie-Ève (1995). Aujourd'hui, les trois enfants ainsi que leur papa Daniel Fortier — également originaire des Prairies — essaient d'accompagner aussi souvent que possible Carmen Campagne dans ses tournées québécoises et internationales.

En collaboration avec sa belle-sœur, Connie Kaldor, la pétillante Carmen Campagne enregistre, en 1988, un premier album bilingue, *Lullaby berceuse*, qui lui vaudra un Juno au Canada et un Parents Choice Awards aux États-Unis. Carmen Campagne a trouvé définitivement sa voie : chanter pour les enfants. De 1990 à ce jour, elle a enregistré neuf albums et quatre vidéocassettes.

Avec peu d'aide de l'industrie du *show-business*, Carmen Campagne tire son épingle du jeu en créant un monde enfantin peuplé de personnages que l'on retrouve dans ses albums. Les enfants retiennent sans difficulté les refrains de *La vache en Alaska, Camille la chenille, Jean-Guy l'escargot, Delvina la poule, Shirley la souris, Colette la belette*. Tous ces animaux rivalisent sans peine avec ceux du géant Walt Disney et les exubérances de Michael Jackson. Carmen Campagne a maintenant sa propre collection de vêtements et d'accessoires à l'effigie de son petit monde. Son approche commerciale est moins spectaculaire et plus humaine que bien d'autres, ce qui rassure les parents. Les admirateurs enthousiastes sont ses meilleurs représentants publicitaires!

Le succès sur scène de Carmen Campagne n'a donc rien de surprenant. L'auditoire est surchauffé à chacun de ses spectacles, que ce soit à Montréal, au Théâtre Saint-Denis, au Centre Pierre-Péladeau et au Spectrum, ou à la salle J.-Antonio Thompson à Trois-Rivières. En 1993 et 1995, la chanteuse a également endiablé la scène des FrancoFolies lors de La Fête des enfants. Généreuse sur scène, Carmen Campagne l'est aussi en dehors. Elle a déjà versé les recettes de l'un de ses spectacles, donné à l'aréna Robert-Guertin de Hull, au profit de l'Association canadienne de la sclérose en plaque.

Tous ses jeunes admirateurs veulent la voir, la toucher et chanter avec elle des refrains qu'ils connaissent par cœur. Les parents n'hésitent pas à accompagner leur progéniture, surtout lorsque Carmen interprète *Le moustique* de Joe Dassin, *L'arbre est dans ses feuilles* de Zachary Richard, *Je bois de l'eau au lit* popularisée par Patrick Zabé ou encore *La danse des pigeonniers*.

Après le lancement de sa vidéocassette intitulée *La soupe à mon ami* ainsi que son album *Enchantée*, en 1997, Carmen Campagne traverse l'Atlantique pour sonder le marché français et belge en faisant quelques apparitions à la télévision et la promotion de ses albums. La réponse est sans équivoque. D'ailleurs, lorsque Carmen Campagne invite les papas moustachus à monter sur scène pour chanter avec elle, aucun ne se fait prier !

En 1998, l'idole des enfants triomphe à l'Olympia de Paris devant un public enthousiaste à souhait. Elle y retourne l'année suivante et s'y produit trois soirs consécutifs. Une tournée suit dans plusieurs villes de France, notamment Bordeaux, Lyon, Marseille. Carmen Campagne décide cette fois de verser les profits de son spectacle à La voix des enfants, une association humanitaire parrainée par la comédienne Carole Bouquet.

La petite fille de l'Ouest canadien, devenue québécoise à part entière depuis qu'elle a choisi de résider à Longueuil, conserve son petit accent qui ajoute à son charme. Elle adore ce qu'elle fait et demeure sensible aux créations des autres. La chanson *Jour de plaine*, signée Daniel Lavoie, lui fait d'ailleurs particulièrement chaud au cœur.

Carmen Campagne n'a pas coupé les ponts avec ses frère et sœurs qui continuent de participer, à leur façon, à l'enregistrement de ses albums. La chanteuse aime partager les joies de sa réussite avec les gens qui l'entourent, la conseillent et l'aident à aller plus loin. Elle ne les a pas oubliés lorsqu'elle a gagné ses quatre Félix, lors des galas de l'ADISQ, pour les meilleurs albums d'enfants. En 1999, elle est également en nomination aux Victoires de la musique, en France.

Lorsque la ministre Louise Beaudoin a remis à ses parents, au nom du gouvernement du Québec, l'insigne de l'Ordre des francophones d'Amérique pour leur contribution au fait francophone, Carmen Campagne n'a pu retenir une larme. Elle a exprimé le désir que tous les enfants du monde vivent dans la joie et la paix. Son but ultime, en poursuivant sa carrière jalonnée de succès, est de faire en sorte que les enfants profitent de leur enfance et ne deviennent pas des adultes trop rapidement. À l'automne 2000, Carmen Campagne sillonnera l'Europe avec toujours autant de ferveur et de joie de vivre.

❖ ❖ ❖

Photo : Archives de l'auteur

CHARLEBOIS, Jeanne d'Arc
Interprète, imitatrice et comédienne
Née le 23 septembre 1920, à Montréal

Considérée comme l'héritière professionnelle de la Bolduc, Jeanne d'Arc Charlebois est une véritable ambassadrice du folklore québécois. Elle cherche toujours à faire connaître aux jeunes et à leurs aînés la petite histoire de notre patrimoine national. Perfectionniste jusqu'au bout des doigts, toujours aussi élégante, elle a encore le feu sacré, une voix de contralto puissante et l'âge de son cœur. Elle continue à nous étonner par sa vitalité et son amour du public.

Jeanne d'Arc est née à Montréal, rue Parthenais, dans une famille de huit enfants. La famille de sa mère, Aldina Berthiaume, vient de Côteau-du-Lac; et celle de son père, Ovila, employé des chemins de fer au Canadien National, de Saint-Lazare, deux villages situés dans la région de Vaudreuil — Soulanges. Dans cette région, la famille Charlebois possède une grande maison seigneuriale à De Beaujeu. Tout près de là, Jeanne d'Arc Charlebois fait la connaissance des comédiennes Antoinette et Germaine Giroux, avec lesquelles elle parle de théâtre et de chansons pendant la saison estivale.

Aldina se met régulièrement au piano, et ses enfants n'attendent généralement que ce signal pour faire la fête. Avec Roland à la guitare, Roger au saxophone, Georges à l'harmonica, Jeanne d'Arc et ses sœurs entament le répertoire des vedettes françaises de l'heure : Lucienne Boyer, Tino Rossi, Rina Ketty, Jean Sablon, Charles Trenet. Du côté des artistes québécois, Hector Pellerin, Jean Lalonde, Mary Travers (la Bolduc) sont au programme de la chorale improvisée de la famille Charlebois.

Jeanne d'Arc ne tarde pas à se faire remarquer et à faire parler d'elle avec son allure de star hollywoodienne, sa beauté et sa passion de la musique. Les voisins et les membres de sa famille répètent à qui veut les entendre que leur protégée ira loin. Jeanne d'Arc a le don d'imiter à merveille ses proches et les artistes qu'elle entend à la radio ou, à l'occasion, au cinéma du quartier, au Théâtre National ou aux Veillées du bon vieux temps (Conrad Gauthier) du Monument-National. C'est là qu'elle verra pour la première fois madame Bolduc. Jeanne d'Arc retient tous ses refrains et sa façon de turluter, en commençant par *Les agents d'assurances* et *Les maringouins* :

> *Je suis allée me promener*
> *À la campagne pour l'été*
> *Je vous dis que j'en ai arraché*
> *Les maringouins m'ont toute mangée*
> *Quand y m'ont vu arriver*
> *Y m'ont fait une belle façon*
> *Sont venus au-devant d'moé*
> *C'était comme une procession*
> *(Turlutage)*

En cachette de ses parents, Jeanne d'Arc se rend seule à CHLP, dans l'édifice de la Sun Life, pour faire valoir ses talents sous le nom de Réjeanne Dubois. Le soir, au souper, son père raconte qu'il a entendu à la radio une bonne imitatrice de Fridolin (Gratien Gélinas) et des personnages de Nazaire et Barnabé (Fulgence, Casimir, etc.) — créés par Ovila Légaré et Georges Bouvier. C'était sa fille! À compter de ce jour, Jeanne d'Arc pourra rêver de monter sur les planches, malgré la réticence de son scrupuleux de père, homme sévère craignant pour la vertu de sa fille.

En 1937, Jeanne d'Arc Charlebois part en tournée avec Eddy Gélinas et Germaine Lippé, connus sous le nom de Ti-Pit et Fifine. Elle fait partie également de l'émission quotidienne *Restaurant Alouette* avec Bernard Goulet, qui l'invitera plus tard à se joindre à la tournée *En chantant dans le vivoir*, présentée par la Living Room Furniture. Comme comédienne, Jeanne d'Arc Charlebois tente sa chance au Théâtre du Répertoire de Montréal.

En 1943, lorsqu'elle accepte l'offre de Jean Grimaldi, à savoir sillonner le Québec et les provinces maritimes, la jeune chanteuse ne sait pas ce qui l'attend, pas plus d'ailleurs que le roi du burlesque, Olivier Guimond fils. Les deux jeunes artistes vont s'éprendre l'un de l'autre, mais Olivier, divorcé et connu pour sa liaison avec Alys Robi, ne sera pas le bienvenu dans la famille Charlebois. Son mariage avec Jeanne d'Arc se fera donc secrètement à Woonsocket, dans le Rhode Island, le 16 mai 1946.

Même si la Deuxième Guerre mondiale fait rage, le travail ne manque pas et l'argent non plus. Les cabarets font des affaires en or. Jeanne d'Arc Charlebois est réclamée partout; elle accompagne régulièrement les forces militaires outre-mer pour remonter le moral des troupes et en fera autant, plus tard, en Corée. Les soldats apprécient ses prestations. Son succès est particulièrement éclatant lorsqu'elle imite Mario Lanza, Fred Astaire, la chanteuse Béatrice Tay et la Bolduc. Le public subjugué reprend en chœur avec elle les refrains nostalgiques de Conrad Gauthier, comme *Dans le bon vieux temps* :

> *Dis-moi, te souviens-tu, ma vieille*
> *Du temps où je te courtisais?*
> *Ma tuque par-dessus l'oreille,*
> *Chez ta vieill'mère j'arrivais*
> *Au trot de ma vieille jument*
> *Veiller chez vous, à St-Constant*

Le nouveau couple Charlebois-Guimond, débordé de travail, vit de beaux moments; Jeanne d'Arc Charlebois donne naissance à Richard, le 7 décembre 1951, puis à Marc, le 8 juin 1953. Malgré cet apparent bonheur, Olivier Guimond n'arrive pas à réfréner ses mauvaises habitudes. L'alcool coule toujours à flots, rendant la vie invivable à toute la famille. Olivier Guimond refuse de suivre une cure de désintoxication; Jeanne d'Arc Charlebois décide alors de mettre temporairement fin à leur union. Olivier Guimond et sa mère, Effie Mack (Euphenia MacDonald), vont l'escorter jusqu'au port de New York, en 1955. Jeanne d'Arc Charlebois traverse l'Atlantique sur le paquebot Île-de-France avec les deux enfants, Richard (3 ans) et Marc (1 an), ainsi que la gouvernante. La séparation est déchirante. Jeanne d'Arc Charlebois a seulement l'idée de travailler à Paris pendant six mois, sans interruption, afin d'amasser suffisamment d'argent pour payer le loyer faramineux de la maison du boulevard Gouin, à Montréal.

Séparé de sa famille, Olivier Guimond sombre davantage dans l'alcool. Ses liens avec son épouse ne seront jamais vraiment coupés avant l'arrivée dans sa vie de Manon Brunelle, avec laquelle il aura au autre fils, Luc, le 27 mars 1964. À Paris, Jeanne d'Arc Charlebois, obligée de changer de nom pour celui de Jeanne Darbois, remet sa carrière entre les mains des imprésarios de Gilbert Bécaud, avec qui elle a travaillé à Montréal, au Théâtre Séville. C'est au cabaret Le Drap d'Or que la chanteuse québécoise obtient un premier contrat de neuf mois. Elle restera ensuite plusieurs années aux Folies-Bergère, tout en donnant des galas en France, en Belgique, en Suisse, au Maroc et à Monaco où elle assiste au mariage de Grace Kelly et du Prince Rainier en 1956.

En août 1964, un événement tragique vient assombrir la vie de Jeanne d'Arc Charlebois. Hospitalisée, sans trop de ressources, elle fait appel à Olivier Guimond. Leur fils, Marc, vient de perdre la vie dans la voiture conduite par Jean Gabriel. Le véhicule a été happé par un train à la croisée d'un chemin de fer, alors qu'elle amenait ses deux fils et trois amis à Copenhague. Tous les passagers, sauf Marc, sont indemnes. Quant à elle, une vilaine fracture au bras, elle doit être hospitalisée au Danemark durant quelques semaines. Elle n'a ni la force, ni le moral de remonter sur scène. Le mal du pays se fait sentir. Elle n'a pas oublié Olivier Guimond, et lui ne l'a pas oubliée non plus. Leur divorce sera malgré tout prononcé le 17 février 1969.

Jeanne d'Arc Charlebois fait un séjour à Montréal en 1969 et se fait valoir au Théâtre des Variétés ainsi que dans plusieurs boîtes de nuit. Elle passe au *Ed Sullivan Show*, à New York. Puis elle retourne à son appartement de la rue Fontaine, à Paris, et reprend sa place aux Folies-Bergère. En 1970, elle est au sommet de la gloire et participe à de nombreux galas. Ses amis la secondent admirablement bien. Durant 30 ans, elle préfère vivre seule.

En 1972, Jeanne d'Arc Charlebois décide de rentrer définitivement au Québec. Elle reprend la route, en direction du Manoir Richelieu à La Malbaie ainsi que de la Place des Arts. Elle y donne neuf soirées consacrées à la musique et à la chanson traditionnelle québécoise, auxquelles participe Ti-Jean Carignan.

L'année des Jeux olympiques de 1976, à Montréal, sera prolifique pour la chanteuse qui fête ses 40 ans de carrière à l'Évêché de l'Hôtel Nelson, dans le Vieux Montréal, juste après la prestation de Michel Pagliaro et Fabienne Thibeault. Jeanne d'Arc Charlebois doit affronter un public jeune et bouillant, qui la connaît à peine. Elle réussit malgré tout à faire participer l'assemblée, lorsqu'elle rend hommage à la Bolduc et raconte l'histoire de cette pionnière décédée en 1941. Après quelques apparitions au Lac Saint-Jean et dans le Canada français, elle termine l'année en donnant un spectacle, le 18 décembre, au vélodrome du stade olympique, devant 7 000 personnes venues giguer et entendre des chansons folkloriques. Le 24 juin 1977, Réal Giguère lui consacre son émission *Parle, parle, jase, jase*.

En 1978, Jeanne d'Arc Charlebois décide d'habiter une grande maison rustique en montagne, près de Sainte-Agathe. Elle se rend souvent à pied au village, parcourant ainsi quatre kilomètres. En hiver, elle chausse ses raquettes pour faire la distance. L'été, elle passe plusieurs semaines au kiosque international de Terre des Hommes, accompagnée au piano par son amie Fernande Fay. Pour les fêtes de la Saint-Jean, période pendant laquelle le folklore est à l'honneur, elle participe aux célébrations organisées par Ville Saint-Laurent et le Plateau Mont-Royal. Gilles Vigneault partage son enthousiasme, lors d'un voyage qui la conduit jusqu'à Natashquan. Il veut qu'elle lui apprenne à turluter. La même année, elle retourne à Paris applaudir son fils qui joue au Théâtre du Palais Royal. Elle est également très fière de savoir que les Québécois ont apprécié Richard, dans la télésérie *Les enquêteurs associés*, mettant en vedette Jean Lajeunesse, Mario Verdon et Guy Hoffman.

La carrière de Jeanne d'Arc Charlebois se poursuit en dents de scie. Elle ne court pas après les contrats et choisit les projets qui lui plaisent. Son nouveau gérant, Johnny Reed, lui décroche du travail sur les luxueux paquebots qui relient un océan à l'autre. L'hiver, elle se produit souvent en Floride, pour son plus grand plaisir. En 1982, Jeanne d'Arc Charlebois fait la connaissance d'un bel américain, Gilbert Cahn, qu'elle épousera le 31 octobre 1984. Depuis, elle se rend régulièrement à Saratoga, dans la famille de son mari, qui comprend fort bien qu'elle ne veuille pas mettre un terme à sa carrière.

En 1999, Jeanne d'Arc Charlebois et sa dévouée pianiste, Fernande Fay, s'envolent pour la France où elles sont attendues aux Francofolies de Parthenay, ville médiévale située sur la route de Saint-Jacques de Compostelle. Elle joint l'utile à l'agréable en passant des vacances chez son fils Richard, installé à l'Île de Ré, et chez Olivier, son petit-fils, vivant à La Tranche-sur-mer, en Vendée.

À son retour au Québec, la vie reprend son cours. Jeanne d'Arc Charlebois donne de nombreux spectacles dans les maisons de la culture ou les résidences pour personnes âgées où elle est accueillie comme une reine. Ce fut notamment le cas, dernièrement, à Charlemagne, Magog et Lévis. Fernande Fay reste sa fidèle accompagnatrice, comme elle le fut pour Fernand Gignac et Alys Robi.

Lors du centième anniversaire du Théâtre National, au printemps 2000, Jeanne d'Arc Charlebois est remontée sur la scène où, jadis, elle fut acclamée royalement comme la digne héritière de la Bolduc. Le temps passe, mais le talent de Madame Charlebois reste. Elle compte d'innombrables admirateurs et amis dans la francophonie, qui se souviennent de cette grande femme joyeuse. Ce n'est pas demain qu'elle fera ses adieux à la scène.

❖ ❖ ❖

CHOQUETTE, Natalie
Chanteuse, auteure, musicienne et comédienne
Née le 19 septembre 1958, à Tokyo, au Japon

Photo : Guy Beaupré

C'est au milieu d'un violent typhon que Natalie Choquette voit le jour dans la capitale japonaise. Enfant, elle suit ses parents diplomates à travers le monde, tout en étudiant le piano et le chant. Un jour, son père l'emmène voir une représentation de *Aïda* à l'opéra de Rome. C'est le coup de foudre! Depuis, Natalie Choquette a un besoin viscéral de se manifester en public, malgré sa timidité et sa peur de ne pas être à la hauteur de ses rêves les plus fous.

Natalie Choquette débute sur scène à la fin des années 1980 avec les chœurs de l'opéra de Montréal, la Société de musique contemporaine du Québec. En 1991, elle enregistre un premier album éponyme composé de chansons populaires écrites pour elle par Jean-Pierre Calvet, Hany Khoriaty, Diane Juster, Guy St-Onge, Bruno Fontaine, André Popp et Eddy Marnay. Ce dernier en assure la direction artistique, Daniel Barbe, la réalisation. La brillante soprano *colorature* y ouvre déjà de nouveaux horizons musicaux, annonçant une carrière en pleine mouvance.

Les spectacles de Natalie Choquette sont une véritable histoire de famille. Éric Lagacé, père d'Éléonore, trois ans — excellent arrangeur, compositeur et chef d'orchestre — fait souvent partie de la distribution de son épouse. Tout comme Florence, 17 ans, qui révèle aux côtés de sa mère ses dons de comédienne et de chanteuse. «Mon côté mère poule l'emporte sur mes ambitions personnelles, ajoute la soprano. J'ai même déjà refusé un alléchant contrat dans *Le Fantôme de l'opéra*, parce que je me croyais indispensable auprès des miens.»

Au fil du temps, Natalie Choquette a su marier le chant et la comédie, un mariage devenu sa véritable marque de commerce dans de nombreux pays où elle compte une foule d'admirateurs. Ses talents exceptionnels d'actrice, d'humoriste, d'imitatrice, de danseuse et même d'acrobate soulèvent l'enthousiasme des spectateurs, en plus de démystifier l'opéra. La cantatrice peut ainsi atteindre les profanes et les amateurs de chansons populaires, tout en conservant la ferveur des mélomanes avertis. Quelle performance!

Au cours d'un voyage en Suisse, Natalie Choquette participe à l'enregistrement du *Requiem* d'Andrew Lloyd Webber, avec l'Orchestre de chambre de Genève, et de *Gottardo* de Pierre Hurwiler, avec l'Orchestre de Montreux. Elle y présente également un spectacle intitulé *De Vigneault à Mozart*, lequel marque un tournant significatif dans sa carrière. L'album du même nom, produit par ISBA Musique en 1994, comprend aussi les œuvres de Gounod, Bizet ainsi que des chansons de Claude Léveillée, Gilles Vigneault et Félix Leclerc. De retour chez elle, ce spectacle prend l'affiche des maisons de la culture de Montréal et de plusieurs autres salles au Québec. Puis elle repart pour la Suisse et la France, où on la réclame de nouveau. Cette même année, elle enregistre *La passion selon Saint-Mathieu* de Bach, avec l'Orchestre de chambre de Lausanne, sous la direction de René Falquet.

Natalie Choquette s'impose rapidement auprès du public et de la critique, tant ici qu'à l'étranger, avec *Diva, ou une espèce en voix... de disparition.* Dans ce spectacle, elle incarne pas moins de 14 personnages de divas comiques. En 1995, elle triomphe successivement au Festival international d'été de Québec, au Festival international de Lanaudière et au Festival Juste pour rire de Montréal, avant de remplir d'autres engagements, dont les Choralies de Vaison-la-Romaine, en France.

Avec la participation de l'Orchestre de la Scala de Montréal, sous la direction du maestro Éric Lagacé, Natalie Choquette enregistre l'album *La Diva*, sur lequel figurent des airs célèbres comme *Ah! Je ris de me voir si belle, Mon cœur s'ouvre à ta voix, Dis-moi que je suis belle.* En 1997, après une tournée de 125 représentations qui l'amène jusqu'à Singapour, les diffuseurs québécois lui décernent le prix Rideau, pour son apport à la démocratisation de l'art lyrique.

Après une participation remarquée au Festival du Rire de Montreux, l'enregistrement de l'album *Diva II* — avec The New Philharmonica Orchestra de St-Petersburg dirigé par Éric Lagacé — et une série de spectacles en Europe, Natalie Choquette revient au Québec. Elle enregistre alors un concert avec l'Orchestre symphonique de Montréal, sous la direction de Charles Dutoit, un événement repris par la télévision internationale. La diva repart aussitôt pour une nouvelle tournée canadienne avec *La prière de la Diva*, un spectacle conçu pour le temps des fêtes, interprété en une douzaine de langues.

Pendant que ses albums s'envolent rapidement des rayons des disquaires et qu'elle se produit en Europe, Natalie reçoit le prix du public en 1998, lors du premier gala de remise des prix Opus, organisé par le Conseil québécois de la musique. Elle se voit également remettre un Félix au gala de l'ADISQ, pour le meilleur album classique. À la fin de la même année, elle lance *Diva Luna*, incluant 14 interprétations de grands classiques de la chanson québécoise, de Gilles Vigneault à Paul Piché. Artiste accomplie, elle redonne un second souffle à la mélodie de Michel Legrand, *Un parfum de fin du monde*, et reprend le célèbre Caruso de Lucio Dalla en duo avec le rocker Éric Lapointe.

Véritable force de la nature, Natalie Choquette ne se prend pas au sérieux et garde les pieds sur terre. Elle parvient à rapprocher tous les publics et continue d'accumuler des trophées internationaux partout où elle passe. Ce fut encore le cas au Festival international de l'humour à Saint-Gervais, en France, alors que la présidente du jury, Nicole Croisille, lui décernait à l'unanimité le Grand Prix du Festival et le prix du public.

En 1999, la chanteuse a donné plusieurs représentations pour les jeunes à la salle Pierre-Mercure du Centre Pierre-Péladeau, à Montréal. Elle a également fait un malheur lors d'un spectacle de variétés collectif présenté dans les stades de Belgique, de Suisse, d'Allemagne, du Danemark et des Pays-Bas. «Au Québec, quand je monte sur scène, je sens l'affection du public, confie-t-elle. À l'étranger, il faut que je la gagne.» Au terme de cette tournée de huit semaines, 450 000 personnes ont vu cette ambassadrice de la chanson classique et populaire. Après la naissance de son troisième enfant en mars 2000 et un peu de repos bien mérité, la maman joyeuse est retournée chanter au Japon et a continué son périple à Taïwan, en Allemagne et en France. Occupée à sillonner les continents, Natalie Choquette trouvera-t-elle un jour le temps de réaliser le rêve qu'elle caresse depuis longtemps? Celui d'écrire un livre.

En attendant, la grande soprano québécoise continue de soulever l'enthousiasme des médias partout où elle passe, et d'accumuler des récompenses internationales. Voyons un peu ce qu'en pense Julie Chiasson dans *Le Front*, de Moncton: «En résumé, un excellent spectacle, et comme Natalie Choquette souhaite revenir à Moncton, j'espère ardemment avoir l'occasion d'aller la revoir une troisième fois en spectacle… Ses textes sont tellement amusants…»

Dans *The Straits Times*, de Singapour, Elisabeth A. Kaiden écrit: «À la fin, le public qui remplissait la salle comme à chacune de des trois représentations s'est levé pour lui accorder une ovation… Son choix pour le rappel… a littéralement transporté l'auditoire dans un état d'extase.» Pour sa part, Mary-Claude Taillens raconte dans *Le Matin*, de Montreux (Suisse): «Une fée s'est penchée sur le berceau de Natalie Choquette et, de sa baguette magique, l'a dotée de tous les talents…» Plus près de nous, Nathalie Petrowski en ajoute dans *La Presse* (Montréal): «Natalie Choquette est un cas, une force de la nature, un trésor national et un miracle ambulant. C'est une soprano à la voix d'or doublée d'une contorsionniste, d'une femme de théâtre et d'un clown.»

❖ ❖ ❖

CLAIRETTE
Interprète et comédienne
**Née Claire Oddera, le 3 avril 1919,
à Marseille, en France**

Photo : Échos-vedettes

Arrivée à Halifax à bord du bateau L'Aquitania le 16 janvier 1949, Clairette débarque à la gare Windsor, à Montréal, quelques jours plus tard. Une semaine seulement après son arrivée en sol canadien, elle se produit sur les planches montréalaises au Théâtre Champlain, aux côtés de Georges Guétary. En l'an 2000, elle redit en toute sincérité : «Ce pays du Québec, c'est moi qui l'ai choisi et je l'aime. On m'a acceptée avec mon accent provençal. Je n'ai jamais pensé que je pouvais le perdre. Tous les citoyens du monde ont un accent. Ce sont mes racines.»

Un demi-siècle après son arrivée, on continue d'appeler Clairette — c'est son nom d'artiste — la *mère supérieure*. Ce surnom lui a été donné par les étudiants de l'Université de Montréal qui venaient l'applaudir Chez Clairette, sur la rue de la Montagne, établissement qui ouvrit ses portes le 1er mai 1959. Auparavant, elle avait été la vedette maison de la boîte à chansons le Café Saint-Jacques. Le patron des lieux, Françoys Pilon, l'avait vue à l'œuvre aux Trois Castors avec Jean Rafa, Juliette Huot, Juliette Béliveau, Marcel Gamache, Jean Duceppe, Paul Guévremont.

Son enfance, Clairette la passe à Marseille aux côtés de ses parents, Rose Fannuci et Charles Oddera, artiste dans l'âme qui voue un véritable culte à la pétanque. Pour lui, le travail sera toujours une entrave à sa liberté. Pendant 40 ans, il sera cantonnier pour la municipalité. Rosette, la sœur aînée — qui décédera d'un cancer le 22 avril 1996 — deviendra rapidement une seconde mère pour Clairette. La naissance de la cadette Danielle, le 6 novembre 1938, est perçue comme un véritable cadeau du ciel.

Fascinée par le monde du spectacle, Claire travaille à la cantine et au développement des films dans les studios de Marcel Pagnol. Celui-ci lui offre son premier rôle dans *La fille du puisatier*, en 1939, avec Raimu, Josette Day et Fernandel, lequel lui suggère alors de s'appeler Clairette. Elle obtient d'autres rôles dans *Manouche* (1941) avec Pierre Dudan, *La bonne étoile* (1942) avec Fernandel et Andrex et *Sérénade aux nuages* (1946).

Le directeur de Radio-Marseille, Jean Nohain — affectueusement surnommé Jaboune et frère de Claude Dauphin — invite Clairette à passer une audition pour un radio-roman. C'est ainsi qu'elle participe à *La pension bonne humeur*, où elle doit chanter un jour à l'improviste. Clairette reprend un peu plus tard le grand succès de Réda Caire, *Ma banlieue*, accompagnée par Paul Mauriat. Elle vient définitivement de faire son entrée dans la chanson : on la réclame partout. Elle s'envole alors pour Genève où elle a obtenu un contrat de deux semaines au cabaret *Le Maxime*. Elle y retrouve Pierre Dudan, en pleine gloire grâce à son succès *Café au lait au lit*. Le 11 novembre de la même année, les Allemands envahissent la France. Clairette se voit contrainte de rester en pays neutre et joint les rangs de la Résistance.

La guerre terminée, Clairette entreprend une tournée européenne avec son idole de toujours, Réda Caire, dans la revue *De Montmartre à La Canebière*. «Les trains n'étaient jamais à l'heure à cause des ponts bombardés, se souvient Clairette. J'attendais, dans les gares, avec ma petite valise.» En 1947, elle débute enfin à Paris avec Jeanne Sourzat et Armand Bernard dans l'opérette *Mam'zelle Printemps*. Avec Angelo, de 18 ans son aîné, elle vit un amour impossible. Il lui faut changer d'air. Le Québec n'est pas loin…

À Montréal, Clairette connaît un succès instantané aux côtés de Georges Guétary. Après quelques allers et retours en France pour remplir plusieurs engagements, elle débute au Faisan Doré, boulevard Saint-Laurent, en mai 1950. Elle y côtoie notamment Jacques Normand, Jean Rafa, Pierre Roche, Charles Aznavour, Émile Prud'Homme. Clairette multiplie les spectacles. Elle se produit durant 13 semaines au Bal Tabarin à New York — où elle retournera régulièrement — avant de fouler les planches de Québec à La porte Saint-Jean et Chez Gérard.

Après la mort de son second mari, Jacques Aqué, le 22 novembre 1960, Clairette engage le chanteur corse Jean Marc pour l'assister pendant deux ans. La vie reprend ses droits et le spectacle doit continuer. Clairette ouvre successivement trois boîtes à chansons, dans lesquelles elle donnera leur chance à Diane Dufresne, Robert Charlebois, Sylvain Lelièvre, France Castel, Robert Gadouas, Daniel Guérard, Jean-Pierre Bérubé, Jacques Antonin, Pierre Jean et Michel Girouard. L'aventure dure près de 20 ans. Le pianiste Marcel Rousseau y consacrera cinq ans de sa vie. Clairette fait aussi connaître sa petite sœur, Danielle Oddera, qui fait ses débuts le 25 janvier 1962. Son répertoire : Jacques Blanchet, Stéphane Venne, Pierre Létourneau et surtout Jacques Brel, qui deviendra l'ami des deux sœurs. Deux ans plus tard, lors du gala des artistes de 1964 organisé par les Publications Péladeau (qui deviendront Quebecor), Clairette reçoit les hommages du public et un trophée pour les grands coups de pouce donnés aux débutants.

Durant toutes ces années, Clairette ne met pas sa propre carrière au second plan. Elle partage notamment la vedette avec Mathé Altéry à la Place des Arts, avant de jouer dans plusieurs revues au Théâtre des Variétés. Dans la comédie *Il faut marier Tit-Pierre*, en février 1975, elle a pour partenaires Michel Noël et Pierre Lalonde.

À la télévision, Clairette fait son apparition dans différents téléromans dont : *Au pied de la pente douce* (1951-1961) de Roger Lemelin, *Les Berger* (1971-1977) de Marcel Cabay et *Le clan Beaulieu*, du même auteur. Elle fut également animatrice de l'émission *Un air d'accordéon* sur les ondes de CFTM, où elle reprend ses refrains populaires comme *Magali, Le voyage de noces, Tais-toi Marseille, La Joconde, À la Bastille, En revenant de Piedmont, Les moines de Saint-Bernardin, La Java*, sans oublier *La Boîte à chansons* signée Georges Dor. À la télévision de Radio-Canada, Clairette se fait remarquer dans l'interprétation d'Honorine dans *Marius*, incarné par Robert Gadouas. Elle tenait le rôle de la mère de Fanny (interprétée par Danielle Oddera), et l'épouse de César, joué par Ovila Légaré.

«Voilà que Les productions Marcel Brouillard inc. me convoquent à leurs bureaux du Vieux-Montréal pour me proposer une série de récitals dans les festivals et centres commerciaux. Cette tournée intitulée *La grande fête de la chanson* me conduit, en 1980, dans tous les coins du Québec, à commencer par le Centre Domaine, Place Dupuis et le Centre Langelier, à Saint-Léonard, où le maire Michel Bissonnet et quelques échevins me comblent de fleurs et de cadeaux. Et me voilà en route avec mon pianiste Guy Jacquetin pour Terrebonne, Valleyfield, Saint-Jérôme, Granby, Victoriaville, Matane, Manicouagan, Haute-Rive. On fait tout le tour de la Gaspésie.»

En 1981, Clairette ouvre une école d'interprétation au sous-sol de la maison de sa sœur Danielle et de son beau-frère Roberto Medile. Elle veut transmettre à ses élèves toutes les notions de ce métier qu'elle connaît. «Cette nouvelle orientation de carrière est à la fois passionnante et difficile. Il faut posséder une forte dose de patience pour se vouer à l'enseignement. Mais j'y parviens. Quelquefois, il m'arrive de regretter mes nuits passées dans les cabarets et mes boîtes à chansons du Café Saint-Jacques, des deux établissements de la rue de la Montagne et de La vieille France de Cécile Cambourieu.»

Clairette se souvient de cet heureux temps où Raymond Lévesque et Jacques Brel remettaient les pendules à l'heure. Où Yves Montand, Simone Signoret, Juliette Gréco, Élianne Catela, Roger Ramadier, Réjean Tremblay, Tino Rossi, Serge Lama, Colette Renard, Catherine Sauvage, Barbara, Marcel Amont et les autres venaient terminer la soirée. «Ce métier, je le dis et le répète, il faut l'aimer à genoux, sinon on en crève. Il y a ceux qui vous aiment et vous engagent. Il y a ceux qui ne vous aiment pas et vous dénigrent. Cette situation existe dans le monde entier.»

Aujourd'hui, à 81 ans, Clairette se souvient de tout, de ce passé toujours présent, de cette première traversée en 1949, de ses 14 voyages sur *Le Liberté* et de huit autres sur *Le France*, de son premier vol en avion en 1969. *La chanteuse qui a toujours 20 ans*, comme le chante Serge Lama, évoque les souvenirs de ses récents voyages en Provence avec des touristes d'ici qui sont très heureux de l'accompagner partout où elle va. Elle n'oublie pas ses chers amis aujourd'hui disparus : Jean Rafa et surtout ses trois Jacques bien aimés (béliers de surcroît), Brel, Blanchet et Aqué. Clairette se souvient également du temps où elle était présidente d'honneur des bénévoles de l'hôpital Sainte-Rita, à Montréal-Nord, où elle allait régulièrement remonter le moral des malades.

Au fil du temps, Clairette est devenue la confidente, l'amie et l'imprésario d'une foule de Québécois, des grands artistes d'ici qui ont capté son message, sa vérité et son charisme, de tous les jeunes qui suivent ses traces avec détermination. Sa vie, trépidante, surprenante et passionnante, fut remplie de soleil et de larmes. Une scène où monter, un public pour applaudir, il ne lui en faut pas plus pour continuer de nous émouvoir, de nous donner le goût de vivre et de chanter à l'unisson. Son livre *Comment meubler sa solitude avec la foi* nous apprend à apprécier davantage cette grande dame.

En 1992, le sénateur Marcel Prud'homme faisait venir Clairette à Ottawa pour lui remettre la médaille de l'Ordre du Canada. L'heure est désormais venue pour le gouvernement du Québec de conférer à Clairette le grade de chevalier de l'Ordre de la Pléiade pour sa contribution d'un demi-siècle au rapprochement de nos cultures et traditions et à l'essor de la société québécoise.

❖ ❖ ❖

Photo : Archive TVA

CLAUDE, Renée
Interprète et comédienne
Née Renée Bélanger, le 3 juillet 1939,
à Montréal

La fille de Cécile et Jean Bélanger voulait à tout prix être actrice. Renée Claude est devenue la grande interprète de la chanson québécoise qui n'a jamais cessé, en 40 ans de carrière, d'être authentique et de chanter *Le début d'un temps nouveau*. Sa mère, toujours autonome à 86 ans, est montée sur scène sous le nom de Josette France. Avec six enfants à la maison, elle n'a pu donner suite à ses ambitions de chanter et de jouer la comédie.

Durant huit ans, Renée Bélanger apprend le piano à l'école Vincent-d'Indy, le chant avec Alphonse Ledoux et fréquente le Conservatoire Lasalle. À 16 ans, elle remporte la palme à l'émission radiophonique *Les découvertes* de Billy Munro, à l'antenne de CKVL, et devient officiellement Renée Claude. Comme secrétaire à la Commission scolaire de Montréal, elle ne se sent pas du tout à sa place et se promet de monter sur les planches à la première occasion. Elle affronte les caméras de télévision à l'émission *Chez Clémence*, puis le public de *La page blanche*, à Québec. La citadine ressemble comme deux gouttes d'eau à l'héroïne de la chanson créée par Tino Rossi et Jean Lalonde, en 1938 :

> *Bohémienne aux grands yeux noirs*
> *Tes cheveux couleur du soir*
> *Et l'éclat de ta peau brune*
> *Sont plus beaux qu'un clair de lune*
> *Bohémienne aux grands yeux noirs*
> *J'ai vibré d'un tendre espoir*
> *Je voudrais que tu sois mienne*
> *Bohémienne !*

Renée Claude apprend avec une rapidité surprenante tout le répertoire de Gilbert Bécaud (*Les croix*), Georges Brassens (*La chasse aux papillons*) et Léo Ferré (*Si tu t'en vas*). Elle interprète à ravir quelques chansons de Jean-Pierre Ferland : *Feuille de gui*, *La marquise de coton* et *Ton visage*. L'année suivante, son premier album éponyme est consacré aux auteurs compositeurs québécois, à l'exception d'une chanson de Ferré, *Vingt ans*. Un deuxième 33 tours suivra en même temps que son récital à l'auditorium Le Plateau.

La carrière de Renée Claude prend son envol autant sur scène que sur disque et à la télévision. Avec le comédien Hubert Loiselle, elle anime *Pour ceux qui s'aiment*, en 1965. Avec *Tu es noire*, signée Stéphane Venne et François Dompierre, elle remporte le premier prix du Festival du disque et prend l'affiche de la Comédie-Canadienne. Elle part ensuite en tournée au Québec avec Jacques Brel. Au Patriote, la chanteuse à la fibre nationaliste attire un public de connaisseurs et de jeunes étudiants qui trépignent en l'entendant chanter *Shippagan*, que lui propose Michel Conte. Celui-ci lui écrira plus tard *Viens faire un tour*.

La fin des années 1960 appartient à Renée Claude qui reçoit des invitations d'un peu partout ainsi que des hommages et des trophées. Elle est lauréate au Festival de Sopot, en Pologne, en 1965. Elle est également élue, à deux reprises, meilleure interprète de l'année au gala des artistes des Publications Péladeau. Jamais une artiste n'a récolté autant de succès en si peu de temps. Le prolifique Stéphane Venne lui apporte de nouveaux textes, qui lui collent parfaitement bien à la peau : *Le tour de la terre*, *La rue de la Montagne*, *Tu trouveras la paix*, *C'est notre fête aujourd'hui* et *Le début d'un temps nouveau* :

> *C'est le début d'un temps nouveau*
> *La terre est à l'année zéro*
> *La moitié des gens n'ont pas trente ans*
> *Les femmes font l'amour librement*
> *Les hommes ne travaillent presque plus*
> *Le bonheur est la seule vertu*

Au début des années 1970, Renée Claude devient la véritable ambassadrice de la chanson québécoise dans son pays et à l'étranger. On la place au même rang que les grandes interprètes comme Pauline

Julien, Monique Leyrac, Juliette Gréco, Barbara. Tous les festivals internationaux la réclament, que ce soit aux Olympiades de la chanson d'Athènes en Grèce, au Festival de Caracas au Venezuela, au Festival de Spa en Belgique. Les années 1980 ne lui apporteront pas plus de repos; elle sera présente au Festival de Saint-Malo et aux Journées internationales Georges Brassens à Sète. Les radios françaises et francophones font de plus en plus jouer ses albums. Renée Claude parle encore, comme si c'était hier, de ses tours de chant à Montréal avec le regretté Pierre Dudan.

Sa popularité en France rejaillit bientôt sur le Québec. Hélène Hazena écrit dans *Libération* : «La vibration particulière de cette voix fine et cristalline et son sens musical apporte un plus […]. Si elle a le sens de la dramaturgie, tant dans l'intelligence du texte que dans l'épure de sa tenue de scène, on apprécie chez elle une autre qualité qui en fait une interprète rare : la retenue.»

Après avoir chanté à l'exposition universelle d'Osaka, au Japon, et dans plusieurs villes de l'ex-URSS, Renée Claude prend d'assaut la Place des Arts, à Montréal, en 1972. Elle y reviendra à neuf reprises, dont quatre fois avec son spectacle dédié entièrement à Georges Brassens. Prêtez l'oreille quand elle fait revivre *Les copains d'abord* :

> *Non ce n'était pas le radeau*
> *De la méduse ce bateau*
> *Qu'on se le dis'au fond des ports*
> *Dis'au fond des ports*
> *Il naviguait en Pèr'Pénard*
> *Sur la grande mare des canards*
> *Et s'appelait les copains d'abord*
> *Les copains d'abord.*

En 1972, la rencontre entre Renée Claude et Luc Plamondon donnera naissance à deux albums couronnés de succès. On y retrouve notamment *Ce soir je fais l'amour avec toi, Cours pas trop fort, cours pas trop loin, C'est pas un jour comme les autres, Un gars comme toi, Le monde est fou, Vous qui vivrez demain, Berceuse pour mon père et ma mère.*

L'écrivaine Hélène Pedneault, qui a été l'agente de Renée Claude de 1976 à 1983, raconte comment cette dernière est perfectionniste et soucieuse de toucher le spectateur au plus profond de son âme. Renée Claude a le sens de la famille, de l'amitié et de la nation. La mort de sa sœur Christiane, emportée par un cancer en 1991, a été une épreuve très difficile pour elle, tout comme le décès de son père, sept ans plus tard. Heureusement, son conjoint Robert Langevin, biologiste de profession, est toujours à ses côtés. Depuis 14 ans, il s'efforce de la suivre et de l'encourager dans toutes ses entreprises. Dans une rare entrevue qu'elle a accordée à André Ducharme en 1994 pour *L'Actualité*, elle confie : «Je ne suis pas avec Robert pour être deux, mais pour être mieux. Je m'accommode de la solitude [...]. Le plus dur dans ce métier, ce n'est pas de débuter mais bien de durer, surtout si on est interprète et non auteure-compositeure.»

Avec le temps, chantait Léo Ferré, Renée Claude est devenue la chanteuse qui grimpe au palmarès que ce soit avec des titres comme *Are you lonesome tonight* ou *Saint-Jovite*, chantée en duo avec Jean Robitaille, *Je suis une femme*, *Rêver en couleur*. Au début des années 1980, elle surchauffe le Théâtre de Quat'sous avec son spectacle dédié à Georges Brassens et aussi avec *Moi, c'est Clémence que j'aime le mieux*, faisant ainsi allusion à la chanson de sa grande amie Clémence DesRochers : *Le monde aime mieux Mireille Mathieu*.

Après son 14e album, Renée Claude se lance de nouveau sur la piste en 1981 avec son spectacle *Georges Brassens, j'ai rendez-vous avec vous*. Pendant quelques années, elle le présente continuellement des deux côtés de l'Atlantique. En 1985, elle partage la scène avec Claude Léveillée dans *Partenaires dans le crime*. En rendant hommage à Georges Brassens ou à Léo Ferré, elle continue à se produire au Théâtre du Petit Champlain, à Québec, au Café de la Place des Arts, à la Butte Saint-Jacques ou à La Licorne avec Philippe Noireault, en 1994.

Dans le cadre des FrancoFolies de Montréal, Renée Claude fait partie de la distribution des soirées données en l'honneur de Georges Brassens et de Raymond Lévesque ; elle y présente de nouveau *Moi, c'est Clémence que je préfère* en 1997 et partage la vedette du Spectrum avec Claude Gauthier. Cette année-là, elle va également présenter son spectacle sur Léo Ferré en Yougoslavie.

En France, Renée Claude remplit le Loup du Faubourg et la Pépinière-Opéra et sort un nouvel album, *On a marché sur l'amour*, comprenant notamment les chansons de Léo Ferré *Les anarchistes, Ni Dieu ni maître, La lune.* Devant tant de succès, l'Académie Charles-Cros ne tarde pas à lui rendre hommage au Grand Prix international du disque à Paris.

En 1998, la compagnie Transit présente 34 chansons de Renée Claude sur deux albums. Dans la collection *Les refrains d'abord*, un autre album verra le jour. Pour terminer les années 1990, la chanteuse présente quelques spectacles au Centre culturel français à Moscou, dans le cadre des journées de la francophonie en Russie.

Au théâtre, Renée Claude, comédienne à ses heures, a joué dans *Nelligan*, un opéra signé Michel Tremblay et André Gagnon qui fut repris à la télévision et sur disque. Elle a également joué dans une autre pièce de Michel Tremblay, *Marcel poursuivi par les chiens*. À la télévision, elle a accepté un rôle dans *Triplex* de Christian Fournier. Sa dernière expérience au cinéma, elle la doit à Denise Filiatrault dans le film *Laura Cadieux*; elle y interprète le rôle de Madame Touchette.

Sans conteste, Renée Claude est là pour entreprendre la cinquième décennie d'une carrière éblouissante à bien des points de vue. Avec 18 albums et des 45 tours à profusion, elle est prête à bondir et à partir au gré du vent qui pourrait l'éloigner de la métropole. Là, elle y vit dans la réalité quotidienne et ses rêves de jeune fille de bonne famille. Le temps et les modes n'auront, semble-t-il, jamais de prise sur sa vie professionnelle et affective.

❖ ❖ ❖

CLERC, Julien
Musicien, compositeur et interprète
Né Paul-Alain Leclerc, le 3 octobre
1947, à Bourg-la-Reine, en banlieue
parisienne

Photo : Michel Marcil, Échos-vedettes

Dès son enfance, Julien Clerc est marqué par le divorce de ses parents et le contraste de leur culture respective. Sa mère est d'origine guadeloupéenne, son père, haut fonctionnaire à l'UNESCO. Grâce à sa mère, il découvre Georges Brassens, Yves Montand, Louis Armstong et Bob Dylan. À 17 ans, il fait déjà ses premières armes comme interprète en Corse. Mais c'est surtout *La Cavalerie*, enregistrée en 1968 — année contestataire par excellence — qui lui ouvrira les portes du succès. Deux ans plus tard, il est à l'affiche de la comédie musicale *Hair*, au Théâtre de la Porte Saint-Martin, avant de faire son entrée au Musée Grévin! En 1969, il foule la scène de l'Olympia, en première partie du spectacle de Gilbert Bécaud. Julien Clerc reviendra à l'Olympia en 1985, avant de tenir la vedette au Palais des Sports, à Bercy, pendant 11 jours et de se produire en Asie et aux États-Unis.

Doué pour les langues et les lettres, Julien Clerc met surtout en musique les textes de ses amis Étienne Roda-Gil et Maurice Vallet, puis ceux de Serge Gainsbourg, Jean-Loup Dabadie, Maxime Le Forestier et Luc Plamondon à qui on doit les paroles de *Cœur de rocker* :

> *Cœur de rocker (bis)*
> *J'n'étais encore qu'un enfant d'chœur*
> *Qu'j'avais déjà un cœur de rocker*
> *J'n'aimais pas beaucoup l'école*
> *Je n'vivais qu'pour mes idoles*
> *Yé yé yé*

Ses interprétations lui assurent une place enviable au palmarès, avec notamment *Si on chantait*, *La Californie*, *Le cœur volcan*, *Ma préférence*, *Travailler, c'est trop dur* de Zachary Richard, *Le petit vieillard qui chantait mal*. Ses albums *Ce n'est rien*, sorti en 1971, et *Si on chantait*, l'année suivante, franchissent le cap du double disque d'or. En 1977, Julien Clerc retrouve le Palais des Sports, accompagné par la chanteuse-guitariste Geneviève Paris, qui vit aujourd'hui à Montréal. L'année suivante, son album *Jaloux* est reçu avec beaucoup d'enthousiasme. Il reste à ce jour son plus gros succès de vente :

> *Ce soir je viens me glisser dans tes rêves*
> *Dans cette mer que le désir soulève*
> *Laisse-moi faire de toi mon trésor*
> *Comme Harpagon à genoux sur son or*
> *Tes paupières de fièvre*
> *Sont à moi, sont à moi*
> *Tes frayeurs, tes rêves*
> *Sont à moi, sont à moi*
> *Jaloux… Oui jaloux*
> *Jaloux et jaloux… de tout*

Après avoir obtenu cinq disques d'or à Lyon, Julien Clerc accepte un premier rôle, en 1976, dans le film *D'amour et d'eau fraîche* de Jean-Pierre Blanc. Sur le plateau, il rencontre une jeune actrice, Miou-Miou, qui devient sa compagne et la mère de son premier enfant. Julien Clerc aura deux autres enfants, dont un fils, Barnabé, en 1997, avec sa nouvelle épouse Virginie. Julien est aussi le père adoptif d'Angèle, fille de Miou-Miou et de Patrick Dewaere.

En 1983, Julien Clerc est à la Porte de Pantin, sous chapiteau, pendant cinq semaines. Il y reprend notamment *Hymne à l'amour* d'Édith Piaf. Deux ans plus tard, il est de nouveau à Bercy où viendront l'entendre 135 000 spectateurs. Après 16 albums et 25 ans de carrière, il se produit à l'Olympia durant cinq semaines, en 1993.

Sur son album de la fin du siècle, intitulé tout simplement *Julien*, le chanteur a renoué avec les paroliers qui lui ont fait connaître tant de succès depuis déjà 30 ans. Le 4 octobre 1997, Julien Clerc fête ses 50 ans au Palais des Sports, entouré d'une pléiade d'amis venus célébrer l'heureux événement. Ses fans peuvent revivre la soirée sur disque, en écoutant *Julien, le 4 octobre* et redécouvrir certaines de ses chansons interprétées en duo. La version revue et corrigée de *Mélissa*, chantée avec Tonton David et Doc Gyneco, est purement délicieuse! Que ce soit au Palais des Congrès de Paris ou aux FrancoFolies de Montréal en 1998, Julien Clerc continue d'avancer. À la fin de l'année 1999, son spectacle s'intitule *Entre nous*. Il donne sept représentations au Québec, dont deux à Montréal à la Salle Pierre-Mercure. Pour le plaisir de tous et de toutes, il chante en toute intimité les succès de son album *Utile*. Le public lui réclame *Ma préférence*, dont les paroles sont signées Jean-Loup Dabadie :

> *Je le sais, sa façon d'être à moi*
> *Parfois vous déplaît…*
> *Mais elle est*
> *Ma chance à moi*
> *Ma préférence à moi*

Dans tous ses spectacles, Julien Clerc, en bon ambassadeur de la chanson française, interprète aussi des classiques de Jacques Brel, Charles Aznavour, Gilbert Bécaud et Léo Ferré. Il sait également rendre hommage à tous ces paroliers qui ont enrichi son vaste répertoire depuis ses débuts, tels que Françoise Hardy, Jean-Claude Vannier, Jean-Louis Murat, Laurent Chalumeau. Nul doute que ce véritable artiste et musicien dans l'âme saura s'enrichir d'autres rencontres musicales. Pour le moment, Julien Clerc travaille dans l'ombre et accepte très peu de contrats. Il a besoin d'un peu de solitude et de se rapprocher des siens avant de réapparaître sous la lumière des projecteurs.

On a dit et écrit bien des choses sur Julien Clerc qui ne craint pas de se confier à Valérie Letarte dans *La Presse* du 20 novembre 1999: «Je suis quelqu'un de plutôt introverti, de timide même, qui fait un métier d'extraverti! J'aurais pas fait un spectacle comme ça à vingt ni même à trente ans. Il a fallu que je sois en accord avec moi-même… On évolue, et quand ça permet de se dévoiler un peu plus, c'est très bien… Beaucoup de jeunes femmes me disent qu'elles ont grandi avec mes chansons. C'est très agréable. Elles aiment les hommes capables de douceur, de tendresse… Je ne me force pas pour ça! Je suis comme ça, un peu distant, mais je pense qu'il vaut mieux être comme on est… Sauf qu'à cinquante ans, la vie est passée par là, on est moins coupant, moins absolu…»

Louis-Guy Lemieux écrit ce qui suit dans *Le Soleil*, de Québec: «Un chanteur made in France qui nous apporte autre chose que des mièvreries… de la chanson française qui s'adresse à notre intelligence en même temps qu'à notre cœur et à nos oreilles… une musique qui bat au rythme de notre époque… des paroles jamais gratuites… un artiste qui cherche, magnifique sur une scène, à tous les points de vue… Julien Clerc peut tout faire sur une scène… il peut surtout être naturel.»

Depuis la comédie musicale *Hair*, il y a 30 ans, jusqu'à ses rôles au cinéma avec Miou Miou ou Annie Girardot, en reprenant pour lui des douzaines de chansons devenues des succès et les milliers de spectacles qu'il a donnés à travers le monde, Julien Clerc continue de nous éblouir et de nous réchauffer le cœur, comme un remède efficace au bouillonnement abrutissant de la vie moderne.

Les rapports profonds de Julien Clerc avec le Québec ne datent pas d'aujourd'hui. Il nous a fait connaître Geneviève Paris, devenue Québécoise en 1976; il a choisi Beau Dommage pour faire la première partie de son spectacle lors d'une tournée en France, en 1997, et c'est Kébec-Disc qui a, par la suite, produit l'un de ses meilleurs microsillons. Si l'on pouvait le faire, il serait de mise de remettre à Julien Clerc un passeport québécois. Personne ne s'en offusquerait!

❖ ❖ ❖

Douce France
1943

Douce France
Cher pays de mon enfance
Bercée de tendre insouciance
Je t'ai gardé dans mon cœur !
Mon village au clocher aux maisons sages
Où les enfants de mon âge
Ont partagé mon bonheur
Oui je t'aime
Et je te donne ce poème
Oui je t'aime
Dans la joie ou la douleur
Douce France
Cher pays de mon enfance
Bercée de tendre insouciance
Je t'ai gardé dans mon cœur

Paroles et musique Charles TRENET
Interprètes : Charles Trenet, Robert L'Herbier,
Roland Gerbeau, Carte de séjour

D'AMOUR, France
Auteure, compositrice et interprète
Née France Rochon, le 30 mars 1966,
à Montréal

La chanteuse change son nom de famille après l'enregistrement de son premier disque. Lorsque France D'Amour chante *Mon frère*, de Lynda Lemay, elle se souvient du temps où, enfant, elle jouait à cache-cache avec ses voisins à Mont-Rolland, dans les Laurentides. Elle préférait découvrir les autres plutôt que de se cacher dans les buissons :

> *T'as joué à la cachette*
> *D'une drôle de manière*
> *T'as triché, je regrette*
> *Qu'est-ce qui t'as pris mon frère [...]*

Est-ce sa première révolte envers ceux qui se cachent ou maquillent la vérité? Ses proches prétendent que France D'Amour est un livre ouvert sur tout ce qui bouge autour d'elle.

Dès son plus jeune âge, France est adoptée par Lucille Dumouchel et Arsène Rochon, qui auront par la suite deux garçons et adopteront une autre fille, Chantal. Jusqu'à ce jour, France D'Amour n'a pas ressenti le besoin d'entreprendre des recherches pour retrouver sa mère biologique. À 14 ans, l'adolescente quitte son foyer pour s'installer à Saint-Jérôme. Elle se rapproche ainsi de la métropole où elle ne tardera pas à déménager pour être dans le feu de l'action, près des artistes qui la font tant rêver.

Au Collège Lionel-Groulx de Sainte-Thérèse, elle obtient un diplôme d'études collégiales en guitare (jazz), comme Diane Tell

10 ans plus tôt. Pour la belle rebelle, la seule chose qui compte est d'avoir sa place dans le monde merveilleux du spectacle, où elle se voit en haut de l'affiche, comme le chante si bien l'une de ses idoles, Charles Aznavour.

Sous son armure de cuir et avec sa guitare, France ne réussit pas à cacher sa sensibilité à fleur de peau, ses états d'âme. La petite fille précoce rêve les yeux ouverts en dispersant son énergie autour d'elle, en voulant régler les problèmes des autres.

En créant un premier groupe musical, U-Bahn (qui signifie «métro» en allemand), elle tient à garder son image de rockeuse. La rêveuse écrit tout ce qui lui passe par la tête, tant paroles que mélodies. Très vite, elle comprend que le métier d'auteure, compositrice et interprète ne s'apprend pas dans les livres. «C'est en bûchant que l'on devient bûcheron, dit-elle, et en chantant que l'on devient chanteuse.»

France Rochon accepte de se produire dans tous les petits bars de sa région, plus ou moins recommandables, avant de faire le saut définitif à Montréal. Elle continue d'y chanter à pleins poumons dans les boîtes de jazz à la mode. Peu importe le lieu et le cachet; elle a besoin de gagner sa vie et d'affronter le public. Son ambition : rencontrer des gens du métier, imprésarios, réalisateurs, qui reconnaîtront son véritable talent.

À 20 ans, France D'Amour est amoureuse de Guy Tourville, musicien et arrangeur, avec qui elle aura un enfant. François naîtra le 9 juillet 1987. Durant toute sa grossesse, elle continue de chanter et de camoufler ses rondeurs sous ses costumes de scène. Deux mois après la naissance de son fils, elle reprendra la route des cabarets, où parfois les clients ne se gênent pas pour lui faire des propositions plus ou moins galantes. France D'Amour, amoureuse et désormais maman, sait se défendre et remettre à leur place les hommes trop entreprenants.

Malgré ses nouvelles responsabilités familiales et les problèmes d'asthme de son fils, France D'Amour voit une lueur d'espoir apparaître à l'horizon. En 1989, Nick Carbone lui fait en effet enregistrer son premier album, *Animal*, titre de l'une des chansons écrites en collaboration avec Louise Lamarre et Mario Lessard. On y retrouve *L'appât des mots*, *Laisse-moi la chance*, *Solitaire*, *Ailleurs*. France

D'Amour devient aussitôt une habituée du palmarès et réussit à imposer son style de rockeuse de la nouvelle génération.

Pendant trois ans, France D'Amour prendra le Québec d'assaut dans des salles de plus en plus spacieuses. On l'invite dans les foires agricoles, cégeps ou festivals réputés. Elle ne se laisse toutefois pas éblouir par les feux des projecteurs, même si son rêve se réalise peu à peu. Réaliste comme une autre de ses idoles, Édith Piaf, France D'Amour sait fort bien tout le chemin qui lui reste à faire pour atteindre le sommet de la gloire.

Pour l'enregistrement de son deuxième album, *Déchaînée*, France D'Amour s'est assurée d'avoir de bons collaborateurs, notamment Patrick Bourgeois, Stéphane Dufour et sa grande amie, Lynda Lemay, qui lui a fait cadeau de *Lettre à ma mère*. Son conjoint, Guy Tourville, en assure la réalisation. L'album colle vraiment à la peau de cette fille charmante et naturelle, qui incarne à la fois Cendrillon, Blanche Neige et Tina Turner.

Les jeunes générations se reconnaissent dans les refrains de France D'Amour, tels que *Vivante, Ça saute aux yeux, La chanson des fleurs*, qui deviennent des succès radiophoniques. Lorsqu'elle chante avec fougue et crie sa fureur de vivre, les comparaisons avec Marjo ou Janis Joplin sont inévitables. «Je prends vie sur la scène, confie la jeune rockeuse. Faire un show me détend, me libère de mes tracas. C'est ma façon à moi de me déchaîner, dans tous les sens du terme.»

France D'Amour est régulièrement invitée à la télévision. Jean-Pierre Coallier la reçoit à *Ad Lib* et lui accorde un statut de vedette. Au gala de l'ADISQ, elle est choisie pour interpréter les dix succès de 1994. Cette année-là, elle fera également sensation au Spectrum, dans le cadre des FrancoFolies de Montréal; elle y reviendra les deux années suivantes. En 1995, elle pose le pied en sol français pour la première fois, afin de participer aux Francofolies de La Rochelle.

Après avoir fait sa marque au Métropolis, au campus de l'Université de Montréal, au Club Soda, au Palais des Sports de Jonquière, au Vieux Clocher de Magog, c'est au Cabaret du musée Juste pour rire qu'elle s'arrête pour interpréter ses nouvelles chansons. On les trouvera sur son troisième album enregistré en 1998, avec la participation de l'auteur Roger Tabra.

Quand France D'Amour entre en studio, elle est en possession de tous ses moyens pour chanter *Le silence des roses*, titre de son album, *Je comprends, Je t'aime encore, Mon bonheur, Les sables, En silence, Si c'était vrai*. La rockeuse change de tempo et tente, sans le rechercher vraiment, d'atteindre un public plus diversifié. Elle est plus calme, sereine et disposée à troquer ses jeans étriqués pour des atours plus féminins. Sa maturité et son assurance transpirent dans ses nouveaux textes.

Depuis la tournée *Rock le lait* et ses prestations en première partie de Bryan Adams et de Bon Jovi, France D'Amour a su conquérir tant le public que les critiques. Alain Brunet écrit à son sujet dans *La Presse* : «Fonceuse, déterminée, musicienne dans l'âme, rockeuse jusqu'au bout des ongles. Aucune frime à signaler sur le front. Jamais la grosse tête, malgré l'ambition. Elle est parmi nous pour apprendre d'autant plus qu'elle chante, mes amis. »

Le tournant du millénaire a été fertile pour France D'Amour. Comme porte-parole du Festival international de la chanson de Granby, où elle était passée inaperçue en 1980 (malgré ses cheveux rouges !) elle donne le goût à bien des débutants de persister dans leur choix de carrière. Depuis que Luc Plamondon l'a choisie pour interpréter Esméralda dans *Notre-Dame de Paris* et remplacer Hélène Ségara, tous les espoirs sont permis. L'avenir lui appartient, d'un bord ou l'autre de l'Atlantique. En France, on entend de plus en plus ses refrains jouer sur les ondes. Son quatrième album est attendu avec impatience.

Comme France est avant tout mère de famille, répète-t-elle à l'animatrice Julie Snyder, elle doit consacrer le plus de temps possible à son fils qui vient d'avoir 12 ans. «Lui, c'est le sport, pas les arts; il est discipliné, rangé. J'aime bien parler des relations des gars avec leurs parents. C'est un sujet qui fait toujours réagir.» France D'Amour continue de suivre sa destinée et ne sait pas jusqu'où ça la mènera. Elle habite désormais dans le nord-ouest de Montréal, se rapprochant ainsi de son ex-mari, avec lequel elle partage la garde de leur fils, et de sa famille installée dans les Laurentides. L'important pour elle, c'est d'être bien dans sa peau et dans sa tête.

Photo : Martin Tremblay

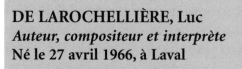

DE LAROCHELLIÈRE, Luc
Auteur, compositeur et interprète
Né le 27 avril 1966, à Laval

En 1986, Luc de Larochellière remporte trois Grands Prix au Festival international de la chanson de Granby, marquant le début d'une longue route. Sa mère, chanteuse d'opéra, l'encourage alors à participer au Festival de chanson québécoise à Saint-Malo, en France.

De retour à Montréal, Luc de Larochellière termine son premier album *Amère América*, qui sort en 1988. Plusieurs de ses chansons, dont *Chinatown Blues* et *La route est longue*, ont une portée sociale. Luc de Larochellière y décrit l'époque dans laquelle il vit, y remet en question nos valeurs individuelles et collectives, y parle de notre identité.

Au gala de l'ADISQ de 1989, Luc de Larochellière reçoit le Félix de l'auteur-compositeur de l'année et, l'année suivante, le prix CIEL-Raymond Lévesque, doté d'une bourse de 10 000 $. Quoi de plus stimulant pour finaliser un deuxième album! Ce dernier sort en 1990, et plusieurs titres sont d'énormes succès : *Six pieds sur terre, Cash City, Ma génération, Sauvez mon âme* :

> *Sauvez mon âme*
> *Sauvez mon âme Hé!hé!*
> *On s'réunit plusieurs fois par semaine…Oh! oh, oh!*
> *On s'vide la tête, question de faire la fête…Ouais*
> *On lèv'les bras ou on s'les met en croix… Ah! ah, ah!*
> *On reste ensemble car rien de nous ressemble*
> *Sauvez mon âme*

La même année, le jeune auteur se produit aux FrancoFolies de Montréal et aux Francofolies de La Rochelle, en France.

Luc de Larochellière est devenu un récipiendaire habituel des galas de l'ADISQ, comme ce fut le cas en 1991 pour l'album et le spectacle de l'année. Trois ans plus tard, il rafle trois autres félix pour son troisième album *Los Angeles*, dont celui de la chanson la plus populaire *Kunidé* et celui de l'interprète de l'année. Ces honneurs s'ajoutent au prix Mozart décerné par la station radio CFGL et au prix Socan, obtenu pour *Cash City* et *Six pieds sur terre*. Avec un Juno Awards pour son album *Sauvez mon âme* — album francophone le plus vendu au Canada — et sa nomination aux Victoires de la musique en France pour l'album francophone de l'année en 1992, Luc de Larochellière se voit ouvrir les portes des studios de télévision. Il participe notamment aux émissions françaises de Michel Drucker.

En 1994, le jeune chanteur se produit sur la scène du Casino de Paris, en première partie de Catherine Lara. Il se fait ensuite connaître en France grâce à la tournée Ricard, puis joue au Théâtre La Cigale à Paris et participe enfin à La journée Brassens, à Sète, où vécut le grand auteur. De retour au Québec, Luc de Larochellière entreprend une grande tournée; il tient l'affiche du Club Soda, de l'Olympia, du Spectrum, du Palais Montcalm, du Théâtre Saint-Denis et se produit à l'occasion de nombreux festivals et événements marquants.

Porté par son triomphe, réclamé sur toutes les scènes, Luc de Larochellière s'arrête quelque temps pour vivre un grand moment : la naissance de sa fille Claudel, le 12 juillet 1995, à l'hôpital Saint-Luc à Montréal.

En 1997, il reprend le chemin des studios d'enregistrement pour terminer son quatrième album, *Les nouveaux héros*, incluant *Pop désintox*, *Papa est un superman*, *Monsieur D*. Ici comme à l'étranger, la voix du chanteur résonne tant sur les ondes que sur les écrans de télévision. Le public semble l'avoir adopté pour longtemps encore. Son cinquième album intitulé *Vu d'ici* est sorti à l'été 2000. Le succès est une fois de plus au rendez-vous.

❖ ❖ ❖

Photo : Archives de la Place des Arts

DUBOIS, Claude
Auteur, compositeur, interprète et animateur
Né le 24 avril 1947, à Montréal

Au sein de la famille Dubois, chanter est une façon d'oublier les tracas, de surmonter les difficultés rencontrées en s'installant au centre-ville de Montréal, angle Sanguinet et Viger. Les premières chansons de Claude Dubois, *J'ai souvenir encore* et *Ma petite vie*, en disent long sur son enfance. À cinq ans, on lui demande de monter sur la table pour faire son numéro. À l'église paroissiale, tous les fidèles se retournent la nuit de Noël 1957 pour voir si c'est bien le «petit Dubois» qui entonne *Çà, bergers*.

Claude n'a que 12 ans lorsqu'il enregistre son premier microsillon, *Stampede canadien*, avec le groupe western Les Montagnards. Tout en fréquentant l'école polyvalente Gérard-Filion de Longueuil, dans les années 1960, il trimbale sa guitare et s'isole pour griffonner ses premières compositions. Sa mère, Aurore, l'encourage fortement. C'est aussi l'époque où il dessine joliment et peint des toiles en écoutant Jacques Brel et Léo Ferré dont le discours anarchiste lui sied à ravir. Le jeune artiste participe à tous les concours d'amateurs et fait sensation dans les salles de danse avec son vaste répertoire de succès américains.

Avant de trouver son propre style et de s'affirmer, Claude Dubois explore l'univers musical européen, jamaïcain et celui de nos voisins du Sud. En 1968, il discute passionnément avec ses amis de la bohème à l'hôtel Voltaire, dans le quartier latin, à Paris. Arrivant tout juste de Londres, il porte fièrement un chandail fleuri arborant en grosses lettres le slogan international de l'heure : *Flower Power*.

C'est à la boîte à chansons Le Patriote que le public découvre Claude Dubois en pleine «ébullition». Après s'être produit avec Donald

Lautrec à la Place des Arts, il se fait offrir la première partie du specta-cle de Gilles Vigneault à la Comédie-Canadienne, en 1967. De retour de ses périples et aventures, le globe-trotter finit par se poser au début des années 1970 et livre ses chansons au public québécois. Il interprète notamment *Femmes de rêves*, *Besoin pour vivre*, *L'infidèle* et surtout *Comme un million de gens*, qui traduit tout le chemin parcouru :

> *Il est né un jour de printemps*
> *Il était le septième enfant*
> *D'une famille d'ouvriers*
> *N'ayant pas peur de travailler*
> *Comme un million de gens*
> *Il a grandi dans le quartier*
> *Où il fallait pour subsister*
> *Serrer les dents les poings fermés*

Lors d'un séjour de deux ans en France, Claude Dubois enregistre *Le Labrador*, *Trop près, trop loin*, *Essaye*, *Pour nos enfants* et plusieurs autres mélodies qui renforcent sa popularité au Québec. Au petit écran, il anime *Showbizz* à Télé-Métropole et, en 1973, *Décibels* à Radio-Canada. La même année, il électrise complètement les spectateurs massés au stade de l'Université de Montréal, avec Diane Dufresne et le groupe Offenbach. Claude Dubois se produit également à la Place des Nations de Terre des Hommes ainsi qu'à la Place des Arts. En tournée au Québec avec Véronique Sanson, il continue d'impressionner le public en chan-tant *J'ai souvenir encore*, *Hibou* ou encore *Bébé Jajou Latoune*.

Claude Dubois atteint le pinacle de la célébrité avec son interpréta-tion du *Blues du businessman*, chanson extraite de *Starmania* signée Luc Plamondon et Michel Berger. Son rôle de Zéro Janvier dans cet opéra rock et ses succès sur disques lui valent le titre de l'Interprète masculin de l'année au premier gala de l'ADISQ, en 1979. Tout au long de sa car-rière, il recevra son lot de trophées lors de ce rendez-vous annuel.

Après avoir suivi une longue cure de désintoxication au centre Le Portage et réglé ses démêlés avec la justice, il produit lui-même, en 1981, son album *Sortie Dubois*, qui se vend à 200 000 exemplaires. Ses chansons *Plein de tendresse*, *Femmes ou filles*, *Vivre à en mourir*, *Six pingouins* (avec Nanette), *Apocalypse* sont sur toutes les lèvres.

Plus de 20 000 spectateurs le soutiennent et l'encouragent dans sa nouvelle vie, au Forum de Montréal et au Colisée de Québec. L'album suivant, *Implosif*, reçoit un accueil tout aussi chaleureux. En 1982, il remporte cinq Félix au gala de l'ADISQ.

Devant plus de 25 000 personnes, le «nouveau» Claude Dubois triomphe au Vieux-Port de Montréal en 1984, après la sortie d'un autre album éponyme, *Dubois, profil 2*. On y trouve *Au bout des doigts*, *Femme de société*, *Depuis que je suis né* et *Un chanteur chante*, titre de sa nouvelle tournée au Québec. En 1986, Claude Dubois se retrouve une fois encore sur la scène du Vieux-Port, en compagnie de la pétillante Marjo. L'été suivant, il se produit aux côtés de Jacques Higelin aux Francofolies de La Rochelle et participe à un hommage à Léo Ferré.

En 1989, Claude Dubois reprend son rôle de Zéro Janvier dans *Starmania*, pour une série de représentations à Paris. Deux ans plus tard, Véronique Sanson, Richard Séguin et Martine St-Clair partagent la scène des FrancoFolies de Montréal avec lui pour *La fête à Claude Dubois*. Le producteur de l'événement fait de nouveau appel au chanteur pour célébrer *La Fête à Montréal*, soulignant le 350e anniversaire de fondation de la métropole, ainsi que pour un hommage à Jacques Brel (1993) et *La Fête à Jean-Pierre Ferland* (1995). Entre-temps, Claude Dubois se produit au Théâtre des variétés, au milieu de spectateurs chaleureux et très près de lui. Quelles belles retrouvailles! La même année, avec Robert Charlebois, il attirait plus de 50 000 spectateurs au 25e Festival international d'été de Québec.

En 1994, le chanteur offre un nouveau spectacle *Mémoire d'adolescent*, titre de son plus récent album. Il trouve également le temps de composer la chanson thème du film *Comment faire l'amour à un nègre sans se fatiguer* et de publier chez VLB, sous le titre *Frasque*, ses principales chansons. Pauline Julien, Pierre Lalonde, Michel Pagliaro, Nathalie Simard, Ginette Ravel et d'autres puisent dans son répertoire quelques belles mélodies.

Sa rencontre avec la comédienne Louise Marleau surprend bien des gens; le couple démontre toutefois au fil des ans qu'il se complète bien. En 1995, alors qu'il se produit au Spectrum de Montréal et à la Place des Arts, Louise Marleau partage avec lui son expérience de la scène.

En septembre 1998, Claude Dubois est victime d'un sérieux infarctus avant d'entreprendre une série de représentations au Casino de Montréal. L'artiste doit s'arrêter, reprendre des forces. Il fait un retour sur la même scène l'année suivante, en février. Exceptionnellement, il ajoute à son répertoire *New York, New York*, chanson popularisée par Frank Sinatra. Il ravit tout autant le public avec *L'Arsène* de Jacques Dutronc et *Belle*, succès du moment de la comédie musicale *Notre-Dame de Paris*. Durant l'été 1999, plus de 16 000 personnes sont rassemblées dans le Parc Champlain de Trois-Rivières, pour accueillir avec tendresse et émotion celui qu'elles ont eu peur de perdre. L'artiste a retrouvé sa forme et poursuit sa carrière avec la même détermination. On lui demande sans cesse de chanter *Le blues du businessman*, de Luc Plamondon et Michel Berger :

> *J'ai du succès dans mes affaires*
> *J'ai du succès dans mes amours*
> *Je change souvent de secrétaire*
> *J'ai mon bureau en haut d'une tour*
> *D'où je vois la ville à l'envers*
> *D'où je contrôle mon univers*
> *J'passe la moitié d'ma vie en l'air*
> *Entre New York et Singapour*

En février 2000, il remontera sur les planches du Casino de Montréal et connaîtra le même succès pendant trois semaines.

Louise Marleau, sa complice dans la vie, le devient sur scène. Ensemble, ils adaptent *La Strada* de Fellini. Le spectacle *Gelsemina* est présenté au Théâtre Saint-Denis, dans une mise en scène de Robert Charlebois. Un album suivra, sur lequel se trouvent *Les petits cailloux*, *Rouler toujours*, *Si Dieu existe* et d'autres chansons que le couple a créées pour le spectacle.

Après une trentaine d'albums et 40 ans de carrière, Claude Dubois demeure l'enfant terrible adulé par ses compatriotes. Ils aiment sa voix qui mélange les ballades aux mélodies les plus rythmées. Ils comprennent ses états d'âme, ses coups de théâtre, son orientation musicale et son engagement national. Sa contribution à la chanson québécoise et française est un bel exemple de sa ténacité et de ses convictions. «Quand le rideau tombe, dit Claude Dubois, la vraie vie commence.»

Photo : Jean-François Bérubé

DUFRESNE, Diane
Auteure, interprète et artiste-peintre
Née le 30 septembre 1944, à Montréal

Audacieuse, émouvante, extravagante, intense sont des mots qui illustrent bien la vie et la carrière de la diva originaire du quartier ouvrier d'Hochelaga, la reine Diane. Enfant unique de Claire et Roger Dufresne pendant huit ans, elle ne s'attendait pas à voir arriver un frère, Gaétan, et une sœur, Carole. Quand sa maman adorée meurt à l'âge de 34 ans, Diane, 13 ans, prend en charge la maisonnée. Son père épousera Thérèse Kingsley en 1960 et continuera d'exercer son métier d'agent d'assurances.

Sur les bancs d'école, en première année, Diane a pour voisine Geneviève Bujold. La future chanteuse écrit des saynètes d'inspiration religieuse et les présente dans le hangar de la rue Aylwin. Durant l'été, la famille se rend chez les grands-parents Dufresne au lac Archambault, à Saint-Donat. Lorsque sa mère l'amenait au Théâtre Mercier pour voir Manda Parent, Olivier Guimond, Paul Desmarteaux, Maurice Gauvin et Paolo Noël, elle aidait sa fille à se transformer en madone du quartier ou en star, à l'image de son idole Élisabeth Taylor.

Le jour où Diane entend à la radio *Love me tender*, d'Elvis Presley, tout bouillonne en elle. Elle a alors 15 ans. Plus tard, quand elle chantera *La chanson pour Elvis*, elle revivra ce moment d'extase et d'érotisme de ce temps où elle gagnait les concours de danse :

> *Quand j'ai eu mon premier french kiss*
> *C'est à toé que j'pensais, Elvis*
> *Si tu savais, Elvis*
> *Tout c'que t'étais pour moi*
> *T'étais ma vie, mon vice*

T'étais tout c'que j'aimais
Moi qui rêvais d'faire une actrice
Pour tourner un film avec toé, Elvis
Avec ma crinoline
Pis mes ch'veux blonds platine
J'me prenais pour Marilyn
Quand j'allais au drive-in

Une fois la famille déménagée à Anjou, Diane décide de suivre des cours pour devenir infirmière, de travailler comme aide médicale à l'hôpital Santa-Cabrini à Saint-Léonard, et de suivre des cours de chant avec Simone Quesnel. Jusqu'à son décès en 1970, sa belle-mère la poussera plutôt vers l'opéra et vers un monde plus sophistiqué.

En 1964, lorsque Diane Dufresne rencontre Ginette Martel, c'est un peu comme si elle avait trouvé un Johnny Stark qui pourrait s'occuper de promouvoir sa carrière ici et à l'étranger. Une complicité s'installe immédiatement entre les deux femmes, qui regardent dans la même direction. Ginette Martel téléphone au pianiste André Gagnon, afin qu'il entende sa protégée. En février 1965, Diane Dufresne chante en première partie de Guy Béart, à Saint-Jérôme. Dans la salle se trouve un ami d'André Gagnon, mordu de Guy Béart : Luc Plamondon. Celui-ci accumule les brouillons de poèmes et de chansons. Le 18 mars de la même année, Diane Dufresne apparaît à l'émission télévisée *Pleins feux*, animée par Monique Leyrac. Suivront *Découvertes* à Télé-Métropole, *Chez Miville* et *Appelez-moi Lise* à Radio-Canada.

Diane Dufresne peut dès lors compter sur André Gagnon et Luc Plamondon, qui décèlent rapidement le talent et le potentiel de leur nouvelle amie. Ils assistent à ses débuts à la boîte à chansons Chez Clairette. Au cours de l'été 1965, Diane Dufresne et Ginette Martel s'envolent pour Paris. Charles Aznavour recommande la débutante à Jean Lumière, célèbre chanteur de charme devenu professeur. Diane Dufresne suit par ailleurs des cours d'art dramatique chez Françoise Rosay.

La chanteuse québécoise décroche des petits contrats sur la rive gauche, à l'Échelle de Jacob, l'Écluse et Le Port du Salut, où elle revoit André Gagnon et Luc Plamondon lorsqu'ils sont de passage à Paris.

L'imprésario Jacques Canetti, qui a notamment découvert Jacques Brel, Félix Leclerc et Georges Brassens, veut à tout prix s'occuper de Diane Dufresne; il en est follement amoureux et exige la réciprocité de ses sentiments, ce qui mettra fin à toute collaboration.

Diane Dufresne entend parler de l'Expo 1967 à Montréal, de l'effervescence qui y règne et des artistes qui obtiennent des contrats fabuleux. Fatiguée de ses nuits blanches, exténuée, elle revient chez elle. Elle ne tarde pas à reprendre du service Chez Clairette ainsi qu'à la Halte des chansons, à Québec. Son répertoire inclut les succès de Gilles Vigneault, Claude Léveillée, Pierre Létourneau, Barbara, Anne Sylvestre. À la fin de 1968, son nouveau gérant, Éric Villon — mari de la chanteuse Claude Valade — insiste pour qu'elle change de style et d'auteurs, avant d'entreprendre sa tournée dans les clubs de nuit. Elle doit en effet rivaliser avec Ginette Reno, Michèle Richard, Renée Martel. Par ailleurs, Diane Dufresne n'est pas très à l'aise dans ce monde de noctambules. Elle enregistre alors son premier 45 tours, où figurent *Dans ma chambre*, et va le présenter à l'émission *Jeunesse d'aujourd'hui*.

Diane Dufresne change de parcours le jour où elle rencontre Clémence DesRochers qui lui propose, en 1969, de faire partie de sa revue musicale, *Les Girls*, avec Louise Latraverse, Paule Bayard et Chantal Renaud. Les cinq jeunes femmes, plutôt dégourdies, ont un succès fou au Patriote et en tournée. C'est à cette époque que Diane Dufresne tombe amoureuse de François Cousineau, qui, dans sa maison d'Outremont, arrive à concilier travail et passion.

Durant les étés 1970 et 1971, D.D., pour les intimes, chante au Chat Gris du Théâtre de la Marjolaine, à Eastman, et tourne dans un court métrage de Gilles Carle. À l'émission de télévision *Smash*, à Radio-Canada, Diane Dufresne apparaît souvent aux côtés de Denis Drouin et d'Olivier Guimond. Elle est l'une des «*Smashettes*», avec France Castel et Patsy Gallant.

En 1972, l'interprète devient soudain une vamp, une tigresse, quand elle chante *J'ai rencontré l'homme de ma vie* et lance son album *Tiens-toé ben j'arrive*, sur un quai de la gare centrale de Montréal. Au Patriote, elle s'habille désormais en Barbarella et dévoile tous ses fantasmes, en véritable bête de scène.

La chanson québécoise prend soudain un nouveau départ avec le trio Dufresne — Plamondon — Cousineau. L'interprète bondit sur la scène de la Butte à Mathieu, envahit le Centre sportif de l'Université de Montréal avec Claude Dubois et Offenbach. Après le succès tangible de son passage à la Place des Arts et de son album *Opéra-Cirque* sorti en 1973, D.D. repart pour Paris où elle assure la première partie de Julien Clerc, à l'Olympia.

L'année 1974 est particulièrement chargée pour Diane Dufresne qui cumule les spectacles. Elle se produit notamment à la Place des Nations de Terre des Hommes, de nouveau à la Place des Arts et dans bien des villes du Québec où le public l'attend avec fébrilité. Après un long métrage pour Radio-Canada, tourné autour de son album *Sur la même longueur d'ondes*, Diane Dufresne s'envole une autre fois pour la France. Elle fait partie de la revue *Le Kébec à Paris* avec Ti-Jean Carignan, André Gagnon et Louise Forestier, présentée au Théâtre national de Chaillot de décembre 1975 à janvier 1976. Diane Dufresne y fait sensation avec sa chanson *Les hauts et les bas d'une hôtesse de l'air* :

> *Secrétaire… Infirmière… hôtesse de l'air…*
> *Qu'est-ce que j'vas faire?*
> *J'aurais don'dû suivre ma première idée*
> *J'aurais dû faire une secrétaire*
> *Mais j'voulais passer toute ma vie à flyer*
> *C'est pour ça qu'j'ai faitt' une hôtesse de l'air*

De 1976 à 1980, Diane Dufresne passe sa vie entre le Québec et la France, à l'exception de quelques voyages aux États-Unis, à Hollywood et à Las Vegas. Elle remonte de nouveau sur la scène de la Place des Arts, avec son spectacle intitulé *Mon premier show*, et sur celle de la Place des Nations, où elle invite le public à se costumer. Devant 15 000 personnes, D.D. apparaît en Pierrot et chante les tubes de son album *Maman, si tu m'voyais …tu s'rais fière de ta fille*. Pendant la même période, elle participe à l'écriture de *Hollywood Freak* :

Maman, si tu m'voyais, tu s'rais fière de ta fille
Quand je sors le soir sur Sunset Boulevard
Tous les gens qui passent me prennent pour une star
Les vrais stars sont rares à Hollywood
J'me suis acheté une robe décolletée en cœur
Comme Marilyn Monroe
Des lunettes noires qui m'font des yeux dans l'beurre
Comme Greta Garbo
Un boa blanc de douze pieds de longueur
À la Jean Harlow

À Paris, le premier ministre Raymond Barre décerne à Diane Dufresne le prix de la Jeune chanson. Cette récompense rejaillit au Québec où le public la réclame sur toutes les scènes : Fête des voisins de Laval, Place des Arts (1977-1978), Stade olympique dans le cadre de la Saint-Jean, avec René Simard, Monsieur Pointu et Colette Boky. En octobre 1977, Diane Dufresne repart pour Paris, présenter à l'Élysée-Montmartre son spectacle du Café Campus de l'Université de Montréal. Vêtue de cuir noir, elle laisse derrière elle ses amours avec François Cousineau.

En février de l'année suivante, Diane Dufresne s'accapare le Théâtre Outremont, déguisée en femme léopard, et entame une tournée à travers le Québec. En octobre, le public se costume de nouveau, comme dans un film de Fellini, pour lui faire une ovation au Théâtre Saint-Denis. Elle s'envole encore une fois pour Paris, où elle participe à la promotion de *Starmania*, une production signée Michel Berger et Luc Plamondon. Elle y retrouve Claude Dubois, Daniel Balavoine, Fabienne Thibeault. Diane Dufresne participe également à une émission télévisée, dans laquelle elle a le bonheur et l'honneur de chanter *La chasse aux papillons* de Georges Brassens, accompagnée à la guitare par ce dernier.

Diane Dufresne interprète le rôle de Stella Spotlight dans *Starmania*, durant tout le mois d'avril 1979 au Palais des Congrès. Le même été, elle est l'invitée d'honneur du Festival de Spa, en Belgique. Elle revient ensuite à Montréal pour le Festival de jazz et les festivités célébrant le 370e anniversaire de Québec. Puis retour en France, à l'Olympia, avant d'entreprendre une longue tournée européenne coïncidant avec le lancement de son nouvel album *Strip-tease*. Diane Dufresne reçoit le Félix de l'ADISQ pour l'artiste québécoise s'étant la plus illustrée à l'étranger, avant de partir pour la Suisse et le Festival de jazz de Montreux. L'hebdomadaire *Paris-Match* se demande si «Elle est folle ou géniale?»; L'*Aurore* parle d'une nouvelle Piaf et L'*Express*, de la plus douée des chanteuses francophones.

En 1981, au 14ᵉ Festival d'été international de Québec, Diane Dufresne et Yvon Deschamps attirent quelque 150 000 personnes. La reine du music-hall ne connaît plus de demi-mesure. À l'Hippodrome de Paris, elle fait également un tabac. En octobre 1982, de retour au Forum de Montréal, pour deux soirs consécutifs, D.D. insiste pour que le public soit une fois encore déguisé pour son spectacle *Hollywood Halloween*. Elle remportera, grâce à lui, un autre Félix. Diane Dufresne arrive sur scène en bikini. Le public suffoque. Son nouvel album *Turbulences* fait lui aussi beaucoup parler.

Jusqu'où s'arrêtera la folie de Diane Dufresne, alimentée par celle de son imprésario Guy Latraverse? Certainement pas au Stade olympique en 1984, où elle déplace 57 382 spectateurs, dont une grande partie sont déguisés pour assister à *Magie rose*. Diane Dufresne s'envole pour Londres, afin d'enregistrer l'album *Dioxine de carbone* ; elle s'arrête à Paris pour se produire au Cirque d'hiver. Les médias parlent de sa nouvelle liaison avec Bobby Jasmin.

En 1985, Radio-Canada présente *Rêves à vendre*, où l'on voit Diane Dufresne et Félix Leclerc dans une chaloupe. Un beau moment! Une autre émission sera consacrée à son album *Follement vôtre*, sur lequel elle interprète *La vie en rose, Parlez-moi d'amour, Fascination*. Diane Dufresne chante également la chanson thème de la télésérie *Un souvenir heureux*, dans laquelle Michèle Morgan tenait le rôle principal. Au Théâtre du Nouveau Monde et en tournée au Québec, la chanteuse présente son spectacle *Top secret*, qui lui vaut un autre Félix. En mai 1987, elle fait un véritable malheur au Casino de Paris et au Printemps de Bourges.

Pour souligner la fin des années 1980, la diva accepte de chanter au Colisée de Québec avec l'Orchestre symphonique de Québec ainsi qu'au Festival de Lanaudière, avec l'Orchestre métropolitain. Elle repart de nouveau pour la France, où elle donne son spectacle *Symphonique n'roll*, à la Maison de Créteil. Avec Claude Dubois, Georges Moustaki et Michel Rivard, elle se trouve sur la scène, à Nanterre. En février 1990, les Japonais sont sidérés par Diane Dufresne qui se produit à Tokyo. De retour à Montréal, elle s'enflamme avec Gilles Vigneault, Paul Piché et Michel Rivard pour célébrer la Saint-Jean. Le décès de son père, Roger, en 1990, assombrit la chanteuse. Diane Dufresne fait alors ses vrais débuts comme auteure avec *Comme un bel oiseau* et *Transfert*, un scénario qui se passe dans les coulisses d'un spectacle.

Au début des années 1990, Diane Dufresne prévient ses proches qu'elle veut prendre du recul et se consacrer à sa passion de la peinture. Initiée à l'atelier du frère Jérome, elle exposera plus tard ses œuvres au musée de Lachine. Elle succombe à l'invitation alléchante du Festival Juste pour rire et participe au spectacle *Les turluteries* au Centre national des Arts d'Ottawa, d'après une idée d'André Gagnon.

Le 18 juillet 1992, Diane Dufresne est aux côtés de Julien Clerc, Laurence Jalbert, Michel Pagliaro et d'autres pour célébrer le 350e anniversaire de Montréal, au Parc des Îles, devant 70 000 personnes. Fin 1993, elle lance son album *Détournement majeur* lors de son passage au Forum de Montréal et à l'Olympia de Paris. L'année suivante, elle participe aux FrancoFolies de Montréal, au Spectrum, et va présenter ce spectacle dans une quarantaine de villes européennes.

En 1995, Diane Dufresne prend un nouveau tournant lorsqu'elle épouse Richard Langevin. La chanteuse modifie ses habitudes de vie, mais continue tout de même d'exercer son métier à un rythme époustouflant. Le duo créateur réalise *Réservé*, selon le concept d'un événement d'art-concert, au Musée d'art contemporain de Montréal et au Théâtre des Bouffes-Parisiens de Jean-Claude Brialy, durant 30 soirs d'affilée.

En 1996, la diva va parcourir la France avec ce même spectacle *Réservé* et enregistre son 25e album avec la participation du célèbre pianiste compositeur hongrois Alexis Weissenberg. L'année suivante, elle prend le temps de peindre et d'écrire, de se ressourcer en voyageant à travers le monde avec le nouvel homme de sa vie.

À la fin de 1998, Diane Dufresne monte un nouveau spectacle, *Merci*, au Théâtre du Petit Champlain à Québec. Lors du Printemps du Québec à Paris, elle crève l'écran de *Tapis Rouge*, populaire émission de Michel Drucker. À la Fête nationale des Québécois, parrainée par la Société Saint-Jean-Baptiste, elle refait surface dans toute sa splendeur, devant plus de 200 000 personnes. Aux FrancoFolies de Montréal, la vedette incontestée démontre qu'elle ne peut abandonner ses rêves les plus fous. L'inédit est son pain quotidien.

À l'aube de l'an 2000, la majestueuse Diane Dufresne lance un triple album comprenant 43 chansons, anciennes et nouvelles. On y retrouve les bandes originales de sa prestation avec l'Orchestre symphonique de Québec. Une véritable anthologie d'une brillante carrière! Heureuse avec son conjoint, Diane Dufresne plane au-dessus des nuages, entre Montréal, Paris et New York, où elle expose en permanence ses plus récentes œuvres picturales. Le pouvoir magique de ses mains et de sa voix se développe au gré du temps. Faut-il s'attendre à de nouvelles extravagances de la part de cette femme pas comme les autres?

❖ ❖ ❖

Photo : Charles Richer

DUGUAY, Raôul
Auteur, compositeur, interprète,
conférencier, comédien
Né le 13 février 1939, à Val d'Or,
en Abitibi

Septième enfant d'une famille de onze, Raôul est le fils de Lauza Gauvin et d'Armand Duguay, tailleur le jour, musicien le soir et la nuit. Armand Duguay joue du violon, de la clarinette et du saxophone dans les fêtes paroissiales et les hôtels de l'Abitibi et du Témiscamingue. Raôul n'a que cinq ans à la mort de son père, emporté par un cancer. Il est placé dans un orphelinat à Lévis, où il développe ses talents pour le chant et le théâtre. Le poète en herbe en fait voir de toutes les couleurs à son entourage et à ses professeurs. En 2000, comme le dit si bien l'auteur de la célèbre chanson *La Bittt à Tibi*, personne n'a encore réussi à le caser.

À 13 ans, Raôul est trompettiste dans la fanfare de Val-d'Or; il est convaincu qu'il sera un grand musicien. Attiré par le monde des arts et des lettres, il écrit des poèmes ainsi que des chansons et publie ses premières nouvelles dans *L'Écho Abitibien*. Grâce à une bourse de la Société Saint-Jean-Baptiste, il entreprend des études classiques aux séminaires d'Amos et de Chicoutimi. Une fois sa rhétorique terminée, il est engagé comme scripteur à Radio-Nord, à Rouyn-Noranda. En plus de créer des messages publicitaires, «de vendre des frigidaires aux esquimaux» comme il le dit si bien, il anime des émissions poétiques et culturelles.

Avec l'équivalent d'un doctorat en philosophie, Raôul Duguay enseigne au Collège Sainte-Croix, à Montréal, au cégep de Maisonneuve et dans les deux universités francophones montréalaises. De 1961 à 1968, il est chroniqueur musical et littéraire dans plusieurs revues spécialisées et à Radio-Canada. Comme le jeune érudit flamboyant n'a pas la langue dans sa poche — à l'image d'un Fidel Castro ou d'un Michel Chartrand —, il est souvent convié à donner des conférences dans le milieu universitaire. Celles-ci peuvent alors s'étirer sur trois ou quatre heures, sans pause, et le mènent du Québec aux États-Unis et même en Europe. Lors de l'un de ses voyages en Belgique, il se lie d'amitié avec Julos Beaucarne, auteur, compositeur et interprète. Les deux poètes sont définitivement sur la même longueur d'onde!

Raôul Duguay cumule les expériences intellectuelles et culturelles, ici comme à l'étranger. Il est tour à tour animateur d'ateliers de formation professionnelle, cinéaste, dramaturge, pédagogue, comédien dans quatre longs métrages, scénariste et réalisateur du film *Ô ou l'invisible enfant où* produit par l'ONF, conseiller et formateur en ressources humaines dans les entreprises. Au début des années 1970, après avoir déjà publié quelques recueils de poèmes, il fonde l'*Infonie* avec le musicien et compositeur Walter Boudreau, qui rassemblera plus de 30 artistes sur scène.

Durant sept ans, l'*Infonie* se baladera aux quatre coins du Québec et se produira dans les universités et cégeps, de la Place des Arts au Festival des arts à Ottawa. Leur spectacle irrationnel et démesuré se déroule aussi bien sur la scène que dans la salle, et parfois même dans la rue. Les *Infoniaques* bousculent les conventions et innovent dans toutes les disciplines. Raôul Duguay livre et résume sa pensée dans deux livres, publiés aux Éditions du Jour : *Manifeste de l'Infonie* et *Lapokalipsô*.

En 1972, Raôul Duguay, qui se fait appeler Luôar Yaugud, foule avec ses souliers usés la grande scène de Bobino à Paris, en première partie de Hugues Aufray. Les Français, qui ont pourtant vu bien d'autres fantaisistes, sont estomaqués devant ce farfelu vêtu d'une peau de mouton, coiffé d'un panache de chevreuil surmonté d'un globe terrestre. Et c'est sans parler de sa longue chevelure qui lui descend jusqu'à la taille, de ses grosses lunettes noires et de ses pantoufles en phentex. La même question est sur toutes les lèvres : d'où vient cet énergumène? En étirant son *Allo! Allo!* pendant plus de cinq minutes, à travers toutes les vocalises, il réussit à séduire le public durant 22 soirs consécutifs. Sa performance, loufoque à souhait, fait parler le Tout-Paris et le Québec.

De retour à Montréal, Raôul Duguay décide de consacrer la majeure partie de son temps à écrire des livres, comme *Musiques du Kébec, Quand j'étions petit, Suite québécoise, Le poète à la voix d'ô* ainsi que des chansons qui paraissent en 1975 sur son premier album *Allô Toulmond*. Depuis ce temps, il en a enregistré 13 autres, sur lesquels il révèle toutes les facettes de son talent indéfinissable : fou ou génial? Quelques-unes de ses mélodies connaissent la faveur populaire. On retient plus facilement *Le temps, Le chemin, Le voyage, Les saisons* (chanson enregistrée par les Séguin), et évidemment *La Bittt à Tibi*. En 1976, lors des célébrations entourant la Fête Nationale, 350 000 personnes ont acclamé et porté aux nues Raôul Duguay qui se mesurait aussi bien aux groupes Beau Dommage et Octobre qu'à Richard Séguin et d'autres.

Porté par une vague de sympathie, Raôul Duguay entreprend, en 1977, une longue tournée dans les pays francophones. Au Théâtre Saint-Denis, à Montréal, il arrive par enchantement, complètement transformé en homme ordinaire, vêtu modestement et sans sa longue chevelure! Le public se fait rapidement à son nouveau style et au son de ses albums *L'envol, M, Vivant avec Toulmond, Le chanteur de pomme*. Calmement, sans monter aux barricades, il déplace de l'air et des idées et invite les jeunes à en faire autant, à se doter d'un projet collectif. Pour lui, l'amour de la vie, de son prochain et d'un pays souverain passe avant tout, pour le meilleur ou pour le pire.

Symbole de liberté et de détermination, Raôul Duguay est avare de confidences. Il admet volontiers avoir fait le tour de son jardin à maintes reprises, avoir connu l'amour et conservé l'amitié. Avec l'une ou l'autre de ses conjointes, il a vécu cinq, huit ou douze ans. Il n'a pas l'intention, à 61 ans, de convoler en justes noces et d'avoir des enfants. «Même si je suis facile à vivre, *nous confie-t-il*, je ne pourrais pas être un vrai père de famille.» Face à l'argent, à la domination des riches toujours plus riches et à l'américanisation, Raôul Duguay continue le combat des gens indépendants qui ont la foi et croient pouvoir changer le monde, en commençant par soi-même.

En 1988 et 1989, Raôul Duguay, avec la complicité du guitariste Michel Robidoux, a monté un spectacle nouvel-âge et produit deux albums, *Douceur* et *Nova*. Après un long moment de silence et de réflexion, il a eu la surprise de sa vie en étant acclamé en véritable héros par 150 000 personnes, regroupées au parc Maisonneuve pour célébrer la Saint-Jean-Baptiste en 1998. Ce furent de belles retrouvailles. «Le vieux cheval, raconte-t-il, était encore capable de courir.» Le public n'avait pas oublié sa contribution à l'essor musical québécois et les refrains de la centaine de chansons écrites par le poète dans tous les styles musicaux.

Claude Dubois, qui participait au spectacle, a décidé alors de donner un solide coup de pouce à son ami. L'auteur attendu et aimé ne s'est pas fait prier pour entrer au Studio Coda et enregistrer, en 1999, l'album *Caser Raôul Duguay*. Parmi les 13 chansons qui y figurent : *Pour l'amour de la vie, Raôulant, Le point I, L'amour et l'or, Le rêveur réveillé, Le lys, Saint-Armand-les-Vents* (où il habite, en Montérégie) et, bien sûr, *La Bittt à Tibi* dans une version revue et corrigée :

> *Moi j'viens d'l'Abitibi*
> *Moi j'viens d'la Bittt à Tibi*
> *Moi j'viens d'un pays qui a un ventre en or*
> *Moi j'viens d'un pays ousqui neige encore.*
> *Dans mon pays qu'on dit hors de la carte*
> *Mon oncle Edmond travaillait sous la terre*
> *Mais il creusait dans l'or sa propre mort*
> *Mon oncle Edmond nous a mis sur la carte*

Les derniers recueils de poèmes de Raôul Duguay (*Nu tout nu, Réveillez le rêve*), son livre sur l'*Infonie*, parus aux Éditions des Trois-Pistoles, ainsi que sa tournée d'été en 2000 ont tous reçu un accueil très favorable.

❖ ❖ ❖

Photo : Gilles Cappé, archives de la Place des Arts

DUTEIL, Yves
Auteur, compositeur, interprète
Né le 24 juillet 1949, à Paris

Yves Duteil, qui deviendra un ardent défenseur de la langue française, passe son enfance dans le quartier des Batignolles à Paris. Issu d'une famille de bijoutiers, il entreprend tout d'abord des études en sciences économiques. À 16 ans, il change radicalement de cap, et c'est la musique qui deviendra son maître. Il commence à chanter en s'accompagnant d'abord au piano, puis à la guitare. Yves fait partie de l'orchestre de son lycée et reprend les refrains de Hugues Aufray, comme *Santiano* ou *Céline*, ainsi que des titres anglais à la mode, en version originale ou française. Yves Duteil est bien loin encore du succès phénoménal remporté avec *Prendre un enfant*, chanson en tête du palmarès du siècle organisé par les chaînes Canal + et RTL :

> *Prendre un enfant par la main*
> *Pour l'emmener vers demain*
> *Pour lui donner la confiance en ses pas*
> *Prendre un enfant pour un roi*
> *Prendre un enfant dans ses bras*
> *Et pour la première fois*
> *Sécher ses larmes en étouffant de joie*
> *Prendre un enfant dans ses bras*

Laissons le poète raconter la belle histoire de cette chanson : « L'été 1977 au Portugal : Martine avait 13 ans et un grand vague à l'âme ce jour-là, que rien ne semblait pouvoir dissiper. Devant ce chagrin sans raison, désarmé, à bout de phrases, je l'ai laissée partir avec Noëlle à la plage, l'âme en peine… J'ai écrit ce texte pour elle en deux heures, sur la musique composée deux semaines auparavant, et quand elles sont rentrées, j'ai chanté sa chanson à Martine. Sa tristesse s'est envolée dans l'émotion, son cœur s'est ouvert dans ses yeux, et les larmes qui ont coulé faisaient du bien…»

À 23 ans, Yves Duteil enregistre un premier 45 tours. Sa chanson *Virages* tourne sur tous les postes de radio, et l'auteur entre dans une période intense d'écriture. Un jour, alors qu'il conduit sa fille Martine à l'école, il passe boulevard Arago, devant les hauts murs de la prison de la Santé. De retour dans son petit studio parisien, rue Saint-Hippolyte, il écrit *Le mur de la prison d'en face*. Belle histoire pour une chanson…

En 1974, Duteil remportait le prix du Public au Festival de Spa, en Belgique, avec *Quand on est triste*. Trois ans plus tard, il sort son premier album *Tarentelle*. Entre *Le mur de la prison d'en face* — qu'il interprétera plus tard en duo avec Véronique Rivière — et un autre disque figurent deux grands succès : *Le petit pont de bois* et *Prendre un enfant*. Ce dernier titre sera repris magistralement par l'Américaine Joan Baez.

Yves Duteil monte sur la scène de Bobino, en première partie du spectacle de Régine. Cette apparition ne déchaîne pas les passions, mais contribue largement à le faire connaître. Avec de nouveaux titres dont *J'ai la guitare qui me dérange*, *La maman d'Amandine*, *Lucile et les libellules*, il arrive en effet à se produire au Théâtre de la Ville ainsi qu'au Théâtre des Champs-Élysées.

En janvier 1984, Yves Duteil remonte sur les planches de l'Olympia, puis entreprend une tournée au Québec. Avec ses musiciens, il triomphe à la salle Albert-Rousseau de Québec et au Cinéma Outremont. Du jour au lendemain, les Québécois lui signifient leur adoration pour ses textes si mélodieux, intelligents et poétiques. Le public reprend en chœur *Au Parc Monceau*, *Clémentine et Léon*, *Quand les bateaux reviennent*, *Je voudrais faire cette chanson* et *Pour les enfants du monde entier*.

Lorsque Yves Duteil écrit en 1985 *La langue de chez nous*, enregistrée sur l'album du même nom, toute la francophonie retient son souffle devant la beauté et la justesse d'une telle mélodie :

C'est une langue belle, avec des mots superbes
Qui porte son histoire à travers ses accents
Où l'on sent la musique et le parfum des herbes
Le fromage de chèvre et le pain de froment [...]
Et de l'Île d'Orléans jusqu'à la Contrescarpe
En écoutant chanter les gens de ce pays
On dirait que le vent s'est pris d'en une harpe
Et qu'il a composé toute une symphonie

Yves Duteil remporte la médaille d'argent de l'Académie française et l'Oscar de la chanson en 1987, l'année d'un autre retour marquant à l'Olympia de Paris et de la sortie de son album *Ton absence*. L'année suivante, il est de retour au Québec; on le porte aux nues à la Place des Arts. Il y reviendra en 1996 avec son album compilation *Entre elles et moi* sur lequel il chante en duo avec de grandes interprètes, dont Jeanne Moreau, Dee Dee Bridgewater et la Lyonnaise Liane Foly. En 1997, son album *Touché* continue d'émouvoir et de réjouir ses admirateurs de plus en plus nombreux.

Sur cet album bien fignolé, Yves Duteil rend hommage à son grand-oncle le capitaine Dreyfus et condamne fermement la drogue (*Aller simple pour l'enfer*). On y trouve aussi : *Venise, Autour d'elle, La légende des arbres, N'aie pas peur, La grande maison des vacances, La Tibétaine…*

Quand Yves Duteil a écrit La valse des étiquettes, il a ressenti le besoin de se montrer sous son vrai jour : «Patiemment, j'ai décollé une à une toutes ces étiquettes, et découvert qu'il fallait m'exposer davantage et chanter plus directement ce que je ressentais pour être perçu tel que je suis… mais la meilleure arme reste encore l'humour et la dérision…»

Est-il besoin de rappeler toute l'admiration que Yves Duteil porte à Félix Leclerc? On a pu encore le constater dans l'émission *Vagabondages*, animée par Roger Gicquel, tournée à l'Île d'Orléans et diffusée le 9 juin 1985 dans le cadre des *Beaux dimanches* à Radio-Canada. À la mort de Félix Leclerc, en 1988, le poète lui dédie *Chanson pour Félix*, où il écrit :

Je suis une île au bout du monde
Et quand ma peine est trop profonde
J'y voyage sur des chansons
Avec Félix pour compagnon
[…]
Et sur son île au bout du monde
Lorsque son âme est vagabonde
Le vent siffle autour des maisons
Les plus belles de ses chansons…

Des auteurs de la qualité d'Yves Duteil, il en faudrait des dizaines pour voir à la sauvegarde et à la survie de notre culture, de notre langue. C'est ce qu'a compris le ministre français de la Culture, qui lui a demandé de mettre en place un plan d'aide à la chanson. Yves Duteil s'acquitte fort bien de cette tâche avec détermination, expérience et conviction. Ces qualités, il les met aussi au service de la municipalité de Précy-sur-Marne dont il est maire depuis plus de 10 ans et où il vit avec son épouse Noëlle et sa fille.

Lors d'un passage éclair au téléthon Opération Enfants-Soleil à Québec, en 1999, Yves Duteil est toujours le même homme, beau à voir en dedans comme en dehors. Il mène toujours le même combat : «Les chansons accompagnent notre vie, du berceau jusqu'au tombeau. On commence par les berceuses et les comptines de l'enfance, les chansons d'amour, de détresse, les chants religieux. […] Quand on vieillit, la chanson sert de repère à nos souvenirs.»

On pourrait facilement rapporter des centaines de critiques élogieuses à la suite des spectacles d'Yves Duteil dans toute la francophonie. En voici une très belle purement anonyme, publiée dans le journal *La Presse* : «Il prend des mots et en fait des diamants, il prend des notes et en fait des tableaux. Yves Duteil est définitivement le plus bel auteur-compositeur de sa génération.»

Dans l'un de ses livres, *Les mots qu'on n'a pas dits*, qui renferment 96 chansons, toutes plus belles les unes que les autres, Yves Duteil, en marge de chaque mélodie, nous confie ses sources d'inspiration : les êtres, les événements, l'émotion de ses souvenirs…

«Je voudrais, écrit-il, rendre hommage à ceux dont les noms suivent, cachés dans les refrains de toutes mes chansons, leur dédier à chacun mon âme à la dérive et leur offrir à tous un vers à ma façon…»

Yves Duteil fait partie des grands artistes qui ne manquent pas de témoigner leur reconnaissance. Cette lettre reçue en mai 2000 en dit long sur sa gratitude :

Noëlle et Yves Duteil

2 mars 2000

Merci Marcel, pour ce beau
résumé d'une vie…
J'ai corrigé de petites inexactitudes
pour la vérité du récit, très documenté
et fidèle à la réalité…
Tous mes vœux de succès pour cet
ouvrage et Amitiés

Frédéric
1962

Je me fous du monde entier
Quand Frédéric me rappelle
Les amours de nos vingt ans
Nos chagrins, not'chez-soi,
Sans oublier les copains des perrons
Aujourd'hui dispersés aux quatre vents
On n'était pas des poètes
Ni curés, ni malins,
Mais papa nous aimait bien
Tu t'rappelles le dimanche
Autour d'la table
Ça criait, discutait,
Pendant que maman nous servait

Paroles et musique : Claude LÉVEILLÉE
Interprète : Claude Léveillée

Photos : Archives de l'auteur

FABER, Jean
Interprète, animateur et comédien
**Né Jean Beaulieu, le 3 août 1942,
à Les Hauteurs, dans le Bas-Saint-
Laurent**

Aîné d'une famille de sept enfants, Jean Beaulieu vit dans la ferme de ses parents jusqu'à leur séparation, en 1945. Sa mère, Jeannette, travaille alors dans une buanderie, 15 heures par jour, pour subvenir aux besoins de ses enfants en bas âge. Marina, la cadette, n'a que deux mois. Son père, Ludger, part vivre en Alberta et exige que Jean, qui est le plus vieux de ses fils, le suive. Le jeune garçon se retrouve ainsi au Collège Saint-Jean, à Edmonton, pour y faire des études classiques. Les cours sont donnés en anglais et en français. Plutôt que d'apprendre le grec et le latin, Jean préfère intégrer la chorale Les Troubadours, comme soliste.

Dès son retour au Québec, à Rimouski, où sa famille a emménagé, Jean se trouve un emploi comme commis de bureau à la Clark Steamships Lines. Il a 18 ans et doit contribuer au bien-être des siens. Au service du richissime clan Brillant, qui contrôle tout le Bas-du-Fleuve et la Gaspésie — téléphone, électricité, navigation, médias —, le collégien diplômé est promu à un bel avenir d'homme d'affaires. Pendant quelques années, il travaille au sol, puis sur les traversiers qui assurent la liaison entre Rimouski et Havre-Saint-Pierre, en s'arrêtant aux ports de Baie-Comeau et Godbout.

Le jeune Beaulieu est un employé compétent, bien éduqué, discipliné, travaillant et gagnant bien sa vie. Mais pour celui qui a connu les applaudissements du public, cette vie n'est guère satisfaisante. Jean Beaulieu est plus à l'aise sur scène que sur le plancher des vaches, loin du déferlement des vagues du Saint-Laurent. Il préfère chanter au sein de l'orchestre de Jean Bellavance *Les trois cloches*, composée par Jean

Vilar et popularisée par les Compagnons de la chanson et Édith Piaf, ainsi que *Sur ma vie* de Charles Aznavour, une de ses idoles avec Gilbert Bécaud, Jacques Brel, Félix Leclerc, Gilles Vigneault.

En s'installant dans la métropole, le galant homme à la voix chaude et harmonieuse a l'assurance d'avoir un travail qui le fera bien vivre. Pendant deux ans, il travaille aux services de la comptabilité et des commandes pour la librairie Fides ; il peut alors s'adonner sans retenue à la lecture. Encore aujourd'hui, il emprunte quatre à cinq livres par semaine à la bibliothèque Jacques-Ferron de Longueuil, où il demeure avec sa nouvelle conjointe Micheline Tremblay.

Dès son arrivée à Montréal en 1966, Jean Beaulieu fouille dans l'annuaire téléphonique pour se trouver un nom de famille plus théâtral, plus accrocheur. Celui de Faber lui saute aux yeux. Cela fait maintenant 34 ans qu'il le porte avec élégance et détermination. Il entre en studio la même année, pour enregistrer deux 45 tours sur étiquette RCA Victor.

Jean Faber débute sa tournée des cabarets en 1968, au Café Évangéline de la rue Saint-Hubert. Un important contrat avec le concessionnaire automobile Chrysler l'amènera dans toutes les métropoles du Canada pour chanter et faire la présentation annuelle des nouveaux modèles de voitures.

Sa rencontre avec Monique Vermont, au Café du Nord, changera le cours de sa vie. Le couple prendra en effet plaisir à travailler ensemble dans les clubs de nuit et nombreuses revues de Guilda, au Théâtre des Variétés. Monique Vermont, qui a déjà deux filles, Manon et Sophie, épouse Jean le 7 novembre 1974. De cette union naîtra Nadège.

Le duo Vermont-Faber est présent partout. Ils chantent, jouent la comédie, se donnent la réplique sur un ton enjoué et charmeur. Leur bonheur éclate au grand jour. Leur premier album, *Le couple idéal*, regroupe une dizaine de chansons romantiques et fantaisistes. Jean-Lou Chauby, Claire Syril, Alain Noreau, Pierre Ladouceur mettent la main à la pâte pour leur concocter des refrains sur mesure. S'ajoutent également quelques grands succès de Serge Lama (*Je t'aime à la folie*) et du duo Vartan-Hallyday (*J'ai un problème*).

Devant la popularité croissante du «couple idéal», Télé-Métropole leur confie l'animation d'une émission quotidienne, *Dîner chaud*, en compagnie d'André Lejeune. Après les expositions, salons en tout genre et autres cabarets (Casa Loma, El Paso, La Portugaise, Chez Fernando, etc.), le duo n'a qu'une idée en tête : enregistrer un autre album et se produire sur les grandes scènes du Québec. Leur union professionnelle vaudra au public, en septembre 1981, un spectacle solide intitulé *Jamais deux sans vous*, signé Gary Plaxton et présenté à la Place des Arts.

Vermont-Faber provoquent étonnement et surprise lorsqu'ils interprètent les monologues de Denise Guénette et Guy Auger ainsi que les chorégraphies de Michel Boudot. Monique Vermont reprend d'une façon inattendue *La robineuse*, et Jean Faber fait mouche avec les succès de Fabienne Thibeault, Julio Iglesias, Jean Robitaille.

Au moment d'entreprendre la tournée d'une trentaine de villes, sort un 45 tours sur lequel figure une chanson de Roger Magnan, *C'est dans l'amour*. Ce disque se vend à 75 000 exemplaires en deux mois seulement. Un album du même nom suit aussitôt, incluant de nouvelles mélodies de Magnan, dont *Quand on est deux*, *Dans la vie il faut chanter*, *La chanson des amoureux*, *Les confidences*, sans oublier la première composition de Félix Leclerc, *Notre sentier*, composé en 1934 :

> *Notre sentier près du ruisseau*
> *Est déchiré par les labours*
> *Si tu venais dis-moi le jour*
> *Je t'attendrai sous le bouleau*
> *[...]*
> *Tu peux pleurer près du ruisseau*
> *Tu peux briser tout mon amour*
> *Oublie l'été oublie le jour*
> *Oublie mon nom et le bouleau*

Après la séparation du couple en 1983, Monique Vermont et Jean Faber continuent d'exercer leur métier différemment. L'interprète sensible et chaleureux, meurtri par les aléas du métier et de la vie, reprend l'antenne comme animateur. Il redevient également un habitué des croisières, où il a le don de distraire les vacanciers. Sa bonne humeur, son élocution et son amour du public lui valent de nombreux contrats pour animer des défilés de mode, des congrès politiques, des festivals et autres carnavals. Il passe quelques étés au restaurant Les Dauphins de La Ronde, à Terre des Hommes. Cette expérience enrichissante lui permet d'ouvrir son propre établissement, *Chez Faber*, qui aura pignon sur rue dans différents quartiers au fil des années.

Durant l'été 1999, Jean Faber, plus en voix que jamais, joue dans la comédie musicale *Ah! six bons moines...*, présentée au Théâtre de Marieville 2000 et signée Serges Turbide. Il y interprète le rôle du père économe, aux côtés de Septimiu Sever, Claude Steben, Mario Lejeune et Cyril Beaulieu. Cette pièce connaît un tel succès qu'elle reprend l'affiche au même endroit, en 2000.

Pour exercer le métier de chanteur depuis 35 ans et avoir interprété des centaines et des centaines de chansons, de Manuel Tadros à Jean Ferrat en passant par les grands «L» du music-hall (Léveillée, Leclerc, Lama, Lévesque, Lapointe, Lemarque), voilà un artiste qui a apporté une généreuse contribution à ses compatriotes. Jean Faber n'a pas fini d'établir des bilans du chemin parcouru jusqu'à ce jour vers un avenir prometteur.

❖ ❖ ❖

Photo : Échos-vedettes

FERRAT, Jean
Auteur, compositeur et interprète
Né Jean Tenenbaum, le 26 décembre
1930, à Vaucresson, en France

Le chanteur contestataire aux yeux de velours a toujours eu le courage de défendre ses opinions au risque de se faire des ennemis et d'être censuré à la télévision. Chef de file de la belle chanson française, il a mis frein à sa carrière sur scène il y a 25 ans, sans toutefois cesser de produire des albums qui s'imposent à tout coup. Sa grande amie Lilloise Isabelle Aubret a hérité de plusieurs mélodies faites à la mesure de son talent : *C'est beau la vie*, *Nous dormirons ensemble*, *Aimer à perdre la raison*, *Le bonheur*, *Les amants de Vérone*, *On ne voit pas le temps passer* :

> *On se marie tôt à vingt ans*
> *Et l'on n'attend pas des années*
> *Pour faire trois ou quatre enfants*
> *Qui vous occupent vos journées*
> *Entre les courses la vaisselle*
> *Entre ménage et déjeuner*
> *Le monde peut battre de l'aile*
> *On n'a pas le temps d'y penser*

Antoinette Malon, la mère de Jean Tenenbaum devenu Jean Ferrat, est ouvrière dans une usine de fleurs artificielles. Elle est passionnée de musique et de chant. Alors que la guerre entre l'Allemagne et la France fait des ravages, elle apprend à son fils, âgé de 11 ans et cadet de la famille, que son père est juif. Ce dernier est arrêté; la famille est installée à Versailles. L'émigré russe, qui gagne sa vie comme artisan joaillier, est déporté au camp de concentration d'Auschwitz d'où il ne reviendra jamais. Blessé au plus profond de lui-même, Jean dénoncera toute sa vie le racisme et le totalitarisme. Jean grandit alors dans un univers de femmes, entre sa mère, sa sœur et sa tante qui vient de perdre son fils unique.

À 16 ans, Jean abandonne ses études entreprises au Collège Jules-Ferry et devient apprenti dans un laboratoire de chimie du bâtiment. Il poursuit parallèlement une formation à l'École des Arts et métiers, en vue de devenir ingénieur chimiste. Il change bientôt de cap en découvrant la poésie de Federico Garcia Lorca et au contact de Louis Aragon, de Boris Vian et de l'éditeur Gérard Meys. Ce dernier est resté l'ami fidèle, s'occupant encore aujourd'hui des affaires de Ferrat à partir de son bureau parisien.

Tout en faisant du théâtre amateur et en jouant de la guitare, Jean Ferrat se met à chanter pour ses amis les textes de Prévert ainsi que les répertoires d'Yves Montand et de Mouloudji. Il se décide à écrire ses propres compositions, nourri par le milieu de la bohème. Sous le pseudonyme de Jean Laroche, il fait quelques galas dans les cinémas de quartier et habite chez sa sœur, aux Buttes-Chaumont. Un contrat de trois mois en Belgique lui permet de se mesurer un peu plus au public et de l'apprivoiser, tout en gagnant sa vie.

En 1956, Jean Ferrat met en musique un poème d'Aragon, *Les yeux d'Elsa*, qui sera aussitôt interprété par André Claveau. Dans les cabarets parisiens de la rive gauche, il débute sur la pointe des pieds à la Colombe, avec Guy Béart; il se produit ensuite à l'Échelle de Jacob et sur beaucoup d'autres petites scènes et rencontre la comédienne Christine Sèvres, qui deviendra une brillante interprète. Jean Ferrat l'épousera quatre ans plus tard. À compter de 1972, Christine Sèvres se consacrera exclusivement à la peinture dans leur maison ardéchoise, et s'éteindra neuf ans plus tard.

La carrière de chanteur de Jean Ferrat débute véritablement en 1961, lors du lancement de son second album intitulé *Deux enfants au soleil*. Zizi Jeanmaire l'invite à faire la première partie de son spectacle *Eh! l'amour* (chanson de Jean Ferrat) à l'Alhambra. Il accepte et y reste six mois.

En 1963, Jean Ferrat rejoint Charles Aznavour, Léo Ferré, Jacques Brel et Dalida dans l'écurie du monarque du disque, Eddie Barclay.

Après une longue tournée en France, Jean Ferrat retourne en vedette à l'Alhambra en 1965, avec plusieurs de ses chansons devenues des succès : *La montagne, Ma môme, C'est toujours la première fois, Nuit et brouillard*. Cette dernière, très contestée, fait revivre les douloureux souvenirs de la Deuxième Guerre mondiale.

Après un triomphe à Bobino en 1966 et 1967, Jean Ferrat s'envole à Cuba avec son épouse pour prendre un peu de repos et voir de près les changements positifs apportés par la révolution de Fidel Castro et de Che Guevara. On l'invite à chanter; il reçoit un accueil délirant à dix reprises. De retour en France, il entre en studio pour enregistrer *A Santiego, Cuba Si* et *Les Guerilleros*. L'artiste est bien difficile à cataloguer avec ses chansons poétiques, populaires et politiques, telles *Camarade* ou *Potemkine*. Dans *Excusez-moi*, il écrit :

> *Je rêve de chansons trempées*
> *Tranchantes comme un fil d'épée*
> *Et ne manie qu'un sabre de bois*

Les événements de mai 1968 à Paris ne laissent pas indifférent Jean Ferrat pour qui la liberté est si chère. Ils lui inspirent plusieurs chansons, comme *Au printemps de quoi rêvais-tu?, Ma France, Hop là! nous vivons, Un jour futur*. Pour se remettre le cœur à l'endroit, Jean Ferrat part pour le Québec et d'autres pays francophones.

En 1970, Jean Ferrat est sur la scène du Palais des Sports, à la Porte de Versailles. Il y attire 60 000 spectateurs en 12 jours, dont beaucoup de jeunes, contestataires de surcroît. Il y reviendra deux ans plus tard, durant trois semaines consécutives, et attirera quelque 100 000 personnes. La critique change alors de ton. «Le plus tendre terroriste de la chanson française est un poète militant et chaleureux», peut-on lire dans l'*Express*. L'*Humanité* écrit pour sa part : «Une voix chaude et prenante qui transmet la sensibilité et la sincérité.»

En 1973, après une autre tournée en France, au Québec et ailleurs, Jean Ferrat décide subitement de se retirer à Antraigues, village de l'Ardèche, dont il sera conseiller municipal pendant 12 ans, ainsi qu'adjoint au maire. Retiré, il fonde sa propre compagnie de disques et réenregistre, pendant deux ans, toutes les chansons de son répertoire, éditées auparavant chez Barclay. Jean Ferrat travaille avec une équipe fidèle de paroliers : Georges Coulonges, Guy Thomas et Henri Gougaud, à qui on doit notamment les paroles de *Rien à voir*, *Un jour futur*, *La matinée*.

Daniel Guichard cosigne et enregistre une nouvelle version de la chanson *Mon vieux*, écrite en 1961 par Jean Ferrat et Michèle Senlis. Sortie en 1974 sous l'étiquette Barclay, cette mélodie devient, après *Les divorcés* de Michel Delpech et *Les vieux* de Jacques Brel, un autre phénomène de société.

En se retirant de plein gré de la scène, Jean Ferrat livre ses raisons aux médias : « J'ai voulu vivre ainsi, librement, sans objectif. Je crois que les gens qui aiment mes chansons acceptent de ne plus me voir sur les planches. Ils comprennent que j'avais besoin de respirer. Je ne voulais pas devenir une machine à faire des récitals, des chansons à la tonne. »

Après un silence de quatre ans, Jean Ferrat sort un autre album éponyme, comprenant *Le bilan*, *Mon pays était beau*, *Chanter*, *Tu verras*, *tu sera bien*, *J'ai froid*. Au Québec, Suzanne Mia Dumont organise la tournée de promotion de ce disque en 1980, sous l'étiquette Kébec Disc. Cet album se vendra à plus d'un million et demi d'exemplaires à travers le monde.

L'année 1985 marque un virage dans les positions politiques du chanteur qui devient plus critique face au pouvoir socialiste. Son album *Je ne suis qu'un cri* nous fait découvrir une autre chanson à message, *La porte à droite*.

En 1991, Jean Ferrat sort son album *Dans la jungle ou dans le zoo*, qui renvoie à dos le capitalisme sauvage et le communisme totalitaire. Il a su tirer des enseignements de la chute du mur de Berlin. La même année, un coffret de cinq albums comprenant 113 chansons écrites entre 1964 et 1971 sort chez Barclay. Deux ans plus tard, la parution de seize nouveaux poèmes d'Aragon, mis en musique par Jean Ferrat, surprend agréablement ses admirateurs. Universal lance pour sa part deux albums de Jean Ferrat dans le cadre de sa collection millénaire, *Les talents du siècle*. Parmi les 37 chansons retenues figurent notamment *Je vous aime, Heureux celui qui meurt d'aimer, Que serais-je sans toi, Pauvre Boris.*

Jean Ferrat n'est pas de ceux qui parlent ou chantent pour ne rien dire. Il sait charmer par sa voix, son œil scintillant, sa moustache bien fournie. Jean Ferrat peut être très fier des nombreux prix remportés au fil des ans, attribués entre autres par l'Académie Charles-Cros, l'Académie du disque français et la SACEM. Une centaine de vedettes, provenant de différents pays, ont puisé dans son répertoire quelques bijoux repris à leur compte : Renée Lebas, Philippe Clay, Daniel Guichard, Jacqueline Dulac, Junko Nakamura (Japon), Jean-Claude Pascal, Mouloudji, Zizi Jeanmaire, Claude Valade (*C'est beau la vie*), Sacha Distel (*Aimer à perdre la raison*), Pascal Sevran (*Eh! l'amour*) et, bien entendu, Isabelle Aubret. «Quand on n'interdira plus mes chansons, chante Jean Ferrat, je serai bon à jeter sous les ponts.»

Lorsqu'il en a la possibilité, le tendre et bouillant polémiste ne craint pas de dénoncer la colonisation culturelle de la chanson anglo-saxonne en sol français, la mainmise des multinationales sur la production nationale, la disparition des petits disquaires. Ce faisant, il livre le même combat que celui d'autres artisans dans toute la francophonie.

À 70 ans, le chef de file de la chanson française reviendra-t-il faire un petit tour de piste? Ce serait un cadeau du ciel de le voir surgir derrière le rideau rouge en ce troisième millénaire. Jean Ferrat porte toujours un regard attentif sur l'évolution du monde qui ne lui sied pas toujours. Mais quand la chanson va, tout va…

❖ ❖ ❖

Gens du pays
1975

Le temps que l'on prend pour dire : «Je t'aime»
C'est le seul qui reste au bout de nos jours
Les vœux que l'on fait
Les fleurs que l'on sème
Chacun les récolte en soi-même
Aux beaux jardins du temps qui court
Gens du pays, c'est votre tour
De vous laisser parler d'amour
Gens du pays c'est votre tour
De vous laisser parler d'amour

Paroles et musique Gilles VIGNEAULT
Interprète : Gilles Vigneault

Photo : Échos-vedettes

GAUTHIER, Claude
Auteur, compositeur, interprète et comédien
Né le 31 janvier 1939, au Lac Saguay, près de Mont-Laurier

Égal à lui même depuis près de 40 ans de carrière, Claude Gauthier n'a pas succombé aux modes et chante toujours les beautés de la nature des Laurentides, sa région natale. Dans sa chanson *Le plus beau voyage*, il se définit ainsi : «Je suis de janvier sous zéro […]. Je suis d'Amérique et de France […]. Je suis Québec mort ou vivant.» Le poète est de la race des pionniers qui bâtissent leur pays avec leur cœur, leurs racines et un idéal au-delà de tous les compromis.

La mère de Claude enseigne la musique et joue de l'harmonium à l'église, où son père est maître-chantre. Pas surprenant alors que les sept enfants de la famille ont la fibre musicale. Même si le jeune homme pratique tous les sports et y excelle, il trouve le temps d'apprendre la guitare, subissant l'influence de ses idoles, Félix Leclerc et Georges Brassens. Après sa neuvième année scolaire, il décide de quitter son village et de se trouver un emploi dans la métropole, tout en suivant des cours de diction chez madame Audet (Jeanne Duckett de son vrai nom).

En travaillant comme garçon d'ascenseur au magasin de musique Archambault, Claude pense avoir mis le pied à l'étrier. Il observe les allées et venues des artistes venant signer leurs contrats avec le nouveau patron, Rosaire Archambault, qui a remplacé son oncle Edmond. Après avoir travaillé comme vendeur au comptoir des disques et des partitions, on l'envoie à l'entrepôt de la compagnie centenaire, où il s'occupera des nouveautés venant d'Europe. Sur son modeste appareil, il fait tourner les derniers succès de Charles Trenet (*Le cœur de Paris, Le serpent python*), Édith Piaf (*Hymne à l'amour, La vie en rose*), Guy Béart (*Bal chez Temporel*), Jacques Brel (*Quand on n'a que l'amour*), Gilbert Bécaud (*Alors raconte*).

Après quelques années passées dans la métropole, Claude Gauthier retournera vivre à la campagne. Il manque d'oxygène. Pendant six mois, il agit comme guide auprès des chasseurs et passe ses soirées à composer des chansons et à gratter sa guitare. Avec *Le soleil brillera demain* (1959), il remporte le premier prix d'une valeur de 850 $ à l'émission *Les Étoiles de demain* diffusée à CKVL (dont la fréquence est le 850) et réalisée par Maurice Thisdel. Claude Gauthier obtient également un contrat comme animateur sur cette même station radiophonique. Cette chanson et *Mademoiselle Sexy* voient le jour sur un premier 45 tours, produit sous étiquette Alouette, propriété d'Archambault. Avec *Le grand six pieds*, Claude Gauthier remporte le Grand prix du disque de CKAC.

De retour à Montréal, Claude Gauthier accepte l'invitation de Tex Lecor à venir chanter à son petit club La poubelle, en 1960, devant un public joyeux et réceptif. Pour sa part, Gilles Mathieu insiste pour que Claude Gauthier passe l'hiver à La Butte de Val-David. L'année suivante, c'est Gérard Thibault qui l'invite à se produire à sa Boîte aux chansons, dans la capitale, où il fait la connaissance de Gilles Vigneault. On le retrouve également à La Piouke à Bonaventure ainsi qu'à Percé avec Marthe Choquette, Pierre Calvé et Christian Larsen, qui écrit les paroles des *Oies blanches* sur une musique signée Claude Gauthier.

Claude Gauthier prendra encore plus d'assurance et gagnera en popularité à la boîte à chansons Le chat noir, de Claude Léveillée, en 1961, et au cours d'une modeste tournée à travers le Québec. À Rigaud, il chante dans une école de rang abandonnée, devant une salle bondée et un public extasié.

Son premier album, *Claude Gauthier chante Claude Gauthier*, sort chez Columbia. Au Festival de Mariposa, en Ontario, le Québécois «pure laine» ne passe pas incognito; on retient son nom et le sens de ses paroles qui annoncent clairement ses couleurs et son enracinement à son milieu francophone. En 1963, il fait de l'effet au Festival de folklore du Carnegie Hall à New York, surtout lorsqu'il interprète *Le grand six pieds* :

Je suis de nationalité
Canadienne-française
Et ces billots, j'les ai coupés
À la sueur de mes deux pieds
Dans la terre glaise
Et voulez-vous pas m'emmerder
Avec vos mesures à l'anglaise

À compter de 1965, Claude Gauthier chante davantage *Je suis de nationalité québécoise-française*, pour enfin dire, après 1970, *Je suis de nationalité québécoise*.

Avec Clémence DesRochers, Gilles Vigneault et Pauline Julien, Claude Gauthier se produira à la Comédie-Canadienne, à Montréal, avant que les quatre mousquetaires ne s'envolent pour Paris. Ils montent sur la scène de l'Olympia avec la revue *Vive le Québec*, en 1967, à laquelle s'ajouteront Monique Leyrac, Les Cailloux et Ginette Reno. Les animateurs Jacques Normand et Hélène Bédard, ainsi que le chef d'orchestre Gaston Rochon, complètent la distribution de Jean Bissonnette. L'année suivante, Bruno Coquatrix propose à Claude Gauthier de retourner à l'Olympia.

Selon Charles Trenet, toutes les chansons de Claude Gauthier rappellent une époque, un visage, une étape de la vie. Nous étions là pour l'interroger et l'entendre dire : «Salut artistes du Québec! Bienvenue à Paris qui vous reçoit en ambassadeurs de la douce France d'Amérique.»

Le romantique Claude Gauthier épouse, en 1963, la belle Suzanne Léonard qui agit à ses côtés comme secrétaire et assistante. De cette union naîtront Sébastien et Geoffroy qui a pour parrain Pierre Létourneau.

D'autres albums vont suivre : *Harmonie, Cerfs-volants* (primé au Festival du disque), *Tendresses O.S., Planète cœur* et *Les grands succès de Claude Gauthier*. Ce dernier comprend des titres tout aussi évocateurs : *Ton nom, Parlez-moi de vous, Ma femme est partie à la ville, Marie-Noël* (écrite avec Robert Charlebois), *Geneviève, La tête en fleur, T'es pas une autre* (avec Buffy Sainte-Marie) et *Green*, sur un poème de Verlaine.

Avec autant de succès sur disque et à la scène, que ce soit au Théâtre Outremont ou ailleurs, Claude Gauthier est invité à participer à différents festivals. Il se rend à celui de Spa en Belgique en 1972, à celui de Strasbourg en 1977 et au Festival d'été de Québec en 1984. Cette année-là marque le début de la tournée *Trois fois chantera*, réunissant Claude Gauthier, Claude Léveillée et Pierre Létourneau.

Entre 1967 et 1999, Claude Gauthier tourne dans une dizaine de films et plusieurs messages publicitaires pour la télévision. Michel Brault lui offre de bons rôles dans *Entre la mer et l'eau douce* et *L'Empire*, avec Geneviève Bujold, *Les Ordres* et *Quand je serai parti vous vivrez encore*, qui raconte l'histoire des patriotes de 1837. À la télévision, Claude Gauthier jouera dans *Chambres en ville* et *7e Nord*.

Dans le cadre des FrancoFolies de Montréal 1994, Claude Gauthier fait partie du spectacle *Salut Félix!*, animé par Monique Giroux, avec Renée Claude, Dan Bigras, Paul Piché, Laurence Jalbert et plusieurs autres. Des liens étroits unissent Claude Gauthier et Félix Leclerc. Ce dernier dédicacera ainsi l'un des albums de Claude Gauthier : «100 garçons s'en vont sur la route en chantant; 50 s'en retournent parce qu'ils chantent faux; 49 rentrent chez eux parce que le chant ne rapporte pas. Un seul continue. Un poète. Claude Gauthier.»

Peu de temps après une première rencontre à Vaudreuil, chez Félix Leclerc, le jeune chanteur répond à l'invitation du maître et va lui faire entendre de vive voix ses compositions. Félix Leclerc en fait autant. Puis, il essaie la guitare de Claude Gauthier fabriquée par le luthier Anton Wilfer. Une touche extraordinaire. En blaguant, Claude Gauthier suggère de faire un échange. Félix Leclerc accepte. Il lui lègue sa Mario Macaférie, une guitare fabriquée à Paris en 1949, identique à celle de son ami Django Reinhart. Cette belle histoire, Claude Gauthier l'a racontée au Théâtre de La Licorne, lors du lancement de la biographie *Félix Leclerc, l'homme derrière la légende*, vendue à 25 000 exemplaires chez Québec/Amérique et Québec-Loisirs. À la mort du grand poète, Claude Gauthier composa *Il était une fois Félix*.

En 1999, lors de sa rentrée au nouveau théâtre Corona, Claude Gauthier s'est servi pour la première fois en public de ce précieux trésor. Il le conserve soigneusement dans son salon, à Notre-Dame-de-

Pontmain, où il vit paisiblement avec Suzanne qui continue de le suivre partout où il va.

«Ma vie, dit Claude Gauthier, c'est surtout d'écrire des chansons.» Sur ses derniers albums, *Agenda* et *Jardins* (1999), il le prouve hors de tout doute avec de nouveaux textes : *Viens dans mon jardin, Lac aux yeux bleus, La maison rose, Vieille chouette, Ce pays-là* et *Est-ce si loin Québec,* interprété par Daniel Lavoie dans le dernier film de Jean-Pierre Lefebvre.

À la fin de chacun des spectacles de sa tournée 2000, Claude Gauthier interprète *Le plus beau voyage.* Ce qui fait écrire à Jean Beaunoyer : «C'est tout le Québec qui y passe. Cette chanson de Gauthier aurait pu être écrite hier ou il y 100 ans. C'est peut-être la plus belle, la plus authentique chanson du Québec qui a toutes les ressources d'un hymne national.»

> *Je suis une race en péril*
> *Je suis prévu pour l'an deux mille*
> *Je suis notre libération*
> *Comme des millions de gens fragiles*
> *À des promesses d'élection*
> *Je suis l'énergie qui s'empile*
> *D'Ungava à Manicouagan*
> *Je suis Québec mort ou vivant!*
> *Je suis Québec mort ou vivant!*

❖ ❖ ❖

Photo : Productions Guy Roy Ltée, Échos-vedettes

GIGNAC, Fernand
Interprète, animateur et comédien
Né le 23 mars 1934, à Montréal

Alphonse Gignac et son épouse Évangeline Garneau quittent Québec avec leurs six enfants pour venir s'installer à Montréal, sur le Plateau Mont-Royal. C'est là que naîtra Fernand, septième enfant de la famille qui en comptera neuf. Alphonse est employé dans une usine de chaussures où Fernand travaille durant les vacances scolaires en plus de livrer les journaux dès l'aube. À la maison, la chanson traditionnelle québécoise est à l'honneur, et tous chantent en chœur les refrains d'Ovila Légaré, de Conrad Gauthier et de la Bolduc.

À l'âge de neuf ans, Fernand doit remplacer momentanément son frère André, qui fait partie de la chorale des Petits chanteurs de la paix. La directrice de l'ensemble, Madeleine Léonard, accepte de lui donner des leçons de chant. Un autre de ses frères, Marcel, l'amène au stade Exchange où Fernand interprète *Marseille mes amours* entre deux combats de lutte. Tout en poursuivant ses études, il s'inscrit à tous les concours amateurs et remporte souvent la première place. Au Conservatoire Lasalle, Louise Darios lui prodigue des cours d'interprétation. Avec ses premiers prix et cachets, Fernand s'achète un piano, des disques et des partitions musicales.

À 14 ans, le jeune Gignac décroche un contrat de neuf mois au Faisan Doré et reçoit 40 $ pour dix spectacles! Peu importe. Le contact qu'il établit avec Charles Aznavour, Pierre Roche, Jean Rafa, Jacques Normand n'a pas de prix pour lui. Il chante notamment *Maître Pierre*, *Boléro* et *Frou-Frou*, une chanson datant de 1897. De grands noms du music-hall comme Charles Trenet, Mistinguett et Bourvil terminent leurs soirées dans cet établissement très fréquenté. Les uns et les autres mettent en garde le petit chanteur à la voix d'or. «Jeune homme, il y a deux sons importants pour les patrons des boîtes de nuit, ce sont les applaudissements et celui de la caisse enregistreuse», lui dit un jour Bourvil.

Après une brève tournée des salles paroissiales et des petits cabarets, Fernand Gignac arrive à Québec en 1949. Il fait salle comble aux cafés Chez Émile, Chez Gérard et, plus tard, à la Page blanche de la Porte Saint-Jean. Voulant à tout prix un emploi stable et moins contraignant, Fernand Gignac entre comme messager à Radio-Canada à Montréal, où il passe son temps à fouiner dans les studios et à observer tout ce qui l'entoure. En cette année 1951, il fait la connaissance de Mariette Gravel qu'il épouse le 25 juillet 1953. Elle a 17 ans, lui en a 19. Le couple, encore uni aujourd'hui, vit modestement à Ville-Marie, au Témiscamingue, où Fernand Gignac occupe un poste d'annonceur à CKVM.

En 1953, dès son retour dans la métropole, Fernand Gignac entre à CHLP à titre d'animateur et de disc-jockey. Il y restera quatre ans. Pendant toutes ces années, il chante et anime les spectacles du Café Can Can, situé rue Saint-Denis, à raison de 27 représentations par semaine. En 1955, le premier enfant du couple, Alain, naît. Suivront Benoît, François, Louis ainsi qu'Isabelle, leur fille adoptive. En 1957, Fernand enregistre son premier disque avec *Je n'ai fait que passer* et *Vive l'amour en calypso*. D'autres chansons à succès leur succèdent, comme *Madona, Le tango des fauvettes, La berceuse de Jocelyn, Noël blanc, Colombe*. En 1960, Fernand Gignac est en vedette à la Casa Loma et anime le Club des autographes à la télévision de Radio-Canada, en compagnie de Margot Lefebvre.

Une fois bien installé à Duvernay (Laval), le couple part en voyage en France. Depuis le temps que Fernand Gignac rêve de découvrir le pays de ses idoles, Tino Rossi, Alibert, Luis Mariano, Georges Guétary! En 1961, il remporte le Grand prix du disque toutes catégories, décerné par CKAC, et est choisi par les lecteurs de *Disque-ton* comme le chanteur le plus populaire. Il entre alors en studio pour enregistrer *Bozo* de Félix Leclerc et *Donnez-moi des roses*, de Jean-Pierre Mottier, une chanson encore plébiscitée, dont le disque a dépassé les 200 000 exemplaires :

Donnez-moi des roses, mademoiselle
Car j'ai rendez-vous, c'est très important
Choisissez-les moi parmi les plus belles
Donnez-moi des roses, elle les aime tant

Après avoir obtenu le titre de Monsieur Radio-Télévision en 1964, il ouvre son cabaret Chez Fernand Gignac à Duvernay, où le public accourt aussitôt. Télé-Métropole lui offre instantanément d'animer *Toasts et Café*, une émission diffusée les matins de la semaine. Durant cette période, il fait partie de la première équipe de CKLM et de Jean-Pierre Coallier. En 1965, Fernand Gignac remplit la Place des Arts. Il y reviendra à quelques reprises, seul et une fois avec son ami Gilles Latulippe dans l'opérette *Offenbach*. À la Comédie-Canadienne, lors de l'Expo 67, Fernand Gignac joue à guichets fermés, dix soirs d'affilée.

En 1968, Télé-Métropole confie à Fernand Gignac et à Gilles Latulippe l'émission *De 5 à 6*. Un million de téléspectateurs suivront quotidiennement les douces folies des deux compères. Le duo part en tournée durant la saison estivale. Tout au long de sa carrière, Fernand Gignac se produira plus de 500 fois au Théâtre des Variétés de son ami Gilles Latulippe. De 1973 à 1976, Fernand Gignac consacre beaucoup de temps à son restaurant La Karikature, situé à quelques pas de Télé-Métropole. Cela ne l'empêche pas d'animer *C'était le bon temps* à cette antenne, d'accepter quelques rôles au cinéma, de devenir propriétaire de deux «tabagies» et de jouer au golf!

De 1974 à 1992, Fernand Gignac joue dans plusieurs téléséries diffusées à Télé-Métropole, que ce soit dans *Symphorien* de Marcel Gamache, *Les Moineau et les Pinson* de Georges Dor, *Entre chien et loup* d'Aurore Dessureault-Descôteaux, *La montagne du Hollandais* de Yves E-Arnau. En plus de ces téléséries, il participe à plus de 1 000 émissions télévisées de variétés ou autres. Son travail d'acteur ne l'éloigne pas de la scène. En 1982, il part en tournée avec son Ballroom Orchestra et enregistre un nouvel album vendu à plus de 100 000 exemplaires. Il remplit également le Centre national des Arts à Ottawa. L'année suivante, il se produit une dizaine de jours au Théâtre Félix-Leclerc à Montréal et reprend l'affiche du Grand Théâtre de Québec, heureux d'avoir à ses côtés son fils Benoît, qui agit comme musicien et réalisateur.

En 1980, la presse affirme avec certitude que Fernand Gignac est le plus gros vendeur de disques au Québec et qu'il a survécu haut la main à la vague du twist et du yéyé. « Les modes passent. Mais pas la sienne. Pas son style. » Il refait toujours surface au moment où on pense qu'il va prendre sa retraite, bien méritée.

Malgré une santé fragile, des maux de dos fréquents, Fernand Gignac accepte de se produire au Colisée de Québec le 23 mars 1985, accompagné par 100 musiciens de l'Orchestre symphonique de Québec. Plus de 12 000 personnes lui rendent hommage et l'acclament. Sa prestation se termine par *Roses de Picardie*, *Je crois en toi* et *Donnez-moi des roses*. Le 18 juillet 1992, plus de 7 000 personnes l'applaudissent chaleureusement lors d'un spectacle en plein air, dans le cadre du 350e anniversaire de Montréal. Il accepte parfois de remonter sur les planches pour venir en aide à des organismes de charité.

Fernand Gignac n'est pas du genre à se pavaner et à se vanter de ses bons coups. Il a le triomphe modeste et garde son franc parler. C'est sur la scène du Casino de Montréal que l'on célèbre, en 1999, ses 65 ans, ses 50 ans de carrière, ses 5 000 spectacles et ses millions de disques. Bref, il y avait 100 bonnes raisons à l'aube du troisième millénaire de lui témoigner autant d'amour et d'amitié. Comme si de rien n'était, Fernand Gignac est rentré chez lui à Sainte-Adèle, avec sa femme Mariette, et a fait tourner l'enregistrement d'une mélodie qu'il a chantée d'innombrables fois, *Le temps qu'il nous reste*. Des disques et des albums, il en possède plus de 5 000 dans sa collection personnelle. La chanson est décidément toute sa vie.

Fernand Gignac a passé la saison estivale 2000 au Théâtre d'été Chanteclerc, dans les Laurentides, où il joue dans *La surprise*, une comédie de Pierre Sauvil, mise en scène par Louis Lalande.

❖ ❖ ❖

Photo : Max Micol

GRÉCO, Juliette
Interprète, comédienne
Née le 7 février 1927, à Montpellier, en France

De grands yeux doux ourlés d'ombre, de longues mains blanches, une silhouette de félin, une voix, des réponses aux questions…voilà ce qui nous reste, trente ans plus tard, de cette entrevue à Bobino, réalisée avec cette reine de la chanson française, celle que l'on dit être la plus grande depuis Édith Piaf.

Fille d'un commissaire de police, Juliette vit paisiblement à Montpellier, capitale du Languedoc. À 15 ans, sous l'occupation allemande, elle est enfermée à la prison de Fresnes, tandis que sa mère (séparée de son père) et sa sœur Charlotte sont déportées. « Chaque fois qu'on enferme quelqu'un qui a un idéal et qui lutte pour une libération quelconque, je dresse l'oreille », confie la grande dame.

Après la guerre, Juliette Gréco tente sa chance comme comédienne. Elle monte tout d'abord sur les planches de la Comédie-Française pour jouer dans *Le soulier de satin* de Paul Claudel. Puis Jean Cocteau lui offre un rôle dans son film *Orphée*. De nombreux autres films suivront, comme *Au royaume des cieux* (1951), *Quand tu liras cette lettre* (1954), *La Châtelaine du Liban* et *Le soleil se lève aussi* (1956) et *Bonjour tristesse* (1957) tiré d'une œuvre d'Hemingway. Aux États-Unis, elle tournera aux côtés d'Orson Welles, Eva Gardner, Errol Flynn, Tyrone Power et aura une liaison avec le producteur Darryl Zanuck. Ce dernier monte *Les racines du ciel*, une superproduction dont elle est la vedette.

Dès 1949, Juliette Gréco fait ses premiers pas dans la chanson. Elle devient rapidement la prêtresse de Saint-Germain-des-Prés et de l'existentialisme. Au Bœuf sur le toit et à La Rose rouge, elle s'impose avec des textes de Sartre, Mauriac, Prévert, Kosma, Queneau, Mac

Orlan. Avec *Je hais les dimanches* de Charles Aznavour, elle obtient le Grand Prix de la SACEM en 1951. D'autres paroliers lui apportent bientôt de nouveaux textes à la mesure de son talent : Jean Ferrat avec *La fête aux copains* et *Les enfants terribles*, Guy Béart avec *Il n'y a plus d'après*, Serge Gainsbourg et *La Javanaise*, Jacques Brel et *Voir un ami pleurer*, Georges Brassens avec sa *Chanson pour l'Auvergnat*, Charles Trenet et *Coin de rue* :

> *Je me souviens d'un coin de rue*
> *Aujourd'hui disparu*
> *Mon enfance jouait par là*
> *Je me souviens de cela*
> *Il y avait un'palissade*
> *Un taillis d'embuscades*
> *Les voyous de mon quartier*
> *Venaient s'y batailler*

En 1954, Bruno Coquatrix ouvre les portes de l'Olympia à l'expressive et sophistiquée Juliette Gréco. Viendront ensuite les tournées en Amérique du Sud, au Brésil, en Italie. À Rome, elle chante au célèbre cabaret Open Gate Club en même temps que Félix Leclerc, devant le millionnaire Farouk, roi égyptien destitué. De retour à Paris, Juliette Gréco et Andrée Leclerc — *Doudouche* pour les intimes du couple Leclerc — se font corriger leurs minimes imperfections nasales chez le même spécialiste. Qu'il est doux de se voir plus belle!

Après avoir partagé l'affiche avec Georges Brassens au T.N.P. et chanté devant 60 000 spectateurs à Berlin, Juliette Gréco épouse Michel Piccoli, le 12 décembre 1966. Elle délaisse alors un bon moment ses activités de comédienne et de chanteuse en France comme sur la scène internationale. De passage à la Place des Arts à Montréal, en 1969 — après un triomphe au Théâtre de la Ville à Paris —, elle confie vouloir s'arrêter pour écrire et vivre sa vie de femme libérée. Elle souhaite consacrer davantage de temps à ses amis et à sa famille, notamment à sa fille Laurence, née de sa première union avec Philippe Lemaire. En 1982, elle publie chez Stock un livre autobiographique, intitulé *Jujube*, et chante à l'Espace Cardin, à Paris, accompagnée par Joannest. Zachary Richard assure la première partie du spectacle. Elle revient à l'Olympia de Paris en 1991 et 1993, avec un répertoire enrichi des chansons de Julien Clerc et d'Étienne Roda-Gil.

La véritable ambassadrice de la belle chanson française parcourt constamment le monde sans faire de vague. Charles Trenet écrit à son sujet : « De ce navire école dont elle est à la fois capitaine et la figure de proue, Juliette Gréco jette l'ancre dans les ports les plus vastes. » Elle l'a fait à Londres (1991), Budapest (1994), Tokyo (1996), Berlin, Osaka, Vienne, Turin, Mexico, Rio de Janeiro, Québec, et elle ne s'arrête jamais.

Son dernier album de grande qualité, *Un jour d'été et quelques nuits*, offre 12 nouvelles chansons tissées avec la complicité de son ami compositeur, Gérard Joannest, François Rauber (arrangeur), Gérard Meys (producteur) et Jean-Claude Carrière (auteur). Ce dernier écrit : « Pour moi qui ai vécu, habité de chansons, recevant l'une, oubliant l'autre, me voir, m'entendre maintenant chanté par elle, c'est bien simple : j'ai l'impression d'entrer au Panthéon. Par la porte arrière, celle des artistes. »

Alors que le public la réclame en France, c'est au Québec que Juliette Gréco décide de remonter sur les planches. Elle se produit à la Place des Arts et au Grand Théâtre de Québec, en juin 1998. Elle y offre ses plus grands succès, dont *Les feuilles mortes* de Jacques Prévert et Kosma, *Jolie môme* et *Paris Canaille* de Léo Ferré. C'est tout un préambule à l'amour quand Juliette Gréco interprète avec finesse et pudeur son *Déshabillez-moi*, de Robert Nyel et Gaby Verbor :

Déshabillez-moi (bis)
Oui, mais pas tout de suite
Pas trop vite
Sachez me convoiter
Me désirer
Me captiver

Juliette Gréco acceptera-t-elle de refaire l'Olympia, à Paris, ou de repartir à la conquête du monde dans le nouveau millénaire?

Une chose est certaine : dès qu'elle se produit en spectacle, on ne tarit pas d'éloges sur elle :

«Juliette GRÉCO... la chanson... BOBINO... le music-Hall... Autant de noms et de mots qui font pléonasme...

[...]

Tout à l'heure, longue, sombre, le visage éclairé par un sourire que l'on a dit mystérieux et qui est simplement celui d'une femme vulnérable et vivante, GRÉCO sera sur scène. Elle y déploiera le ballet de ses mains et effeuillera sa sensibilité comme on effeuille une fleur.

À chacun de saisir ce qu'elle suggère de tendresse et d'amour...»

Louis NUCERA

«Juliette GRÉCO, rose noire des préaux de l'école des enfants pas sages».

Raymond QUENNEAU

«GRÉCO a des millions dans la gorge : des millions de poèmes qui ne sont pas encore écrits, dont on écrira quelques-uns. On fait des pièces pour certains acteurs, pourquoi ne ferait-on pas des poèmes pour une voix? Elle donne des regrets aux prosateurs, des remords. Le travailleur de la plume, qui trace sur le papier des signes ternes et noirs, finit par oublier que les mots ont une beauté sensuelle. La voix de GRÉCO le leur rappelle. Douce lumière chaude, elle les frôle en allumant leurs feux. C'est grâce à elle, et pour voir mes mots devenir pierres précieuses que j'ai écrit des chansons. Il est vrai qu'elle ne les chante pas, mais il suffit, pour avoir droit à ma gratitude et à celle de tous, qu'elle chante les chansons des autres.»

Jean-Paul SARTRE

«Son bijou le plus précieux c'est le cœur qui bat sous son chandail noir.»

Jean COCTEAU

❖ ❖ ❖

Hymne au printemps
1949

Les blés sont mûrs et la terre est mouillée
Les grands labours dorment sous la gelée
L'oiseau si beau hier s'est envolé :
La porte est close sur le jardin fané

Paroles et musique Félix LECLERC
Interprètes : Félix Leclerc, Mathé Altéry, Johanne Blouin,
Monique Leyrac, Claude Corbeil, Joseph Rouleau

Photo : Échos-vedettes

HALLYDAY, Johnny
Compositeur, interprète et comédien
Né Jean-Philippe Smet,
le 15 juin 1943, à Paris, en France

La mère de Jean-Philippe, la jolie Huguette Clerc, a 23 ans ; son père, Léon Smet, né en Belgique, est un homme brillant mais instable. Il sera tour à tour danseur, chanteur de cabaret et acteur. Léon Smet donne son nom à son héritier lorsqu'il épouse Huguette Clerc, après avoir obtenu le divorce de son premier mariage. Après la séparation de ses parents en 1945, Jean-Philippe sera confié à sa tante, Hélène Mar, danseuse et mère de deux filles, Desta et Menen. En 1949, elle épouse Lemone Ketchan qui deviendra Lee Hallyday, danseur acrobatique. Celui-ci insiste pour que son fils adoptif fasse partie de leur numéro. Lorsqu'il monte sur la scène, à l'âge de six ans, pour chanter Georges Brassens et deux rengaines de cow-boy, on présente Jean-Philippe sous le nom de Johnny Hallyday.

Avec sa nouvelle famille de saltimbanques, Johnny est en tournée à longueur d'année. Il abandonne rapidement l'école, se contentant de suivre des cours par correspondance et de prendre des leçons de guitare, de danse et de comédie. Avec tout ce bagage artistique, il est choisi pour tourner dans quelques annonces publicitaires et dans le film *Les diaboliques*, d'Henri-Georges Clouzot, en 1954.

Johnny Hallyday est un boulimique du spectacle. Il veut tout connaître de ce monde parsemé d'étoiles. Quand il va voir le film *Loving you*, mettant en vedette Elvis Presley, il pense avoir trouvé sa voie, sa raison de vivre, et apprend par cœur toutes ses chansons : *Blue Suede shoes*, *Love me tender*, *Blue moon of Kentucky*.

En 1959, Johnny Hallyday fait ses débuts radiophoniques au cinéma Marcadet, à l'émission *Paris Cocktail* consacrée à Colette Renard.

Un an plus tard, le voilà à l'*École des vedettes*. Line Renaud avait insisté pour qu'il assiste à l'émission de télévision qui lui était consacrée. Depuis, elle est restée sa marraine artistique et sa grande amie.

Johnny Hallyday ne se fait pas tordre le bras pour enregistrer chez Vogue, en 1960, un premier 45 tours à quatre titres : *T'aimer follement, J'étais fou*, écrit par Lee Hallyday, *Oh! Oh! Baby* et *Laisse les filles*. Il obtient davantage de succès avec *Souvenirs, souvenirs*, qui fait aussitôt un tabac, et avec d'autres ballades tendres entremêlées de twist et de rock :

> *Souvenirs, souvenirs*
> *Je vous retrouve en mon cœur*
> *Et vous faites refleurir*
> *Tous mes rêves de bonheur*

Johnny Hallyday ne passe pas inaperçu, loin de là, au Palais des Sports, en même temps qu'Eddy Mitchell. Mais c'est en septembre 1960, à l'Alhambra, en première partie de Raymond Devos, qu'il fait réellement ses preuves. Ce music-hall, situé à deux pas de la Place de la République, a été démoli en 1967 au profit d'un immeuble commercial.

Tout craque à l'Olympia, lors de son premier passage en 1961, puis l'année suivante. Johnny Hallyday devient l'idole des jeunes et son gérant, Johnny Stark, veille au grain. En véritable bête de scène, le chanteur, en smoking bleu nuit et chemise à jabot, s'offre en pâture et tombe à genoux après des déhanchements agressifs. Il est fait de sueur, de larmes et de son sang. Son magnétisme fait frémir ses fans. La presse en général le décrit ainsi : «Animal obstiné, mythe vivant, servi par un physique de star et une voix de plus en plus puissante.»

Johnny Hallyday ne fait pas la sourde oreille aux appels répétés venant d'outre-mer. Il s'envole vers les États-Unis, à Nashville, où il produira son premier album en 1962, comprenant la version française de succès de Ray Charles, de Fats Domino et bien sûr d'Elvis Presley. Le magazine *Salut les copains* lui consacre la couverture de son premier numéro et un grand reportage. À son retour en France, Johnny Hallyday tourne en Camargue dans le film *D'où viens-tu Johnny?*, avec Sylvie Vartan et Fernand Sardou.

Johnny Hallyday fait son service militaire en Allemagne, avec en tête le souvenir tout chaud de la belle Sylvie Vartan. Il l'épousera le 12 avril 1965, juste avant de refaire l'Olympia, le Palais des Sports et une tournée dans les pays de l'Est. Que se passe-t-il pour que le nouveau marié tente de se suicider, un an plus tard ? À ce moment-là, Johnny Hallyday a déjà vendu 20 millions de disques et ses chansons sont au palmarès : *Noir, c'est noir, Hey Joe, Da doo ron ron, Le pénitencier*. Il a beau être en haut de l'affiche, cela ne suffit pas à son bonheur. Les 200 000 personnes venues le voir à la Place de la Nation ne peuvent rien changer. Heureusement, Sylvie Vartan réussit à le sortir de sa dépression et lui offre toute son aide.

Après 15 mois de vie conjugale mouvementée, leur fils David vient au monde le 14 août 1966. Deux ans plus tard, le couple frôle la mort lors d'un terrible accident de voiture. Jusqu'à leur divorce, en 1980, Johnny Hallyday et Sylvie Vartan seront présents ensemble sur les grandes scènes françaises et francophones. Le duo se produit à Montréal, à la Place des Nations de Terre des Hommes, en 1976. Le public se rue pour les entendre chanter *J'ai un problème*. Johnny Hallyday renoue ainsi ses liens avec les Québécois qui l'avaient couronné à la Place des Arts, à Trois-Rivières, et au Capitol de Québec, dix ans plus tôt.

La vie sentimentale de Johnny Hallyday continue d'alimenter la presse à sensation. *France Dimanche, Ici Paris* aussi bien que *Paris Match* lui donnent la manchette. On parle notamment d'une liaison passagère avec Élisabeth Étienne, surnommée Babette. En 1982, Johnny Hallyday rencontre l'actrice Nathalie Baye sur un plateau de télévision. C'est le coup de foudre ! De cette union naîtra Laura, le 15 novembre 1983. Au contact de sa nouvelle conjointe, femme cultivée et raffinée, il apprend à parler de théâtre, de littérature, de politique et arrête pratiquement toutes ses sorties nocturnes. Après une opération de la hanche et d'innombrables spectacles à travers le monde, il se repose durant trois mois. Il consacre alors davantage de temps à sa famille et produit également deux nouveaux albums avec Michel Berger et Jean-Jacques Goldman. On y trouve des chansons nostalgiques qui collent à la peau de leur interprète : *Le chanteur abandonné, Je t'attends, Quelque chose de Tennessee* ou encore *Laura*, dédiée à sa fille. Il donne ensuite un spectacle de trois mois au Zénith, en 1984. L'auteur Étienne Roda-Gil et son fils David arrivent bientôt dans l'univers musical du chanteur.

Avec Nathalie Baye, Johnny Hallyday va tourner dans *Conseil de famille*, de Godard, en 1986. Pour sa part, Costa-Gavras lui offre un rôle à son image dans *Détective*. Mais le goût de la scène, avec un public exalté, le reprend de plus belle. Il est choisi comme l'interprète masculin de l'année 1987, lors de la remise des Victoires de la musique. À quatre reprises, il va remplir Bercy, entre 1986 et 1995. Après s'être séparé de Nathalie Baye, Johnny Hallyday épouse en 1990 Adeline, la fille du chanteur Long Chris (Christian Blondin). Cette union ne durera pas longtemps.

En 1993, au Parc des Princes, 180 000 personnes assistent durant trois soirs consécutifs aux prouesses de Johnny Hallyday qui fête ses 50 ans. Son producteur, Jean-Claude Camus, l'encourage à se dépasser constamment et à surprendre le public en présentant des «shows» mirobolants. En novembre 1996, Johnny Hallyday emmène avec lui 7 000 fans à Las Vegas pour un concert retransmis sur la chaîne privée TF1.

Le 24 janvier 1997, le président de la République française, Jacques Chirac, remet la Légion d'honneur à l'enfant prodige, pour l'ensemble de sa carrière. En septembre 1998, Johnny Hallyday épouse Laetitia. Une nouvelle vie s'offre à lui. À l'automne de la même année, après la sortie de son album *Ce que je sais* écrit en collaboration avec Pascal Obispo, il remplit trois fois le nouveau stade de France (80 000 places) pour des spectacles mémorables. L'année suivante, il lance son album *Sang pour sang*, dont son fils David a composé une partie des musiques. Françoise Sagan, Ravalec, Zazie, Philippe Labro ont écrit les paroles de plusieurs titres de cet album qui s'est déjà vendu à plus de deux millions d'exemplaires. Ce sera son 40e disque d'or en 40 ans de carrière! Johnny Hallyday a visé juste en choisissant Lara Fabian pour chanter en duo avec lui *Requiem pour un fou* et des chansons récentes comme *Debout, Que ma Harley repose en paix, Allumer le feu, Les moulins à vent*.

Lorsque l'on demande à Johnny Hallyday ce qu'il entend faire en cette nouvelle décennie, il répond que le public n'a encore rien vu. Il a donné un concert au pied de la tour Eiffel, puis s'est produit à l'Olympia durant trois mois. Une autre tournée internationale l'amènera au Théâtre Saint-Denis, à Montréal, en août 2000. Il n'oubliera pas de chanter *J'ai oublié de vivre*, qui résume si bien sa vie, ainsi qu'*Hymne à l'amour* d'Édith Piaf, *Ne me quitte pas* de Jacques Brel, et *Sur ma vie* de Charles Aznavour. Avec le géant Johnny, c'est toujours plus haut, plus loin et plus grand. «Mon métier, c'est de faire plaisir au public», aime-t-il répéter. À preuve : il a déjà enregistré 850 chansons et vendu 100 millions d'albums à travers le monde! Il n'a pas fini d'y chanter *Que je t'aime*, de Gilles Thibaut et Jean Renard :

Quand tes cheveux s'étalent
Comme un soleil d'été
Et que ton oreiller
Ressemble aux champs de blé
Quand l'ombre et la lumière
Dessinent sur ton corps
Des montagn's, des forêts
Et des îles au trésor
Que je t'aime, que je t'aime
Que je t'aime...

❖ ❖ ❖

HAMEL, Georges
Auteur, compositeur, interprète et producteur
Né le 20 janvier 1948, à Sainte-Françoise-de-Lotbinière

Photo : Archives de l'auteur

Rien ne prédestine Georges Hamel à faire carrière dans le monde du spectacle. Son enfance, il la passe dans la ferme de ses parents, Jean-Baptiste Hamel et Marie-Laure Chateauneuf. Avec ses 17 frères et sœurs, il aide aux travaux des champs, à l'élevage du bétail et à toutes les tâches inhérentes à l'exploitation agricole. Pas surprenant qu'il aime encore faire de l'équitation et habiter à la campagne. Cela lui rappelle le bon vieux temps où il jouait au cow-boy avec les siens.

Après ses études secondaires, entreprises dans son village natal, au sud-ouest de la capitale, Georges décide de s'inscrire à l'Institut de tourisme et d'hôtellerie du Québec, à Montréal. Il rêve de devenir chef cuisinier et de posséder un grand restaurant où il pourrait recevoir à sa guise parents, amis et clients. Avec son sourire engageant, sa mine sympathique et son entregent, il aime aller au devant de ses semblables. Son romantisme et ses yeux bleus font particulièrement fondre les femmes.

«Cuisinier un jour mais pas toujours» clame le sage Georges à sa famille et à sa fiancée, Réjeanne Leblanc, issue d'une famille de 12 enfants, qu'il épouse en 1970. De cette union naîtront Maryse et Caroline qui est aujourd'hui l'heureuse maman de Jérémy et de Noah. Tout bascule dans la vie de Georges Hamel lorsqu'il décide de monter sur la scène, le jour du mariage de son frère André, en 1974. Devant la réaction positive et spontanée des invités, il est aux anges et se voit déjà en haut de l'affiche.

Bien installé à Drummondville depuis 30 ans, Georges Hamel raconte ses débuts avec le Trio western de Victoriaville. Il interprétait alors les chansons de son idole, Marcel Martel, avant de se risquer à interpréter ses propres compositions, comme *La valse des amoureux*, *Petite Maryse*. Son premier album intitulé *Guitare chante avec moi* sort en 1977. À ce jour, Georges Hamel en a enregistré déjà une trentaine, dont deux qu'il a produits et sur lesquels il chante les succès de Marcel Martel. En 1998, il enregistre 12 chansons, dont les paroles et musiques sont de son ami Denis Champoux. Une belle complicité s'est installée entre les deux chanteurs country qui voient personnellement à la production musicale de leurs albums.

> *C'est par amour que je chante*
> *Je chante ma vie et mes ennuis*
> *C'est par amour que je chante*
> *Toute ma vie je chanterai pour mes amis*
> *[…]*
> *Ce soir je rentre à la maison*
> *Tout près du feu qui sent si bon*
> *Je pense à vous, je pense à elle*
> *Je prends ma guitare et je fais une chanson*

En 1999, alors que l'on fêtait les 25 ans de vie artistique de Georges Hamel à Saint-Hyacinthe, quelque 1 200 personnes sont venues lui rendre hommage. La mairesse de Drummondville, Francine Ruest-Jutras, l'a félicité : «Nous sommes fiers de compter parmi nos ambassadeurs de marque un homme qui a réussi à transmettre son amour de la musique country de façon si professionnelle […]. Vous avez su, cher Georges, nous représenter dignement à travers le Québec et bien au-delà.»

Lors de cette fête mémorable, plusieurs artistes country ont interprété des chansons de Georges Hamel. On peut les entendre sur un album sorti récemment. Boudés par les médias, mais adulés de leurs fans, ces chanteurs se battent pour enrayer les préjugés à leur égard. En les écoutant attentivement et sans parti pris, on découvre leur rythme, leurs états d'âme. Devenir vedette du country au Québec n'est pas facile. On peut le demander à Roger Miron, Denis Champoux, Mélanie, Étienne et Pascal Bessette, Joëlle Bizier, Josée Vachon, Johanne Marceau, Jeannine Savard, Michel Buisson, Jocelyn Pellerin et Robert Boutet.

Lors de cette mémorable soirée consacrée à Georges Hamel, son grand ami Marcel Martel lui avait fait parvenir cette lettre touchante sur les sentiments qui animent les deux artistes : «Dû à ma santé fragile, je me vois dans l'obligation de me joindre à ce 25ᵉ anniversaire si bien organisé qu'est le tien... Tu me rappelles les beaux moments de ma belle et longue carrière, lorsque je te vois te laisser bercer par ton étoile. Je suis heureux pour toi, on récolte toujours ce qu'on a semé : tu en as la preuve... Mon épouse Noëlla se joint à moi pour te souhaiter une belle journée et félicitations encore une fois. Tu es sur le bon chemin.»

Chose certaine, Georges Hamel ne chôme pas. Il parcourt plus de 100 000 km chaque année pour donner 200 spectacles dans les centres culturels, les foires agricoles de tout le Québec, de l'Ontario, du Nouveau-Brunswick et de la Nouvelle Écosse. Le chanteur québécois joue également très bien son rôle d'ambassadeur de la chanson francophone, qu'il aille en Louisiane ou à Nashville. En 2000, il revient d'une tournée au Rhode Island, au New Hampshire et en Saskatchewan.

Et les festivals country, Georges Hamel les connaît tous! D'année en année, on le réclame à Victoriaville, Sainte-Madeleine, Saint-Hyacinthe, Sainte-Séraphine, Sainte-Cécile-de-Masham et ailleurs. Il lui est arrivé de chanter sur des scènes improvisées, au milieu des bottes de foin, des machines agricoles et des animaux! «Peu importe le décor, s'exclame Georges Hamel, c'est la chaleur du public qui compte.»

Partout où il passe, Georges Hamel trouve l'inspiration pour écrire de nouvelles chansons sur des thèmes traditionnels comme la vie à la campagne, la famille, l'amour avec un grand A. Mais aussi sur les couchers de soleil et la mer de Floride, de Cuba et surtout celle de la République Dominicaine où il va chanter régulièrement depuis 10 ans.

Lorsque Georges Hamel pense à tout le chemin parcouru, à ces 1 500 personnes qui l'acclamaient au Palais des sports de Sherbrooke, il continue de souhaiter que ses rêves deviennent réalité. La journaliste Kathy Noël écrit dans *La Tribune* : «Des spectateurs qui tapent du pied et des mains et battent la mesure. Des spectateurs satisfaits et conquis; ils étaient 1 500 à applaudir à tout casser Georges Hamel [...]. Personne ne s'est levé avant la fin du spectacle et il y a eu de nombreux rappels.»

En ce début de siècle, Georges Hamel constate que le public est en train de faire une place enviable aux chanteurs de country, lesquels, de leur côté, s'améliorent constamment sur le plan de l'écriture, des arrangements musicaux, du son et même des éclairages en spectacles.

«Les gens ont besoin de se faire dire des belles choses pour trouver un regain de vie, un p'tit bonheur si bien chanté par Leclerc, qui avait une façon admirable de jouer de la guitare, de tracer la route à suivre et de sortir des sentiers battus, confie Georges Hamel. Quand on m'a remis un Félix au gala de l'ADISQ pour le meilleur album country, je n'ai pu retenir mes larmes. À ce moment-là, j'ai cru que tout pouvait arriver, pour le meilleur et non pour le pire.»

Georges Hamel n'a pas fini son tour de piste. Maintenant que son art le fait bien vivre, il aimerait aller plus loin, au delà des frontières. On lui a proposé récemment une petite tournée en Belgique et en Suisse, ce qui pourrait éventuellement l'amener en France où l'on vient de consacrer Lynda Lemay. Celle-ci s'est fait connaître avec ses chansons toutes simples qui parlent aussi de la famille, de son père Alphonse, de ses amours et de ses peines. Rien de compliqué. Et le country est aussi simple que cela. On se laisse bercer par la fraîcheur, les élans du cœur et la sincérité de ceux qui en vivent en semant la joie partout où ils vont.

Georges Hamel est conscient du travail acharné qu'il a fait jusqu'à maintenant et du chemin qui lui reste à faire pour gravir tous les échelons de la célébrité : «Ma carrière a été lente à démarrer et j'ai dû m'acharner, m'assurer de toujours arriver à l'heure partout, de bien me présenter, d'être bien mis, d'être proche des gens, de les écouter. Puis un jour, tout a débloqué. Même si chacun doit tracer sa route lui-même, il faut s'entourer de gens sincères sur lesquels on peut compter… Mon rêve serait un jour de faire la Place des Arts ou le Centre Molson avec mes meilleurs amis du country, ou bien d'effectuer une tournée européenne. Les rêves parfois deviennent réalité…»

❖ ❖ ❖

Knokke-le-Zoute tango
1977

Les soirs où je suis Argentin
Je m'offre quelques Argentines
Quitte à cueillir dans les vitrines
Des jolis quartiers d'Amsterdam
Des lianes qui auraient ce teint de femme
Qu'exportent vos cités latines
Ces soirs-là je les veux félines
Avec un rien de brillantine
Collé au cheveu de la langue
Elles seraient fraîches comme des mangues
Et compenseraient leurs maladresses
À coups de poitrine et de fesses

Paroles et musique Jacques BREL
Interprètes : Jacques Brel, Danielle Oddera

Photo : Michel Marcil, Échos-vedettes

KAAS, Patricia
Interprète
Née le 5 décembre 1966, à Forbach, en France

L'intensité des yeux bleus, la vie mystérieuse, une enfance passée à quelques kilomètres seulement de l'Allemagne, le talent et des millions de disques vendus, tout porte à associer Patricia Kaas à Marlene Dietrich…

À six ans, Patricia, qui est aussi le second prénom de Grace Kelly que la mère de Patricia admire, danse frénétiquement sur les chansons de ses idoles, Claude François, Annie Cordy et Liza Minelli. Elle chante également les succès de Michèle Torr et d'Édith Piaf au milieu de ses nombreux frères et sœurs. Carine, de quatre ans son aînée, a épousé un Allemand et s'occupe aujourd'hui de sa famille. Ses deux frères aînés, Raymond et Robert, vivent toujours à Forbach où Patricia a grandi. Bruno est quant à lui propriétaire de garage et gère des discothèques; Daniel travaille dans un hôpital.

Très tôt, la mère de Patricia, Irmgard, d'origine allemande, amène sa fille aux fêtes de village, aux bals populaires et aux concours de chant de la région. Elle ne veut surtout pas que sa fille abandonne la chanson pour un garçon! À 13 ans, Patricia décroche son premier emploi de chanteuse de cabaret à Sarrebruck. Elle interprète avec fougue et passion de grands succès comme *New York, New York, Cabaret, Just a gigolo, Africa* et *Lili Marlene*. Les Allemands ne peuvent la retenir très longtemps. Sept ans plus tard, elle «monte» effectivement à Paris et enregistre son premier 45 tours, *Jalouse*. Le texte est signé François Bernheim et Elisabeth Depardieu, la production, Gérard Depardieu.

En 1987, Didier Barbelivien met la carrière de Patricia Kaas sur les rails en composant *Mademoiselle chante le blues*. Forte de ce succès et de celui de l'album du même nom, la jeune chanteuse se produit à l'Olympia le jour de son 21e anniversaire. Elle passe en première partie de Julie Pietri qui connaît la faveur populaire avec *Amoureux fous*, chanson interprétée en duo avec Herbert Léonard.

L'année suivante, Patricia Kaas prend d'assaut la scène des Francofolies de La Rochelle et enchante les spectateurs avec *Mon mec à moi, D'Allemagne, Elle voulait jouer Cabaret, Quand Jimmy dit, Entrer dans la lumière*. Il n'en fallait pas plus pour que les honneurs soient au rendez-vous : elle remporte la Victoire de la musique du meilleur espoir féminin, le prix de l'Académie Charles-Cros et l'Oscar de la chanson de la SACEM.

Patricia Kaas est réclamée partout et se produit en Europe, aux États-Unis, au Canada, au Québec, en Suisse et au Maroc. Elle donne également plusieurs concerts à Moscou et à Saint-Pétersbourg, devant des foules de plus de 20 000 personnes par soir. Sur la place Rouge, elle est assaillie par des centaines de chasseurs d'autographes. Du jamais vu depuis Yves Montand et Édith Piaf ! Sitôt rentrée à Paris, elle s'envole pour Montréal où elle donne plusieurs représentations et reçoit le Félix de l'ADISQ pour l'artiste francophone s'étant la plus illustrée au Québec.

Après avoir fait l'Olympia de Paris en novembre 1990 et parcouru la France entière, Patricia Kaas est portée aux nues dans la grande salle du Zénith. Les succès de son album *Scènes de vie* tournent sans arrêt. Épuisée par le rythme effréné qu'elle maintient, elle se cache parfois dans son duplex de Saint-Germain-des-Prés. Mais les succès s'enchaînent et la voilà repartie pour chanter et promouvoir *Les hommes qui passent*. En 1995, Patricia Kaas trouve l'amour auprès de Philippe Bergman qui interprète et signe plusieurs chansons de l'album *Dans ma chair*. Ce chanteur belge, qu'elle a rencontré en 1993, faisait la première partie de ses concerts parisiens. Bergman est maintenant producteur.

Après le décès, en 1989, de sa mère tant chérie et celui de son père Joseph, quelques années plus tard, Patricia Kaas se rapproche de ses frères et sœurs et caresse un rêve bien légitime : fonder à son tour une famille. Sa vie sentimentale mouvementée et exploitée par la presse du cœur reste malgré tout un secret bien gardé. En 1997, lors d'un point de presse au Québec, elle avoue que sa carrière ne représente pas tout dans sa vie. Elle souhaite surtout défendre la chanson française, même aux États-Unis où on lui ouvre les portes des grandes émissions télévisées. Mais devenir une star mondiale ne l'intéresse pas plus qu'il ne faut : «Les grands stades de 100 000 personnes, c'est pour Céline Dion, Michael Jackson, les Rolling Stones ou Pavarotti, qui ont tous une grande voix», confie-t-elle. Après avoir enregistré *Dans ma chair* et *Tour de charme*, son deuxième album live, en 1994, Patricia Kaas change de registre. Grâce à *Une femme comme les autres*, *La clé* et *Les éternelles*, l'interprète impose davantage son style. Son album *Mots de passe* a connu le succès dans toute la francophonie.

Partout où elle se produit, Patricia Kaas accumule les trophées et autres récompenses. En 1996, pour la deuxième année consécutive, elle est élue la meilleure artiste française au World Music Awards de Monaco. En cette fin de siècle, elle retrouve avec bonheur son public de l'étranger et ajoute à sa tournée des pays comme le Liban, le Cambodge, la Finlande et la Corée du Sud. Au Mexique, ses disques tournent chaque jour à la radio, tant en français qu'en espagnol. Aux quatre coins du monde, Patricia Kaas donne des frissons à tous ceux et celles qui l'entendent chanter *Il me dit que je suis belle* (chanson signée Jean-Jacques Goldman et vendue à 2,4 millions d'exemplaires), *Reste sur moi* et *Une fille de l'Est*. Avec 15 millions d'albums vendus à ce jour, nul doute que le public l'a vraiment adoptée.

Ses admirateurs qui l'ont acclamée à Montréal, au Théâtre Saint-Denis, au Centre Molson ainsi que dans plusieurs villes du Québec ont été très heureux de la revoir à la Place des Arts, en juillet 2000. Elle a repris des grands classiques de son répertoire et interprété des chansons de son plus récent album, pour le plus grand plaisir de tous.

Patricia Kaas a marqué incontestablement le paysage musical francophone des années 1990, et maintient le cap pour les années 2000. Répondra-t-elle aux invitations des magnats du cinéma qui lui ont déjà proposé des rôles en or? Claude Berri qui souhaitait la voir interpréter Catherine, la fille de Maheu, dans son *Germinal* sonnera-t-il de nouveau à sa porte?

❖ ❖ ❖

La bohème
1966

Je vous parle d'un temps
Que les moins de vingt ans
Ne peuvent pas connaître
Montmartre, en ce temps-là,
Accrochait ses lilas
Jusque sous nos fenêtres,
Et si l'humble garni
Qui nous servait de nid
Ne payait pas de mine,
C'est là qu'on s'est connu
Moi qui criait famine
Et toi qui posais nue

Paroles Jacques PLANTE
Musique Charles AZNAVOUR
Interprètes : Charles Aznavour, Georges Guétary, Étienne Daho

Photo : François Gaillard, archives Avanti Plus

LAMA, Serge
Auteur, compositeur, interprète et comédien
Né Serge Chauvier, le 11 février 1943, à Bordeaux, en France

Serge Lama rêve de devenir chanteur depuis le jour où il a vu son père, Georges Chauvier, sur les planches du Grand Théâtre de Bordeaux. Découragé de chanter l'opérette dans la région bordelaise, pour un maigre salaire, il décide de monter à Paris pour y tenter sa chance. Le petit Serge, fils unique, est placé chez les frères; le soir, il couche chez sa grand-mère. L'année suivante, Serge va rejoindre ses parents. Même s'il est premier prix du Conservatoire d'art lyrique, durant cinq années son père vivote dans la capitale plutôt qu'il ne vit. Son épouse n'aime pas du tout le monde des artistes et s'objecte à ce que son mari parte en tournée. Elle souhaite ardemment que son fils devienne ingénieur ou professeur d'histoire.

La famille déménage dans un nouvel appartement à Issy-les-Moulineaux, près de Nanterre. Mais Serge regrette le petit logis parisien et le temps où son père chantait. Puis arrive bientôt l'heure d'aller au collège. Serge regrette l'école communale, où il usait ses fonds de culotte et utilisait sa voix pour faire de l'effet auprès des filles. À 13 ans, il est plutôt rebelle et n'est guère porté sur les études, sauf sur l'histoire et le français.

Pour faire rire ses camarades, le collégien turbulent imite les professeurs et Luis Mariano. Le théâtre amateur le passionne, et il obtient quelques bons rôles dans *La cuisine des anges*, *Le rendez-vous de Senlis*. À 18 ans, Serge Lama quitte le foyer familial, voulant suivre l'exemple de Marie-José Neuville, cette collégienne aux longues nattes qui écrit ses propres textes et en qui tous les jeunes se retrouvent.

Tout en travaillant comme caissier dans une banque jusqu'à son départ en 1962 pour le service militaire, il garde bien au chaud son rêve de devenir une star et d'avoir son nom en grosses lettres. Serge Lama sert sous les drapeaux à Hammaguir, aux confins du désert du Sahara algérien, là où se trouve une base spatiale française. Il est un bien piètre soldat qui s'ennuie des belles lycéennes que pourtant il n'a aimées qu'en rêve.

En 1964, Serge Lama débute à L'Écluse où Barbara est en vedette. Il sort vainqueur du concours Les relais de la chanson française organisé par le journal *L'Humanité*. Renée Lebas l'entend et lui propose aussitôt d'enregistrer un disque pour sa maison de production et d'écrire des chansons pour Régine, la reine des nuits parisiennes. Serge Lama fait ses débuts, modestes, à Bobino, aux côtés de Barbara et de Georges Brassens. On le retrouve ensuite aux cabarets de la rive droite, à La Villa d'Este, La tête de l'art. Il compte déjà à son crédit une centaine de chansons, et le travail ne manque pas.

Tout bascule dans la vie du chanteur le 12 août 1965. Serge Lama est en effet victime d'un terrible accident de voiture dans lequel sa fiancée et le conducteur, frère d'Enrico Macias, perdent la vie. À demi paralysé, il est transporté à l'hôpital d'Aix-en-Provence, dans un piteux état. Seuls ses bras et son crâne sont intacts. Il passera six mois entre la vie et la mort, sans bouger, et subira une foule d'opérations dont une trachéotomie.

Pendant 18 mois, Serge Lama lutte pour sa survie. Renée Lebas, Barbara et surtout Daisy, attachée de presse à sa maison de disques, se relaient à son chevet. Le chanteur épousera cette dernière à sa sortie de l'hôpital. En décembre 1965, Bruno Coquatrix organise un gala bénéfice en faveur de Serge Lama. Georges Brassens, Pierre Perret, Marcel Amont, Enrico Macias, Régine et plusieurs autres artistes participent bénévolement à cette soirée.

Le 23 octobre 1967, Serge Lama fait sa rentrée à l'Olympia, en boitant et en hurlant plus qu'il ne chante. Au fur et à mesure que le spectacle se déroule, le chanteur retrouve son calme. La salle est surchauffée lorsqu'il chante sa première chanson, *La ballade des poètes*, écrite à 11 ans, ainsi que *Les ballons rouges* :

Je n'ai pas eu de ballons rouges
Quand j'étais gosse dans mon quartier
Dans ces provinces où rien ne bouge
Tous mes ballons étaient crevés
[…]
J'ai rien demandé je n'ai rien eu
J'ai rien donné j'ai rien reçu

Quand il enchaîne avec *D'aventure en aventure*, Serge Lama démontre clairement qu'il n'a pas perdu son inspiration ni sa lucidité. On se rend compte qu'il n'a pas chômé pendant sa convalescence :

Bien sûr j'ai d'autres certitudes
J'ai d'autres habitudes
Et d'autres que toi sont venues
[…]
Mais d'aventure en aventure
De train en train, de port en port
Je n'ai pu fermer ma blessure
Je t'aime encore

En 1968, Serge Lama fait la première partie de Georges Chelon, à Bobino, où il chante plus qu'il ne boite; la salle est en délire. Après son triomphe à Bobino, il est invité par Michel Gélinas à venir à Montréal. Il se produira à la Place des Arts, en octobre 1971, y reviendra à huit reprises entre cette date et 1995 et y donnera 40 représentations. Partout au Québec, il remplit les salles.

C'est en 1973, à l'Olympia, que Serge Lama connaîtra vraiment la gloire. Son tour de chant est musclé et d'excellente qualité. Alice Dona, Jean-Claude Petit et Yves Gilbert contribuent, tant par les paroles que par la musique, à lui faire «rêver un impossible rêve et d'atteindre l'inaccessible étoile», comme le chante Jacques Brel dans *La quête*. C'est l'apothéose lorsque Serge Lama chante *Superman*, *Je suis malade* et *Les p'tites femmes de Pigalle*:

*Je m'en vais voir les p'tit's
femmes de Pigalle
Toutes les nuits j'effeuille
Les fleurs du mal
Je mets mes mains partout,
Je suis comme un bambin
J'm'aperçois qu'en amour
Je n'y connaissais rien*

Sitôt sorti de l'Olympia, Serge Lama attire 70 000 personnes en 20 jours au Palais des Congrès. Ses chansons *Je suis malade, Femme, femme, femme, La chanteuse a vingt ans* déferlent sur les ondes de toutes les radios francophones. Avec sa vitalité débordante, son rire sonore et provocateur, il ne laisse personne indifférent. Des intellectuels aux ouvriers, en passant par les jeunes, tous viennent le voir. Il plaît aux jeunes filles, à leurs mères et à leurs grands-mères; les hommes acceptent qu'il en soit ainsi.

Pendant quelques années, Serge Lama se laisse porter par la vague. Il s'amuse follement et prend la vie comme elle vient. En 1979, il lance son album *Lama chante Brel*, en hommage à celui qui lui a appris à se dépasser. Au Palais des Congrès, plus de 300 000 personnes viennent l'applaudir en trois mois seulement. La presse du cœur, toujours à ses trousses, annonce en manchette que Serge Lama est l'heureux papa de Frédéric. Sur sa vie privée, il reste toutefois avare de confidences et se moque des aventures qu'on lui prête inopinément.

Pour rendre hommage à son père, Serge Lama l'entraîne dans les studios du Palais des Congrès, afin d'enregistrer l'album *Lama père et fils*. On y retrouve avec ravissement *Mon fils n'aura pas d'enfant, Le petit souper aux chandelles, Sur deux notes, Comme papa, La chambre de Ferré*. En postface, Serge Lama écrit: «Il m'a donné sa voix, et j'ai suivi la mienne. Trente ans que s'était tu ce timbre qui berça mon enfance; il retentit ce soir à nouveau dans les effluves des années 1950, pour mon plaisir d'abord, pour le vôtre, j'espère. Mon père a soixante ans. Bon anniversaire! Papa!»

Serge Lama ressent le besoin d'aller toujours plus loin. Son admiration pour l'empereur Napoléon Bonaparte l'amène à jouer ce personnage au

Théâtre Marigny durant toute l'année 1984. On ne peut oublier son interprétation magistrale de *Marie la polonaise*, dont il a écrit les paroles et Yves Gilbert, la musique :

> *Mon ardente ma polonaise*
> *Ce bouquet de roses tendues*
> *Par-delà la foule mauvaise*
> *Marie ton regard suspendu*
> *Sous la glace de ton ascèse*
> *Inaccessible moi je sens*
> *Que sous ta peau coule la braise*
> *La braise rouge de ton sang.*

> *Marie, douloureuse*
> *Marie, départ*
> *Marie, je pars*
> *Marie, j'ai peur*
> *Marie merveilleuse*
> *Je veux graver mes lèvres en rouge sur ton cœur*

Christine Delaroche joue le rôle de Joséphine dans cette épopée musicale. Une tournée suivra à l'étranger, notamment à Montréal, Québec et Ottawa; Jacques Ouimette en est le producteur. En 1989, Serge Lama se tourne vers le théâtre de boulevard. Il joue dans *La facture* de Françoise Dorin et *Toâ*, de Sacha Guitry.

De 1994 à 1996, Serge Lama produira un nouvel album éponyme ainsi que *Lama l'ami*, comprenant sa chanson *Titanic*. Il revient en force au Palais des Congrès et à l'Olympia. Son public lui est resté fidèle. Toutefois, il ne veut plus faire 250 spectacles par an comme jadis. Est-ce le repos du guerrier ou le diable qui se fait moine? Absolument pas, puisqu'il repart en tournée. Il se produit notamment au Capitole de Québec en 1995 et 1997, à deux reprises. Guy Latraverse le convainc également de participer aux FrancoFolies de Montréal, en 1999, en chantant au Théâtre Saint-Denis, accompagné par les 60 musiciens de l'Orchestre symphonique de Québec. Un an plus tard, il revient au Québec pour plusieurs spectacles : il se produit en février à la Salle Albert-Rousseau de Québec, en mars au Théâtre Saint-Denis à

Montréal, dans une vingtaine de salles du Québec et à Ottawa. En avril 2000, le chanteur reçoit la Légion d'honneur des mains du président Chirac.

Que de beaux moments avons-nous passés en la compagnie de Serge Lama qui n'a pas fini de nous éblouir et de nous séduire. Cet homme, amoureux des femmes et de son épouse Michèle, a réussi à graver son nom dans le roc et dans nos cœurs, un nom qui va encore briller au fronton de nos salles de spectacle et des journaux. Écoutez-le attentivement chanter *Mes frères* :

> *Chanter l'amour c'est mieux qu'une prière*
> *Mes frères, mes frères*
> *Éloignez-vous des chiens et des chacals*
> *Éloignez-vous des banquiers, des bancals*
> *Chantez l'amour, c'est ce qu'on vient de faire*
> *Mes frères, mes frères*
> *C'est en chantant qu'on passe les frontières*
> *Mes frères*

Chaque fois que Serge Lama vient au Québec, les journalistes veulent l'interviewer. Carmen Montessuit, du *Journal de Montréal*, réussit à lui arracher quelques confidences : « Je suis le chanteur de ma génération qui a le plus tourné, avec une moyenne de 250 « shows » par année. Grosso modo, pendant 15 ans, j'ai chanté presque tous les soirs… J'ai aussi fait *Toâ*, une pièce de Sacha Guitry. Et j'ai joué un rôle de commissaire de police dans une télésérie… On me définit par rapport à l'image qui se dégage de moi : enthousiaste, bon vivant, bon mangeur… ça se voit ! bon buveur, beaucoup moins que d'autres, mais plus que certains… En 1900, c'était la révolution industrielle et, en 2000, ce sera la domination des ondes. »

❖ ❖ ❖

LAPOINTE, Jean
Auteur, compositeur, interprète et comédien
Né Jean-Marie Lapointe,
le 6 décembre 1935, à Price

Au milieu de ses six frères et sœurs, le petit Jean-Marie montre qu'il a beaucoup d'aptitudes pour la musique, le chant et la comédie. Un vrai clown! À neuf ans, on lui prédit une carrière de pianiste, ce que sa mère, Anne-Marie Ducharme, aurait souhaité faire. Après la récitation du chapelet en famille, à la fin du repas du soir, l'adolescent commence à faire des imitations de ses proches et de ses premières idoles : Félix Leclerc et Bourvil.

Son père, Arthur J. Lapointe, n'était pas souvent à la maison durant ses années de députation fédérale dans le comté de Matapédia — Matane. Décédé en 1960, il a gravi tous les échelons des forces armées, avant de publier un livre intitulé *Souvenirs et impressions de ma vie de soldat*. «Quand papa était à la maison, il chantait avec maman qui l'accompagnait au piano, et nous étions tous béats d'admiration», se souvient Jean Lapointe.

Au Petit séminaire de Québec où Jean-Marie s'inscrit après le Juvénat, il préfère jouer des tours pendables à ses compagnons et faire le pitre en classe. Mis à la porte, il fréquente alors l'école Saint-François d'Assise. À 16 ans, il forme le groupe vocal Les QuébecAires, avec Jean-Pierre Bédard et Raymond Pacaud. Le joyeux trio décroche l'animation d'une série radiophonique, *Y'a d'la joie*, diffusée au poste CHRC à Québec. En 1954, Jean-Marie décide de s'installer à Montréal. Il arrive avec sa guitare, ses photos, une seule valise, un veston à carreaux prêté par son frère Anselme et 15 dollars en poche. Incapable de payer son loyer au Bruxell's House, il se retrouve à la rue.

Jean-Marie Lapointe arrive à survivre en cumulant des petits contrats. Il décroche un premier engagement de trois mois au Cabaret Caprice, où il chante sous le nom de Jean Capri. Au Casa Loma, il sort gagnant du concours Les étoiles de demain. Le patron, Andy Cobetto, retient alors ses services pour trois semaines. Au New Orleans, la scène est si petite que le piano s'écroule sur les spectateurs quand il se met à imiter Gilbert Bécaud chantant *Quand tu danses avec moi*. Peu importe : il est sur scène!

Au Théâtre Canadien, Jean Grimaldi le désigne comme étant «l'unique, l'incomparable Jean Lapointe». Au contact d'Olivier Guimond, de Manda, de Paolo Noël, de Paul Desmarteaux et d'autres, le jeune homme est à bonne école. Jean Lapointe peaufine ses talents. C'est au cabaret Chez Émile à Québec qu'il rencontre Jérome Lemay. On assiste alors à la naissance des Jérolas. L'avocat Charlemagne Landry les prend sous sa tutelle et les présente à son Café Minuit, dans la métropole. On ne se doute pas encore de l'ampleur du succès que le duo connaîtra.

Le 1er janvier 1956, les Jérolas font leur apparition à la télévision. Suzanne Avon les reçoit à *Music-Hall* en même temps que Félix Leclerc, fraîchement arrivé de France après six années triomphales. À la fin de l'année, le premier 78 tours du duo, comprenant *L'amour et moi* ainsi que *Rythme et fantaisie*, retient l'attention des disquaires et des auditeurs. Histoire d'élargir leurs horizons, Charlemagne Landry les emmène en sol français. Après un séjour à Paris, où ils chantent au restaurant Le Doyen des Champs-Élysées, les Jérolas reviennent au pays. Gonflés à bloc, ils partent à la conquête du Québec tout entier.

En 1957, les deux compères rencontrent l'amour. Jérome Lemay épouse Lisette Allard et Jean Lapointe, Madeleine Lockwell. De cette dernière union naîtront Danielle, Michelle et Marie-Josée. Après la rupture de ce premier mariage, Jean Lapointe entreprend une nouvelle vie avec Marie Poulin qui lui donnera quatre autres enfants : Maryse, Jean-Marie, Catherine et Élisabeth. La famille vit de beaux et de difficiles moments en raison des problèmes d'alcool de Jean Lapointe qui tente par tous les moyens de se sortir de ce guêpier. Il s'intéresse alors à la peinture et se met à collectionner les œuvres des plus grands peintres québécois : Jean-Philippe Dallaire, Marc-Aurèle Fortin, Paul-Émile

Borduas, Alfred Pellan, Léo Ayotte et Jean-Paul Lemieux, avec lesquels il se liera d'amitié.

Le 28 avril 1963, c'est la consécration des Jérolas qui passent au *Ed Sullivan Show*. Ils imitent les Four Aces, Al Jolson, Louis Armstrong et les Four Diamonds. Le lendemain, le duo est de retour au Coronet, à Québec, comme si de rien n'était. Le public, lui, est resté médusé par cette prestation américaine. Il est au rendez-vous dans toutes les salles où se produit le duo : le Blue Angel à New York, la Comédie-Canadienne en 1966, la Place des Arts, etc. Les Jérolas n'ont aucun problème d'argent!

Bruno Coquatrix insiste pour qu'ils se produisent à deux reprises à l'Olympia, à Paris, en 1966. La première fois, ils font la première partie de Monique Leyrac, la seconde, celle de Claude François. Cinq ans plus tard, le populaire duo partage l'affiche de ce prestigieux temple du music-hall avec Dalida. Les Jérolas ont séduit l'Europe, mais en coulisses, le ton monte parfois entre les deux artistes et l'imprésario.

De 1966 à 1974, Jean Lapointe fait cavalier seul au cinéma. Il tourne dans six films dont *Deux femmes en or* de Claude Fournier et *Les Ordres* de Michel Brault. La rupture avec Jérome Lemay est consommée, au grand désarroi de leur imprésario. Jusqu'à ce jour, le comédien a joué dans une quinzaine de productions pour le grand écran. Jean n'oublie pas — et n'oubliera jamais! — son rôle dans *Angela* mettant en vedette la belle Sophia Loren.

En 1975, Jean Lapointe présente son premier spectacle intitulé *Démaquillé*. Le public découvre alors toutes les facettes de son talent : chanteur, imitateur, monologuiste et comédien. Avec un spectacle bien rodé, une critique élogieuse et unanime et plusieurs succès sur disques — comme *C'est dans les chansons* et *Mon oncle Edmond* —, Jean Lapointe part en tournée à travers le Québec. La même année, il participe aux festivités de la Saint-Jean sur le Mont-Royal, devant plus de 250 000 personnes. Il tente aussi de régler ses problèmes d'alcool et suit une première cure de désintoxication. Sa lutte contre l'alcoolisme l'oblige à changer ses habitudes de vie et à se faire de nouveaux amis au sein des Alcooliques anonymes. Parmi ceux-là, Pierre Péladeau.

Depuis sa rupture avec les Jérolas, il y a 25 ans, Jean Lapointe continue de remplir les salles du Québec avec ses spectacles différents, dont

Rire aux larmes, La grande séance, En pleine farce. En 1979, plus de 300 000 personnes vont l'applaudir à la Place des Arts et au Grand Théâtre de Québec. Il retournera continuellement dans ces établissements et sur toutes les scènes québécoises, que ce soit à l'occasion de fêtes champêtres ou de festivals renommés.

Encouragé à aller en France par son nouvel ami Raymond Devos, Jean Lapointe renoue avec les salles parisiennes. Il monte sur les planches de Bobino en 1984 avec son spectacle *Porte à rire*. Il effectue ensuite une tournée de 60 villes françaises. L'année suivante, c'est à l'Olympia qu'il connaît un succès enviable. À ce moment-là, Jean Lapointe n'est pas prêt à tout abandonner au Québec pour s'installer en Europe. Il doit notamment veiller à la destinée de la Maison Jean Lapointe qu'il a fondée en 1982 pour venir en aide aux alcooliques. Qui plus est, Jean a un autre combat à mener : contenir sa passion du jeu. Au casino comme aux courses, il a déjà englouti de fortes sommes. Sa victoire tant sur l'alcool que sur le jeu va lui redonner la paix, la sérénité et le goût de poursuivre sa vie en rendant les autres heureux.

Pour ses talents multiples, on a souvent fait appel à Jean Lapointe lorsqu'il s'agissait d'endosser des rôles au petit comme au grand écran. En 1977, la télésérie consacrée à Maurice Duplessis, premier ministre du Québec pendant 20 ans, lui apporte la reconnaissance et l'estime des gens du métier. Dans *Montréal ville ouverte* (1992) signée Lise Payette, il campe avec justesse le personnage du juge Caron. Deux ans plus tard, Jean Lapointe fait quelques apparitions émouvantes dans la télésérie dédiée à cet autre premier ministre, René Lévesque.

Jean Lapointe demeure un homme vulnérable sur le plan humain. Sa sœur, religieuse chez les Petites sœurs des pauvres, décide un jour de réunir les sept enfants de son frère. Elle souhaite plus que tout que l'harmonie règne dans le clan Lapointe et que l'arrivée de Cécile, la nouvelle conjointe de Jean Lapointe, se fasse en douceur. Ils se marieront le 26 septembre 1992.

Jean Lapointe décide de son côté de faire revivre les Jérolas au Festival Juste pour rire et dans une tournée à travers le Québec. Ce sont de vraies retrouvailles avec son compagnon des bons et mauvais jours, Jérôme Lemay, placées sous le signe de la réconciliation et de l'amitié. Après *Un dernier coup de balai* présenté au Théâtre de Chéribourg de 1991 à 1995, en Estrie, où il réside, Jean Lapointe donne plus de 150 spectacles avec la participation de Jérôme Lemay. On les voit entre autres au Capitole de Québec et à la Place des Arts. Son nouvel agent, le producteur Bernard Caza, veille sur lui. En 1997, il participe notamment aux FrancoFolies de Montréal, alors que Jérôme Lemay, Yvon Deschamps, Édith Butler et Richard Séguin viennent lui rendre hommage.

Jean reprend la route seul avec un spectacle plus intimiste *Une voix, un piano, une histoire...* En 1999, à peine remis de la mort de ses deux frères Anselme et Gabriel, il se produit de nouveau au Québec et termine l'année au Théâtre du Gesù. Pendant cette période est publié *Presque tout Jean Lapointe*, ouvrage qui comprend les chansons, les monologues et d'autres souvenirs de la carrière du fantaisiste. Son fils, Jean-Marie, lève quant à lui le voile sur son père avec son livre émouvant, *Mon voyage de pêche*, admirablement bien secondé dans cette entreprise par sa sœur Maryse.

En écrivant son autobiographie *Pleurires* en 1995, depuis sa résidence de Saint-Élie-d'Orford, Jean Lapointe remet les pendules à l'heure. Il parle de sa mère qui, à 88 ans, chante toujours *La berceuse de Jocelyn* avec la même justesse. L'auteur rend également justice à ses sœurs Cécile, Rollande, Huguette et Suzanne qui l'ont toujours soutenu. Elles savent qu'il vit un jour à la fois en récitant cette prière significative :

> *Mon Dieu, donnez-moi la sérénité*
> *D'accepter les choses que je ne peux changer*
> *Le courage de changer les choses que je peux*
> *Et la sagesse d'en connaître la différence.*

Parmi les plus beaux souvenirs de sa vie figure le 8 décembre 1966. Jean Lapointe se souvient que, ce soir-là, il recevait dans sa maison d'Anjou de prestigieux invités : Charles Aznavour et sa femme Ulla, Monique Leyrac et Jean Dalmain, Jérôme Lemay et son épouse Lisette ainsi que Suzanne Avon. Cette dernière avait fait une surprise de taille à Jean Lapointe : inviter son idole, Félix Leclerc.

Jean Lapointe a également été très heureux le jour où l'Université du Québec lui a remis un doctorat honorifique pour l'ensemble de son œuvre. Quand on lui a décerné le titre de Grand Québécois en 1995, il a versé plusieurs larmes. Que de beaux souvenirs pour cet homme au grand cœur, qui a mené tant de combats et qui continue de donner le meilleur de lui-même sur scène et dans la vie de tous les jours, auprès de ses semblables. Vas-y Jean, *Chante-la ta chanson*...

> *Chante-la ta chanson*
> *La chanson de ton cœur, la chanson de ta vie*
> *Chante-la ta chanson*
> *L'oiseau le fait*
> *Le vent le fait*
> *L'enfant le fait aussi*
> *Chante-la ta chanson*
> *N'aie pas peur, vas-y*
> *Chacun a sa mélodie au fond de lui*
> *Chante-la ta chanson*
> *Elle est sûrement jolie*
> *Chante-la qu'elle est belle ta vie*

❖ ❖ ❖

Photo : Andrew Semple

LEMAY, Lynda
Auteure, compositrice et interprète
Née le 25 juillet 1966, à Portneuf

Depuis sa tendre enfance, Lynda Lemay rêve de faire de grandes choses, «pour pouvoir un jour en faire de toutes petites». C'est ce qu'elle fait de mieux depuis qu'elle a écrit *Papa es-tu là?* alors qu'elle n'avait que neuf ans et apprenait le piano. Sa mère Jeannine et son père Alphonse, dessinateur industriel, l'encourageaient déjà dans sa quête du mot juste, de la phrase qui traduit son quotidien.

Lynda Lemay se souvient des années où elle était sacristine, faisant le ménage de l'église paroissiale, allumant les cierges et lampions, sonnant les cloches et assistant le prêtre aux cérémonies de baptême.

Adolescente, elle rêve de devenir dentiste ou encore archéologue pour fouiller la terre et le passé. Au cégep de Sainte-Foy, elle porte jeans serrés et blousons de cuir qu'elle laissera tomber ensuite pour de fins lainages et des vêtements soyeux. Elle apprend tout le répertoire de son idole, Johnny Hallyday, dont *Que je t'aime*. Sa mère et ses sœurs, France et Diane, préfèrent quant à elles Michel Sardou et Joe Dassin. Pour se faire un peu d'argent, Lynda fait différents petits boulots comme bien des filles de son âge : barmaid au Restaurant du phare de sa petite ville, vendeuse de jus à Fontaine Santé à Place Québec en 1987, vendeuse de salades au centre commercial Fleur de lys dans la même ville.

À 18 ans, Lynda Lemay redécouvre le piano et se met à écrire toutes les paroles et mélodies qui lui passent par la tête. Deux ans plus tard, elle enregistre un premier démo avec trois de ses compositions et remporte le concours Québec en chansons. À la salle Albert-Rousseau de la capitale, elle fait une tentative bien timide avec *Trop bleus*. Demi-finaliste à *Musicart* — émission télévisée animée par Serge Laprade —, elle tente sa chance au Festival international de la chanson de Granby pendant trois années consécutives. Elle y triomphe seulement en 1989 avec sa chanson *La veilleuse*. Cette récompense acquise, Lynda Lemay choisit alors de renoncer à une vie stable et quitte subitement l'agence de publicité où elle venait de se trouver un emploi comme secrétaire.

Arrivée à Montréal, elle se produit pour la première fois devant le public dans le cadre des FrancoFolies de Montréal en 1989, tout comme Dan Bigras, Sylvie Paquette, Terez Montcalm et Mario Chenart. Après un passage au Festival de Saint-Malo, Lynda Lemay se produit seule au Bistro d'Autrefois à Montréal, en octobre et décembre 1991. Elle y interprète entre autres *On m'a fait la haine*, *Montre-moi*, *La veilleuse*, *L'adolescent-X* et *Pourquoi tu restes*. Deux ans plus tard, le 1er mars exactement, elle compose *La visite* à Grondines, où elle séjourne pendant un moment avec sa sœur Diane.

En 1994 et 1995, Lynda revient sur la grande scène extérieure des FrancoFolies de Montréal et à la cinquième salle de la Place des Arts, où se produisent également Éric Lapointe et Axelle Red. Elle commence à gagner en crédibilité et notoriété et s'envole pour La Rochelle. Elle part ensuite pour la Suisse rendre hommage à Charles Trenet dans le cadre du Festival de jazz de Montreux, le 18 juillet 1996. C'est là que Charles Aznavour, assis aux côtés de Charles Trenet, la voit pour la première fois. Après le spectacle, il s'entretient avec la Québécoise, lui propose de la parrainer et lui fait signer un contrat avec les Éditions Raoul Breton, dont il est propriétaire avec Gérard Davoust, également présent à la rencontre. Patrick Labesse écrit dans le quotidien *Le monde* : « Lynda Lemay chante d'un timbre clair de petits bonheurs simples, ceux que revendique tout un chacun, les grands sentiments [...]. L'émotion passe alors comme une tonne de briques, dirait-on au Québec. »

En 1998, à Montréal, Lynda Lemay fait partie du grand spectacle soulignant le 30e anniversaire du festival de Granby. La même année, elle fait battre bien des cœurs au Grand Théâtre de Québec, au Théâtre Saint-Denis, au Monument-National, à la Place des Arts, au Capitole ainsi que dans plusieurs autres établissements du Québec. Avec son titre d'Interprète féminine de l'année et son Félix remporté au gala de l'ADISQ, elle s'envole pour Paris où Charles Aznavour l'attend et se charge de la guider dans la jungle parisienne. Elle fait un tabac au Sentier des Halles pendant 42 soirs, et à L'Européen, à Pigalle, pendant 11 soirs.

À son émission de télévision, l'animateur Michel Drucker parle en des termes très flatteurs de l'écriture de Lynda Lemay. Il souligne que Serge Lama, Francis Lalanne et l'écrivain Alexandre Jardin ont assisté à ses spectacles et ont été émerveillés par ses compositions et sa performance. Dans *Paris Match*, Alexandre Jardin écrit : «Lynda Lemay passe sans transition de l'extrême drôlerie à la gravité la plus cinglante. Impossible de ne pas être en larmes. Impossible de ne pas hurler de rire.» En décembre 1999, l'hebdomadaire consacre d'ailleurs sa première page à «la Québécoise qui fait fondre la France», ainsi qu'un reportage de quatre pages.

De retour au Québec, des dizaines d'articles et de critiques élogieuses dans les poches, Lynda Lemay tente de refaire sa vie et d'oublier sa séparation d'avec le comédien Patrick Huard. Leur fille Jessie, née la veille de ses 31 ans, est là pour lui insuffler le courage d'accepter son nouveau rôle de mère monoparentale. Elle se permet de prendre le temps d'enseigner à sa fille la gymnastique, la danse et autres activités sportives. Peut-être un jour lui apprendra-t-elle à jouer de ce violon qu'elle a acheté à grand prix et qui n'a encore jamais servi.

Depuis 1990, Lynda Lemay a produit cinq albums dont plusieurs dépassent les 100 000 exemplaires : *Nos rêves*, *Y* (pour la lettre de son prénom, a dépassé les 250 000 exemplaires vendus), *La visite*, *Lynda Lemay* et *Lynda Lemay live*, enregistré au Capitole de Québec. Parmi ses succès figurent notamment *Je voudrais te prendre*, *Décevoir*, *Ma chouette*, *Alphonse*, *L'incompétence*, *Les filles seules*, *Époustouflante*, *Le plus fort, c'est mon père*, *Ceux que l'on met au monde*, *Des pieds et des mains*, *Chéri, tu ronfles*, *La visite*, *Les souliers verts*, *Dans mon jeune temps*, *Au nom des frustrées*, *La marmaille* :

> *Longtemps j'ai cru que la marmaille*
> *J'en voudrais jamais dans mes jambes*
> *Que j'endurerais jamais qu'ça braille*
> *Même en punition dans une chambre*

En 1999, Lynda Lemay renoue avec son fidèle public québécois à la Place des Arts. En décembre, elle est de nouveau à Paris au Bataclan avant d'entreprendre une tournée de 45 spectacles dans l'Hexagone et en Belgique. En avril 2000, elle foule les planches de l'Olympia avec triomphe, trois soirs d'affilée. Au mois d'août, c'est à la Place des Arts, dans le cadre des FrancoFolies de Montréal, qu'elle présente son nouveau spectacle, empreint de chaleur, de simplicité et de spontanéité. Avec ou sans sa guitare, elle s'impose à nouveau en puisant dans le vaste répertoire des 600 chansons qu'elle a composées un peu partout : sur la table de la cuisine familiale, sur la rive nord du fleuve, à son refuge de Verchères ou dans la métropole. Lynda Lemay ne cesse de s'imposer à travers toute la francophonie et continue de rêver. Elle souhaite terminer l'écriture de son roman avant d'avoir 50 ans, roman qu'elle a commencé à l'âge de 18 ans et qu'elle a toujours gardé précieusement.

❖ ❖ ❖

Photo : Archives de la Place des Arts

LENORMAN, Gérard
Auteur, compositeur, interprète
Né Gérard Lenormand, le 9 février
1945, à Bénouville en Normandie,
en France

Gérard Lenorman compose sa première chanson à l'âge de 12 ans. Le jeune provincial arrive à Paris en 1967 avec, comme tout bagage, sa guitare et son expérience de musicien et chanteur de bals populaires dans lesquels il se produit depuis l'âge de 14 ans. Brigitte Bardot le fait connaître en enregistrant *La fille de paille* :

> *Ah, que c'est triste, ah, que c'est éprouvant*
> *D'être amoureux d'une fille de paille*
> *Car elle s'envole au premier coup de vent*
> *Je crois qu'elle est dans mes bras*
> *Elle est par-dessus le toit*

En 1969, il succède à Julien Clerc dans la comédie musicale *Hair*. Il a oublié ce violent accident de voiture survenu il y a plusieurs années déjà. Chez CBS, il enregistre *Rien n'est plus beau* et *Il*, son premier succès écrit avec Guy Skornick :

> *Il habite dans le froid*
> *Il n'a plus ni père ni mère*
> *Il habite dans les bois*
> *Il ne connaît que l'hiver*
> *Il a treize ans aujourd'hui*
> *Il n'a plus un seul ami je crois*

Quand Gérard Lenorman apprend à ses proches qu'il sera un jour chanteur, on lui rit au nez. Pour riposter, il écrit la chanson qu'il enregistrera plus tard : *Le vagabond*. Gérard Lenorman sera longtemps un artiste incompris. Son arrivée à Paris ne se fait pas sur un sentier de roses. Avide de tout connaître sur le monde du spectacle, il passe d'une salle à l'autre et rentre tard pour écrire ce qui le marque instinctivement :

> *Quand une foule crie bravo*
> *Je serre les poings dans la salle*
> *J'ai mal, oh oui, j'ai mal [...]*
> *Les néons de la ville illuminent le soir*
> *D'autres noms, d'autres espoirs*
> *Souvenirs inutiles qui brûlent mon regard*
> *Et me laissent dans le noir.*

Lors des fêtes de Pâques 1974, Gérard Lenorman réalise un rêve de jeunesse : monter sur la scène de l'Olympia où il offre, en première partie, un spectacle de marionnettes. Lorsqu'il entonne *Ave Maria*, les spectateurs ébahis n'en croient pas leurs oreilles.

En 1976, Gérard Lenorman enregistre *Michèle*, signée Didier Barbelivien et Michel Cywie et écrite en hommage aux Beatles. C'est un véritable succès, au point que la compagnie CBS demande aux stations de radio de moins la diffuser au risque de lasser le public et de nuire à la carrière du chanteur. Fait assez inusité dans ce milieu très compétitif où l'on refuse souvent, sans raison valable, de faire tourner les refrains des meilleurs auteurs !

Fidèle à son surnom de Petit prince de la chanson, Gérard Lenorman remporte la Rose d'or d'Antibes et grimpe au sommet de l'affiche. Après un passage à l'Olympia et son triomphe au Palais des Congrès de Paris en 1982, il part en tournée dans les pays francophones, de même qu'au Japon et en Amérique du sud. À la Place des Arts à Montréal, il chante à cinq reprises entre 1976 et 1983. La salle est pleine à chacun des passages de ce jeune premier romantique.

Gérard Lenorman a toujours eu le don de surprendre ses admirateurs. C'est ce qui s'est produit le jour où il a enregistré *Le Plat pays* de Jacques Brel, dans une interprétation personnelle et chaleureuse.

Il suscite le même intérêt avec sa reprise de *Nous dormirons ensemble* de Jean Ferrat.

En 1995, il monte sur les planches du Théâtre Capitole à Québec, pour une soirée de retrouvailles après dix ans d'absence parmi nous. Le public entonne avec lui les refrains de *Les filles de la plage*, *Le petit prince*, *Les jours heureux*, *Voici les clefs*, *Les matins d'hiver*, *Quelque chose en moi*, *Michèle* ou encore *La petite valse*. Il rend également hommage à Jacques Michel en chantant *Amène-toi chez nous*. Pour le plus grand plaisir des spectateurs, il invite le compositeur québécois à monter sur scène avec lui tout en entamant *Quand la foule crie bravo*. Un grand moment...

Au Québec, comme dans beaucoup d'autres pays, on identifie encore aujourd'hui Gérard Lenorman à ses grands succès *Michèle* et *La ballade des gens heureux*, dont il a composé la musique et les paroles avec Pierre Delanoë en 1975. Cette mélodie est devenue l'une des 10 plus populaires du répertoire français de ces 30 dernières années. L'éternel adolescent, père de quatre enfants, continue de chanter cette mélodie quand bon lui semble :

> *Notre terre est une vieille étoile*
> *Où toi aussi tu brilles un peu*
> *Je viens te chanter la ballade*
> *La ballade des gens heureux*

Comme l'écrit Élisabeth Chandet, Gérard Lenorman n'est pas un brillant intellectuel : il ressent les choses et son langage est celui des émotions, des sentiments. Ses rapports avec la gent féminine n'en sont que plus douloureux, plus excessifs. Il est amoureux de l'amour; il le chante, quelle que soit son issue. «Pour Gérard, l'amour est indispensable. Aimer, c'est être au monde. C'est vivre. Il ne conçoit pas d'exister autrement [...]. Fasciné par la femme fatale, il a choisi la vie paisible du mari affectueux, du père de famille tranquille.» Gérard Lenorman a eu quatre enfants de son premier mariage : Mathieu, Justine, Clémence et Victor. Sa vie privée est ce qu'il y a de plus précieux. N'essayons pas de comprendre. Écoutons plutôt ses paroles et sa musique et laissons-le chanter...

LÉTOURNEAU, Pierre
Auteur, compositeur, interprète et comédien
Né le 11 août 1938, à Verdun

Photo : Jacques Grégorio, Échos-vedettes

Adolescent, le citadin Pierre Létourneau passe tous ses étés en pleine nature au lac Gagnon, à Sainte-Agathe dans les Laurentides, avec son unique sœur Claudette. Son père, Charles, travaille à la Northern Electric, à Pointe-Saint-Charles; il pianote et sa mère, Armandine, chantonne sans cesse. Pierre s'adonne à différents sports et rêve de devenir un champion, surtout sur la glace. Son coup de patin fait de l'effet aux jeunes filles en fleurs qui lui trouvent toutes les qualités du monde : beau, intelligent et sculptural!

À 16 ans, Pierre Létourneau imite Félix Leclerc et fait semblant de jouer de la guitare avec sa raquette de tennis. Passionné de hockey, il doit toutefois abandonner cette activité à cause d'une myopie qui s'amplifie. Il restera toujours un amateur, au point de composer un jour une chanson sur Maurice Richard. Un samedi soir à Paris, alors que le mal du pays le rongeait, il a écrit cet hommage à la gloire de son idole, la légende d'un peuple disparue le samedi 27 mai 2000.

Après des études classiques au collège Sainte-Marie, le Verdunois se dirige vers l'École des beaux-arts et fréquente la faculté des arts de l'Université de Montréal. Pendant quelque temps, le beau grand blond occupe les fonctions d'instituteur suppléant, puis sera titulaire de sixième année dans sa ville natale. Pierre Létourneau habite rue Bannantyne; son ami Stéphane Venne, boulevard LaSalle. Ensemble, ils chantent les succès des Compagnons de la Chanson et adorent la voix de Fred Mella; ils s'accompagnent dans un simulacre de batterie et au piano plus ou moins bien accordé.

Durant un stage universitaire, Pierre Létourneau se fait valoir comme comédien dans un long métrage, *Seul ou avec d'autres*, pour le compte de l'Office national du film. On le verra plus tard dans le téléroman *Rue de l'anse*, réalisé par Pierre Gauvreau, et dans le téléthéâtre *Paradis perdu*, de Marcel Dubé.

Quand arrive l'époque des boîtes à chansons des années 1960, Pierre Létourneau court s'acheter une guitare usagée chez un brocanteur de la rue Craig. Après avoir entendu chanter l'artiste dans une petite boîte de Percé, en Gaspésie, Pauline Julien enregistre sa chanson *Les colombes*, qui apparaîtra peu de temps après sur le premier 45 tours du jeune auteur. En 1964, John Damant organise la production du premier album de Pierre Létourneau sur lequel on trouve notamment *La chanson des pissenlits*, *Les clandestins* et *Percé*. Pierre Létourneau monte sur la scène de l'Auditorium du Plateau, aux côtés de deux nouveaux venus, François Dompierre et Danielle Oddera. C'est le succès!

Les chansons de Pierre Létourneau gagnent rapidement la faveur populaire; elles apportent un brin de fraîcheur, une brise de la mer et de nos lacs, en plus d'avoir une portée sociale et humaine. Le jeune interprète entreprend la tournée des quelque 100 boîtes à chansons que compte le Québec, tout comme Claude Gauthier, Pierre Calvé, Germaine Dugas et les autres. En 1964, Pierre Létourneau prend aussi l'affiche de la Comédie-Canadienne, accompagné par l'ensemble de Paul Baillargeon. Il y retourne en 1967; Louise Forestier et Robert Charlebois assurent la première partie du spectacle. Pierre Létourneau travaille aussi en collaboration avec le chef d'orchestre Paul de Marjorie, qui peaufine la musique de certains textes. Malgré toutes ses occupations et sa popularité grandissante, Pierre Létourneau épouse Pierrette Jarry (cousine de Stéphane Venne). C'est avec bonheur qu'il assiste à la naissance de son fils, Yannic. L'auteur trouve cependant qu'il n'est pas facile de concilier vie artistique et vie privée.

Après avoir animé *La boîte à chansons* de *Jeunesse oblige* à la télévision de Radio-Canada, Pierre Létourneau veut changer d'air. Il séjourne un an à Paris, puis revient à Montréal où la télévision d'état lui confie durant trois étés l'animation de l'émission *Pulsion*, destinée à la relève. Puis les années 1970 l'amènent à écrire de nombreux succès pour Nicole Martin (*Laisse-moi partir*), Luc Cousineau (*Comme tout le monde*),

Robert Leroux (*Fais-moi confiance*), Véronique Béliveau (*Aimer*), Nanette (*Danser danser*), Jacques Boulanger (*On a tous besoin d'un grand amour*), Michèle Richard (*Baby Love*), Marc Gélinas (*La Ronde*) :

> *Emmène-nous à La Ronde*
> *La Ronde (bis)*
> *Le plus gros joujou du monde*
> *La Ronde de l'Expo!*
> *Tous les enfants de la terre*
> *Font la fête (bis)*
> *Le gyrotron, les manèges*
> *Pour eux jamais ne s'arrêtent*

Si Pierre Létourneau aime travailler dans l'ombre, loin des feux de la rampe, il ressent toutefois le besoin constant de se produire sur scène, d'entendre le public fredonner ses chansons, comme *Elle fait semblant d'être heureuse, Seul avec toi, Les secrétaires* et surtout *Tous les jours de la semaine*. Cette dernière joue encore aujourd'hui sur les ondes, particulièrement sur celles des radios communautaires qui ont à cœur le souci de notre culture et de notre patrimoine. Au début des années 1980, avec Claude Gauthier et Claude Léveillée, Pierre Létourneau continue de sillonner le Québec avec *Trois fois chantera*. Son album *Changement de vitesse*, sorti en 1982 et réalisé par Stéphane Venne, apporte un nouvel éclairage sur l'œuvre déjà imposante de l'ami Pierre.

Depuis 1990, Pierre Létourneau n'a pas cessé d'écrire et de se produire que ce soit aux FrancoFolies de Montréal ou dans les «PMG», petites, moyennes ou grandes salles du Québec. Son 15e album *J'te dis que c'est vrai*, préparé avec Germain Gauthier et Michel Robidoux, est à la fine pointe de l'actualité.

Plusieurs événements et albums marquent l'œuvre de Pierre Létourneau, comme sa rétrospective de 50 chansons écrites et chantées à la guitare, du Soldat Lebrun aux sœurs McGarrigle. Ce spectacle intitulé *Les années guitare* — dans lequel on retrouve Priscilla, Michel Robidoux et Louise Poirier — nous ramène à la belle époque des boîtes à chansons. Créateur avant tout, Pierre Létourneau le démontre clairement avec les 11 chansons originales de son album *On a tous un rêve fou.*

Pierre Létourneau est un exemple à suivre pour les jeunes qui adorent participer à ses ateliers d'écriture de chansons donnés dans les écoles du Québec, en collaboration avec les ministères de la Culture et de l'Éducation. Pierre Létourneau est l'un des auteurs-compositeurs fidèles à notre culture, qui nous ressemblent et qui louent la francophonie. Avec sa conjointe Lise Boileau, il réside à deux pas du Théâtre Outremont, — où on le verra peut-être lors de la réouverture de ce lieu historique. Le chansonnier est toujours curieux de savoir ce qui se passe dans notre marmite nationale! Stéphane Venne a bien raison d'écrire au sujet de son ami de toujours : «C'est pour cela que la curiosité de Pierre devient un défi. Il remet en question ce qu'il pense des gens et des choses…» Toutes les chansons ont une histoire qui est la nôtre, mais il reste que les refrains de Pierre Létourneau collent toujours au temps présent de ses compatriotes et de tous ceux qui forment la nation québécoise.

❖ ❖ ❖

LÉVEILLÉE, Claude
Auteur, compositeur, interprète,
musicien, comédien
Né le 16 octobre 1932, à Montréal

Photo : Archives de l'auteur

Claude Léveillée évite de parler de son enfance sur la rue Drolet, dans le quartier de la Petite-Patrie. Sa mère, fille d'agriculteurs, adore la musique et enseigne le piano, ce qui donne naturellement le goût à son fils de se mesurer à l'instrument. Son père, fonctionnaire et maître de chapelle, lui dit un jour : «Quoi que tu fasses, tu peux rater ta carrière, mais ne rate pas ta vie.»

Après avoir terminé son cours classique, Claude Léveillée s'inscrit à l'Université de Montréal en sciences sociales et politiques. L'étudiant découvre un nouveau monde puisqu'en 1955, il accepte de jouer dans la revue *Bleu et or* présentée chaque année par les universitaires. Il personnifie Liberace avec ses costumes excentriques sertis de perles et en profite pour glisser quelques-unes de ses chansons. Il chante également au Théâtre Anjou, se produit devant les étudiants des Beaux-Arts, dans une petite salle d'école. Le virus du spectacle l'a gagné !

Après l'avoir vu à l'œuvre, le réalisateur Noël Gauvin l'invite à participer à l'émission de variétés *Music-Hall*, animée par Michèle Tisseyre à la télévision de Radio-Canada. À la Roulotte de la ville de Montréal, Paul Buissonneau lui apprend les rudiments du métier, ce qui l'amène à la radio et à la télévision où il joue dans des émissions pour enfants. Dès 1956, il fait ses débuts dans la télésérie *Rodolphe*. Dans *La lanterne magique* et *Domino*, il devient tour à tour M. Papillon et Cloclo. Plus tard, ce clown sympathique enregistrera des disques !

Après avoir monté *La tour Eiffel qui tue* avec Paul Buissonneau en 1957, Claude Léveillée compose plusieurs chansons. Andrée D'Amour choisit d'interpréter *Un ciel est à louer* et *Montréal quand tu t'allumes*.

Son piano s'agite au diapason de ses propres poèmes et textes ainsi que de ceux qu'on lui présente. À l'heure des boîtes à chansons qui pullulent au Québec, Claude Léveillée fonde Chez Bozo, rue Crescent, avec Jean-Pierre Ferland, Clémence DesRochers, Jacques Blanchet, Hervé Brousseau, Raymond Lévesque et le pianiste André Gagnon, avec qui il travaillera assidûment pendant huit ans.

Alors qu'elle se produit au Casino Bellevue à Montréal, Édith Piaf vient terminer la soirée Chez Bozo. Émerveillée, fascinée par le talent de Claude Léveillée, elle lui donne rendez-vous à Paris, au 67 bis, boulevard Lannes. La vie du jeune auteur est chambardée. Il met fin à un mariage récent et secret et s'envole sans le sou pour la France, le 2 août 1959. À 27 ans, Claude Léveillée rêve de liberté et cherche de nouveaux défis. En attendant le retour d'Édith Piaf qui est en tournée sur la Côte d'Azur, il se réfugie pendant quelques jours chez le comédien Robert Gadouas.

Installé chez «la môme», cramponné à son piano jour et nuit, Claude Léveillée vit durant une quinzaine de mois dans l'aura de la grande dame. Celle-ci ajoute à son répertoire les mélodies de son protégé, dont *Les vieux pianos*, *Boulevard du crime*, *Ouragan*, *Le long des quais* et *La voix*. Pendant ce temps, Claude Léveillée apprend la naissance de son fils à Montréal.

De retour dans la métropole, le docteur Jean-Paul Ostiguy, grand ami des arts, convainc Claude Léveillée de diriger la boîte à chansons Le chat noir, en 1961, salle attenante au cinéma Élysée. Claude Léveillée engage alors Gilles Vigneault, pour qui il mettra en musique plusieurs de ses textes poétiques : *Le rendez-vous*, *L'hiver*, *Chanson vieillote*, *Votre visage*, *Comme guitare*... À cette époque, Claude Léveillée fréquente Louise Latraverse. Elle lui présente son jeune frère, Guy, qui deviendra son premier agent. En 1961, le spectacle de Claude Léveillée est présenté à la salle Le Plateau.

Musicien dans l'âme, le pianiste joue aussi de la flûte, de l'harmonica et de l'accordéon. Pour Lise Roy, il compose plusieurs chansons interprétées à La boîte à surprises. L'année 1962 marque un tournant déterminant dans sa carrière. Claude Léveillée vient d'enregistrer *Frédéric*, devenu un classique au panthéon de la chanson francophone. Comme l'écrit Daniel Guérard, cette chanson dépeint la vie chez les Léveillée, les mœurs d'une nouvelle classe moyenne de citadins :

> *Après la vie t'a bouffé*
> *Comme elle bouffe tout le monde*
> *Aujourd'hui ou plus tard*
> *Et moi j'ai suivi…*
> *…T'as oublié Chopin*
> *Moi j'ai fait de mon mieux*
> *Aujourd'hui tu bois du vin*
> *Ça fait plus sérieux…*

En 1964, Claude Léveillée est le premier chanteur populaire à se produire à la Place des Arts, sous la férule de Guy Latraverse. À son vaste répertoire s'ajoutent *Mon pays, Emmène-moi, Le rendez-vous, Les patriotes, Il n'y a pas de bout du monde, La scène* que Colette Renard reprendra au début de ses spectacles, dès 1965 :

> *Un jour, attends, je me rappelle*
> *Il y a de ça quelques années*
> *Un jour attends je me rappelle*
> *C'était un soir, non, en matinée*
> *J'avais pris place dans un fauteuil*
> *Face à la scène*
> *Mon cœur battait*
> *Et lentement s'ouvrit tout grand*
> *Le rideau de scène*

À force de se battre dans son propre pays, Claude Léveillée est épuisé de jouer les pionniers et de travailler à rabais. «On donne, dit-il, des millions pour des autoroutes, la politicaillerie, mais lorsqu'il s'agit de l'art, surtout de la chanson, on régimbe.» Claude Léveillée va alors voir ailleurs et crée la trame musicale de *Gogo loves you*, Off-Broadway. En 1965, David Merrick présente la comédie musicale signée Claude Léveillée et Anita Loos.

Alors que la presse parle de son périple américain, Claude Léveillée rêve de créer un pont artistique entre le Québec et l'Europe, d'autant plus que sa chanson *Frédéric* fait un malheur outre-Atlantique. Paris lui ouvre les bras en décembre 1965, à Bobino, puis à l'Olympia. Le triomphe se poursuit en Belgique, sur scène et sur les ondes, avec *Frédéric* mais aussi *Taxi, Tu m'auras donné, Je viendrai mourir.*

Claude Léveillée ne peut pas s'absenter bien longtemps du Québec, où on le réclame impatiemment. À Expo 1967, il est invité au *Ed Sullivan Show*, enregistré à l'Expo-théâtre. On le retrouve également à l'affiche de la Comédie-Canadienne. L'année suivante, Roger Williams enregistre *Only for lovers*, traduction de *Pour les amants*. Puis Claude Léveillée s'envole pour l'ex-URSS, où il donnera pas moins de 26 récitals en cinq semaines, de Moscou à Léningrad.

En 1969, l'Orchestre symphonique de Montréal invite l'artiste à donner un récital avant qu'il parte pour le Japon où il représentera le Québec à l'Expo d'Osaka. Claude Léveillée constate de plus en plus que sa musique n'a pas de frontières. Il continue alors de sillonner le monde. En 1972, il représente le Québec au Festival de Sopot, en Pologne, et retourne en ex-URSS. À son retour, il enregistre chez Barclay *La vie en elle*, album dont Guy Godin signe les paroles et la narration. C'est à l'époque où Claude Léveillée partage sa vie avec la comédienne Monique Miller; la passion amoureuse est bien présente dans son œuvre. Dans *Les amoureux de l'an 2000*, écrite en 1974, Claude ne cache pas ses faiblesses et ses états d'âme :

> *S'il fallait que je compte*
> *Tous les faux pas que j'ai faits dans ma vie*
> *S'il fallait que je compte*
> *Tous les repas que j'ai pris sans ami*
> *Des millions d'hirondelles*
> *Se sont mêlées aux toiles d'araignées*
> *Elles sont mortes vivantes*
> *Mes pauvres bêtes, mes jeunes années.*

Après l'enregistrement de son trentième disque en 1975, Claude Léveillée est appelé à se produire de nouveau sur plusieurs scènes américaines et européennes lors de grands festivals de jazz. De retour à Montréal, le rideau s'ouvre sur lui à la Place des Arts et un peu partout au Québec. À l'Île d'Orléans, Claude Léveillée donne 20 récitals en compagnie de Félix Leclerc. C'est à l'imprésario Guy Roy que l'on doit la réalisation de cet événements marquant. À la mort de Félix Leclerc en 1988, Claude Léveillée écrit en quelques heures seulement *Le petit bouquet*, chanson interprétée par Johanne Blouin.

Dans le cadre des fêtes du 370ᵉ anniversaire de la fondation de Québec, Claude Léveillée crée au Grand Théâtre *Concert pour Hélène*, avec l'Orchestre symphonique de Québec et la chanteuse Danièle Licari. À Montréal, il «s'éclate» sur la montagne, le 24 juin 1976, dans *Une fois cinq* aux côtés de Robert Charlebois, Yvon Deschamps, Gilles Vigneault et Jean-Pierre Ferland. Puis les tournées recommencent. Claude Léveillée donne 12 spectacles en Algérie en 1985, 15 autres au Petit Champlain à Québec et triomphe à la Place des Arts, en compagnie d'André Gagnon.

Musique, chanson, théâtre, cinéma, télévision, allers et retours à l'étranger… la carrière de Claude Léveillée est des plus remplies. Sa vie amoureuse et professionnelle bat au rythme des comédies musicales, pièces de théâtre et films dont on lui demande d'écrire la musique. On le réclame aussi comme acteur pour *Jésus de Montréal* ou encore *Les fils de la liberté*. Dans les années 1990, Claude Léveillée est surtout très présent à la télévision. Dans la série *Scoop*, il campera pendant quatre ans le personnage d'Émile Rousseau. Les spectacles continuent quand même, au Monument-National, au Capitole de Québec et au Festival de Marnes, en Suisse, où il donne un concert avec Juliette Gréco.

En 1997, Claude Léveillée se produit de nouveau à la Place des Arts et partout au Québec avec son nouveau spectacle *Bagages oubliés*, rempli d'anecdotes, de contes et de légendes. Parallèlement, il produit un album d'un autre genre, *Un homme, un piano*, dans lequel les pièces instrumentales règnent en maître.

Avec quelque 40 albums et 600 chansons, la carrière de Claude Léveillée se doit d'être honorée. En 1995, il est le récipiendaire de la médaille Jacques-Blanchet, venant souligner l'excellence de son œuvre si bien chantée par Daniel Guichard, Pauline Julien, Jacques Douai, Nicole Croisille, Catherine Sauvage, Monique Leyrac, Michel Girouard, Lucille Dumont, Eartha Kitt ou Renée Claude — qu'il retrouvera pour *Partenaires dans le crime* sur la chaîne internationale TV5.

En 1996, Claude Léveillée est nommé officier de l'Ordre du Canada. En 1998, il reçoit la médaille de chevalier de la Légion d'honneur, remise par l'ambassadeur de France au Canada, Denis Bauchard. La même année, il passe au Théâtre Le capitole, à Québec. Le premier ministre, Lucien Bouchard, lui confère le titre de chevalier de l'Ordre national du Québec.

À la fin 1999, Claude Léveillée se produit de nouveau aux FrancoFolies de Montréal et reçoit le prix Félix hommage, au gala de l'ADISQ. Dans le même temps, il fait connaître, sur double disque compact, quelques volets de sa saga pour enfants mettant en vedette différents animaux : *Mirage*, qui raconte l'histoire d'un raton laveur, et *Blanche la bien aimée*, celle d'une hermine de Sibérie.

Depuis qu'il est installé à Saint-Benoît, près de l'aéroport de Mirabel, Claude Léveillée est davantage porté vers la terre que vers le ciel. Il se promène dans la forêt, près du lac, parle à ses chevaux, vivant des jours heureux. C'est loin d'être le repos du guerrier pour cet homme qui a convolé en justes noces à quatre reprises et connu de belles histoires d'amour ! Épanoui, serein, il aime toujours avec autant de passion son métier et son pays. Dans sa chanson *Les patriotes*, datant de 1961, il écrivait quelques vers qui sont encore d'actualité :

> *Portez très haut votre drapeau*
> *Nous n'en avons pas, nous n'en avons guère*
> *Alors portez très haut votre pays*
> *Celui que nous sommes en train de refaire.*

Invité d'honneur pour la clôture du Festival Pully à l'heure du Québec, en Suisse, en juin 2000, Claude Léveillée y présente ses dernières œuvres, trois soirs consécutifs. Accompagné par l'Orchestre symphonique de Lausanne, il compte plusieurs invités spéciaux à ses côtés, dont Isabelle Boulay, Mario Brassard, Jorane Peltier et le chef d'orchestre Gilles Bellemare.

❖ ❖ ❖

Mon manège à moi
1958

Tu me fais tourner la tête
Mon manèg' à moi c'est toi
Je suis toujours à la fête
Quand tu me prends dans tes bras
Je ferais le tour du monde
Ça ne tourn'rait pas plus qu'ça
La terr' n'est pas assez ronde
Pour m'étourdir autant qu' toi

Paroles Jean CONSTANTIN
Musique Norbert GLANZBERG
Interprètes : Jean Constantin, Édith Piaf,
Yves Montand, Étienne Daho

Photo : Gérard Neuvecelle, Échos-vedettes

MATHIEU, Mireille
Interprète
**Née le 22 juillet 1947, à Avignon,
en France**

De Mireille à Vincent, il faut compter sept filles et sept garçons dans la famille de Mimi, comme elle est surnommée. Quand on lui demande de nommer tous ses frères et sœurs, elle s'exécute aussitôt, en les comptant sur ses doigts : Monique, Christiane, Marie-France, Réjane, Régis, Guy, Roger, Rémi, Jean-Pierre, Jean-Philippe, Simone, Béatrice et Vincent. Avec elle, ça fait 14 ! Sa mère, Marcelle, est une Flamande de Rosendaël, près de Dunkerque ; son père, Roger, est tailleur de pierre en Provence et aime davantage l'opéra que la chansonnette.

À 13 ans, l'aînée du clan Mathieu quitte l'école pour entrer à l'usine et apporter son soutien financier à la famille qui vit pauvrement dans un HLM d'Avignon. Au travail, Mimi colle plus de 7 000 enveloppes par jour et termine sa journée en faisant des corvées ménagères, tout en chantant les refrains d'Édith Piaf et de Charles Trenet. Cette passion, elle la tient depuis le jour où son père l'a fait chanter au réveillon de Noël, après la messe de minuit. Pour pouvoir entrer au cinéma de quartier, la petite Mireille se vieillit. Elle peut alors admirer toutes ses idoles : Gary Cooper, Jeanne Moreau, Alain Delon.

À l'école primaire, on demande à Mimi de chanter quelques refrains. La petite ne comprend pas tout à fait le sens des paroles qu'elle fredonne : *Ça lui rentre dans la peau, par le bas, par le haut, elle a encore envie de chanter, c'est physique* (*L'Accordéoniste*, Édith Piaf). À 10 ans, Mireille Mathieu ne chante pas *Sur le pont d'Avignon*, mais bien plus *L'homme à la moto*, *Le prisonnier de la tour*, *Mon légionnaire*, de Raymond Asso et Marguerite Monnot :

Il était plein de tatouages
Que j'ai jamais bien compris
Son cou portait : pas vu, pas pris
Sur son cœur on lisait : personne.

« À la maison, raconte Mireille, on s'amusait comme des folles, on chantait à tue-tête *Les trois cloches*. À moi, toutes les cloches sonnent, sonnent… et à mes sœurs, les ding, ding, dong! Maman, elle, connaissait tous les refrains de Tino Rossi, tandis que papa préférait Carmen à Milord. » Quand elle accepte de participer au concours *On chante dans mon quartier*, dans sa ville natale, on lui fait comprendre qu'elle ne doit pas s'identifier à Édith Piaf. Elle opte donc pour *Les cloches de Lisbonne*, popularisée par Maria Candido. Le 29 juin 1964, Mireille Mathieu remporte le premier prix, soit un voyage à Paris; elle est aux anges : sa photo apparaît à la une du journal *Le Provençal*.

Après son exploit à Avignon, Mireille Mathieu monte à Paris où elle participe au concours *Télé Dimanche*, animé par Raymond Marcillac, à la mémoire d'Édith Piaf. Dix millions de téléspectateurs verront la finaliste supplanter Georgette Lemaire. Le 21 novembre 1965, ce sont 18 millions de Français qui la voient triompher au *Jeu de la chance*. L'assistante de Marcillac, Nanou Taddéi, avait été également l'épouse de l'imprésario Johnny Stark. Celui-ci est venu rencontrer Mireille Mathieu à l'émission *Télé Dimanche*. Il l'a présentée ensuite à Eddie Barclay (Édouard Ruault, de son vrai nom). La cendrillon est ravie de se voir offrir des contrats alléchants par ces deux grands manitous du music-hall!

Hommes d'affaires pressés, l'un et l'autre poussent Mireille Mathieu en studio. Elle enregistre un premier 45 tours à quatre titres : *C'est ton nom*, *Ne parlez plus*, *Ils s'embrassent* et *Mon crédo*, chanson fétiche qu'elle interprétera plus tard en allemand, en italien et en anglais. Par sa voix, son courage et sa simplicité, et surtout par la joie qui l'anime, tout le monde est convaincu d'ores et déjà qu'elle fera le tour du monde.

Mireille Mathieu part en tournée avec France Gall et Hugues Aufray. Elle ne tarde pas à fouler les planches de l'Olympia. Bruno Coquatrix la présente ensuite, en décembre 1965, au temple de la renommée avec Dionne Warwick et Sacha Distel. En 1966, Mireille

Mathieu fait son premier voyage à Montréal pour couronner le Festival de la chanson populaire, organisé par CJMS au Centre Paul-Sauvé. À New York, la jeune chanteuse donne le départ à sa carrière internationale, grâce à un passage au *Ed Sullivan Show* où elle interprète *Mon crédo* et *Hymne à l'amour*. Après Yves Montand et Maurice Chevalier, elle est la première Française à passer à cette prestigieuse émission. Les téléspectateurs américains la verront plus tard aux émissions de Johnny Carson, Merv Griffin, Andy Williams. Montréal lui déroule pour sa part le tapis rouge, lors de l'Expo 1967.

De retour à Paris, Mireille Mathieu prend d'assaut l'Olympia. Elle a eu le temps de prendre des cours accélérés de chant avec Jean Lumière ainsi que des cours de danse et de comédie. Elle connaît un triomphe instantané et présente de nouvelles chansons : *Qu'elle est belle, Paris brûle-t-il?, J'ai gardé l'accent, La dernière valse* et *Une histoire d'amour*.

Mireille Mathieu affiche l'image d'une jeune femme parfaite, sans défaut, très attentionnée, ce qui en agace plus d'un. Mais le public la respecte, et la critique doit finalement s'incliner. On parle d'une fille aimable et douée, de son travail technique sans faille ; elle respire comme elle chante. C'est une bête de scène, un monstre sacré, quoiqu'un bien joli monstre. Le monde entier est à ses pieds, et son mentor, Johnny Stark, ne sait plus où donner de la tête! Mireille Mathieu remonte sur la scène de l'Olympia avec Le Chœur de l'Armée Rouge. Sa famille profite de sa réussite : Mireille Mathieu l'installe dans une grande et confortable maison.

Pendant 15 ans, Mireille Mathieu sillonne les cinq continents, de Tokyo à l'ex-URSS, en passant par la Chine et l'Europe entière. Après son passage au Japon, elle ne vendra pas moins de quatre millions d'albums dans ce pays. Entre 1969 et 1982, Mireille Mathieu se produit 15 fois à la salle Wilfrid-Pelletier de la Place des Arts, à Montréal. Au total, elle y donne 60 représentations et fait salle comble à chacune d'elles. Dans toutes les grandes villes du Québec, le public lui réserve un accueil délirant. Les grands réseaux de télévision enregistrent quelques-uns de ses récitals.

En juillet 1971, Mireille Mathieu et Johnny Hallyday sont les invités d'honneur à la 4e Olympiade de la chanson, en Grèce. Plus de 60 000 personnes viennent les applaudir dans le grand stade extérieur d'Athènes.

Le Québécois Claude Steben et le Français Herbert Léonard sortent lauréats de ce concours universel. Mireille Mathieu enregistrera quant à elle *Acropolis Adieu!*, qui deviendra un énorme succès.

En 1973, Mireille Mathieu est bouleversée. Son protecteur, Johnny Stark, est conduit d'urgence à l'Hôpital Saint-Luc, à Montréal, victime d'une défaillance cardiaque. À peine remis sur pieds, Johnny Stark continue de propulser Mireille Mathieu sur tous les fronts. Elle entre de nouveau en studio et se produit en duo avec Placido Domingo, Barbra Streisand, Paul Anka. Frank Sinatra lui fait cadeau de *The world we knew*, dont Charles Aznavour fera une adaptation.

En 1983, Mireille Mathieu participe au Festival de la chanson religieuse à Saint-Pierre-de-Rome, devant le pape Jean-Paul II. Après l'avoir entendue chanter *Santa Maria de la mer, Mille colombes* et *Un enfant viendra*, le souverain pontife lui rend cet hommage : «Vous êtes la chanteuse de l'amour et de la paix.» Mireille n'a jamais caché sa foi et sa dévotion en la Sainte Vierge, fêtée le 15 août. Elle veut toujours passer cette journée en famille, en souvenir également de son père décédé à pareille date. Lorsque Mireille Mathieu est confrontée à un problème, elle essaie d'imaginer ce qu'auraient fait ses parents. À l'écart des médias, elle tente de soulager la souffrance des enfants malades, hospitalisés ou handicapés.

En 1986, pour marquer ses 20 ans de carrière, la grande ambassadrice de la chanson française a fait une entrée fracassante au Palais des Congrès, à Paris. Elle reprend ses grands succès qui ont marqué les années 1980 : *La Paloma adieu, Une femme amoureuse*. Après la mort de Johnny Stark, en 1989, Mireille réapparaît pour rendre un hommage à la grande Piaf, sur scène et sur disque, entourée d'une nouvelle équipe. Un autre album, *Vous lui direz*, sort en 1995.

Au milieu des année 1990, l'héroïne digne d'un conte de fées a repris sa place aux États-Unis, devant 6 000 personnes massées au Universal Amphitheater de Los Angeles. En 1997, Mireille Mathieu a chanté avec Le Chœur de l'Armée Rouge au Palais des Sports de Paris. Elle a ensuite chanté avec 200 personnes sur scène, dont ce même chœur, à Moscou (15 jours) et à Saint-Pétersbourg, devant 20 000 spectateurs chaque soir. Elle a obtenu autant de succès lors de ses récentes tournées en

Corée et en Chine ainsi qu'à l'Olympia de Paris, où elle s'est produite en décembre 1998.

Le président Jacques Chirac a rendu un bel hommage à la grande Mireille au cours d'une réception à l'Élysée, en la nommant chevalier de la Légion d'honneur. La petite Mimi est rentrée chez elle à Neuilly, où sa mère, venue de Provence, l'attendait avec plusieurs de ses filles. Comme depuis toujours...

Lorsqu'on passe en revue tous les événements qui ont marqué la vigoureuse époque de Mireille Mathieu, on est obligé de reconnaître qu'elle a réussi l'impossible. Cette artiste exceptionnelle continue de briller au firmament des étoiles et sa gloire est un fait acquis dans le monde. Dans son livre autobiographique, *Oui je crois*, la petite Avignonnaise termine son récit sur ses amours d'hier et d'aujourd'hui.

« Il serait ridicule, faux, triste, de dire que je n'ai jamais aimé. Permettez-moi de garder cela dans mon jardin secret. Je n'y garde que les jolies fleurs. Je ne dois pas être seule à avoir ce genre de pudeur. Je crois que beaucoup de femmes ont eu les mêmes expériences : une rencontre, le plaisir de la séduction et les phrases attendues : *On se marie... tu quittes le métier...*, mais, si on hésite, c'est que l'on aime pas assez.

Le mariage-mirage a miroité devant mes yeux : j'épousais, j'étais heureuse, encore plus riche, sans souci, loin de la France mais... avec de l'argent, y a-t-il des distances? Oui, il y en a. Celles qu'on ne comble jamais. Je suis née pour chanter. C'est la seule chose dont je sois sure...

Chacun son destin. Je trouve le mien exceptionnel et je le remercie tous les jours. Une de mes dernières chansons est encore un duo, avec le doyen de mes partenaires. Pour mes 40 ans et pour les 93 ans de Charles Vanel :

> *Quand ça va, vive la vie!*
> *Quand ça ne va pas, mon avis,*
> *C'est que la vie, rien ne la vaut.*
> *Rien ne la vaut. Je la chanterai jusqu'à mon dernier souffle*

Et qui sait? Peut-être même au-delà... »

Photo : Archives TVA

MICHEL, Jacques
Auteur, compositeur, interprète,
musicien, animateur
Né Jacques Rodrigue, le 27 juin 1941,
à Bellecombe, en Abitibi

Avec son succès instantané *Amène-toi chez nous* sorti en 1970, Jacques Michel est appelé à devenir une vedette internationale. Grand Prix au Festival de Spa, en Belgique, avec cette mélodie et lauréat au Festival de la chanson populaire de Tokyo avec *Un nouveau jour va se lever*, Jacques Michel a de la prestance, une voix superbe, le sens du théâtre, une diction impeccable. Ses textes sensibles, humains, servis par ses propres arrangements musicaux plaisent aux femmes. Par son engagement social et patriotique, les nationalistes et les jeunes le portent aux nues.

Jacques Michel est né dans le petit village de Bellecombe, près de Rouyn-Noranda, et c'est là qu'il écrit ses premiers poèmes. Sa mère, passionnée de musique, chante sans cesse. La famille déménage à Sherbrooke, en Estrie, où Jacques Michel fera ses débuts comme guitariste et chanteur. En 1957, il fait partie des formations Rock'n Roll Kids et Midnighters. Trois ans plus tard, il fonde Les Colibris qui se produisent dans les émissions télévisées de Ti-Blanc Richard.

Rapidement, Jacques Michel entreprend une carrière solo en interprétant les succès de Jacques Brel, Charles Aznavour et Gilbert Bécaud. Petit à petit, il ajoute à son répertoire ses propres compositions, dont il signe paroles et musiques. Jusqu'à l'âge de 16 ans, il est tour à tour musicien, peintre, plongeur, carrossier et vendeur de sirop d'érable, tout en notant dans ses carnets ses impressions sur ce qui l'entoure.

En 1964, Jacques Michel entre en studio, à la demande du producteur Roger Miron, et enregistre sur étiquette Rusticana six chansons qui connaissent rapidement le succès : *Dans les rues de Québec, C'est demain,*

Yé yé yé, Je retourne chez moi, Non jamais rien et *Celui que j'étais.* Son premier album, il le doit à Jacques Matti, fondateur de la compagnie Fantastic. L'imprésario Yvan Dufresne se rappelle quant à lui du temps où Jacques fréquentait l'école de music-hall qu'il avait lui même créée au sous-sol du Théâtre National. Yvan Dufresne l'avait présenté à Pierre Nolès et Yves Martin, qui produisaient d'autres 45 tours.

La voix de Jacques Michel envahit bientôt les ondes, tant à la radio qu'à la télévision. On le réclame également sur scène. Au gala de son 30e anniversaire de vie artistique à la Comédie-Canadienne, Muriel Millard présente Jacques Michel, nouvellement élu Révélation de l'année au Festival du disque de Montréal. Il remporte cette distinction en 1965. Le jeune chanteur se produit ensuite à la Salle Bonaventure de l'hôtel Reine-Elisabeth, au Café de l'Est et dans plusieurs cabarets du Québec et de l'Ontario.

À l'Expo-théâtre, Jacques Michel passe en première partie de Mireille Mathieu. Il se produira à la Place des Arts, en tête d'affiche, à cinq reprises tout au long de sa carrière. Mais c'est au Patriote, fondé par Yves Blais et Percival Broomfield, qu'il se sent le plus à l'aise. Au début des années 1970, accompagné de son guitariste Gilles Valiquette et de son pianiste Richard Grégoire, il y triomphe chaque soir avec *Un nouveau jour va se lever, S.O.S. on va couler, Sur un dinosaure, Ta mère et moi, Pas besoin de frapper, Voyez-vous le temps qu'il fait.*

Comme tous les auteurs-compositeurs, Jacques Michel rêve d'écrire LA chanson qui saura atteindre tous les peuples. Il réussit cet exploit avec *Amène-toi chez nous,* une mélodie que l'on fredonne encore aujourd'hui : *Si le cœur te fait mal, si tu ne sais plus rire, si tu ne sais plus être gai comme autrefois; si le cirque est parti, si tu n'as pu le suivre, amène-toi chez nous, je t'ouvrirai les bras; je n'ai rien d'un bouffon qui déclenche les rires, mais peut-être qu'à deux, nous trouverons la joie...*

Bien installé sur sa ferme de North Hatley, en Estrie — il y demeurera jusqu'en 1989 —, Jacques Michel prend le temps de peaufiner ses chansons. Discipliné et organisé, il prépare chacune de ses entrées en studio avec minutie et sait créer une complicité avec les techniciens et les musiciens.

En 1986, il décide d'arrêter sa carrière de chanteur. Il compte alors à son actif 18 albums, dont les plus remarquables sont *Citoyens d'Amérique*, *S.O.S.*, *Pas besoin de frapper*, *Dieu ne se mange plus*, *C'que j'ai le goût de dire*, *Migrations*, *Le temps d'aimer*, *Passages*. Bon nombre d'artistes québécois et français ont puisé dans son répertoire, comme Pauline Julien, Gérard Lenorman, Isabelle Aubret, Pascal Normand, Ginette Reno, René Simard, Fransisca Solleville et les autres.

Si Jacques Michel connaît le succès dans sa vie professionnelle, il n'en est pas tout à fait de même dans sa vie sentimentale. Sa première épouse, Claire Simard meurt en effet en 1975, neuf ans après leur mariage. Elle laisse derrière elle une petite fille, Sophie, âgée seulement de 15 mois. Aujourd'hui employée du Réseau de l'information, Sophie se souvient de Laure-Anne Fréchette, qui joua un peu le rôle d'une mère adoptive.

Jacques Michel retrouve l'amour quelques années plus tard aux côtés d'Ève Déziel, qui l'accompagnera pendant une douzaine d'années. De 1985 à 1988, elle travaille avec lui à la conception et à l'écriture de la télésérie pour enfants *Le village de Nathalie* et *Les mini-stars de Nathalie* au réseau TVA. Pour la jeune Simard, Jacques Michel composera une centaine de chansons originales et sera également l'auteur de plusieurs succès de Martine Chevrier (*Star*), Nicole Martin, Johanne Blouin et Christine Chartrand. En 1985 et 1986, Jacques Michel anime aussi 43 épisodes de la série *On n'a pas tout vu*, diffusée à l'antenne de Radio-Québec, aujourd'hui Télé-Québec.

En août 1994, l'auteur convole officiellement en justes noces avec Louise Vaillancourt, attachée au ministère de l'Éducation. Un an plus tôt, il l'avait «épousée» sur son voilier dans la baie de Nassau, aux Bahamas. La même année, le couple avait acheté une maison ancestrale, datant de 1878, à l'île d'Orléans.

En 1996, Jacques Michel est honoré lors du spectacle *Le temps est bon*, dans lequel il partage la «vedette» avec Stéphane Venne. Ce spectacle réunit de futures étoiles interprétant quelques grands succès de l'auteur. Francis Mondou et Nathalie Rouillard font notamment partie de la distribution. Chantal Blanchais et Louis-Philippe Hébert enregistrent plus tard *Amène-toi chez nous*.

Sur l'insistance du producteur Denis Pantis, Jacques Michel décide de refaire surface en 1998 en sortant une compilation de 44 de ses succès, répartis sur trois albums : *Chansons victoires*, *Chansons d'impatience et d'espoir* et *Chansons d'amour et d'amitié*. Pas question toutefois pour l'auteur de remonter sur scène, à moins d'occasions spéciales pour défendre des causes humanitaires.

Actuellement, Jacques Michel consacre la majorité de son temps à écrire pour les enfants. Lors d'un voyage en mer, il leur a préparé un conte *Qui a croqué la lune?*, comprenant huit chansons à portée théâtrale et ayant un goût de cédérom interactif. À l'aube de ses 60 ans, il écrit toujours à la mine et à l'encre, n'ayant jamais pu se faire à l'informatique et cela, même si ses propos sont toujours d'actualité.

«Maintenant que je suis plus évolué, tolérant et indulgent, je pourrais peut-être trouver le temps d'écrire un drame cinématographique ou une comédie musicale et de faire aussi plusieurs voyages. C'est bien beau de parler d'indépendance, mais il est plus sage de parler de survivance. Fondamentalement, je suis le même homme et je veux continuer d'être un vieux rebelle à l'écoute et au service de la collectivité.»

Jacques Michel n'a pas encore écrit sa dernière chanson. La flamme est toujours là pour cet apôtre de la liberté, ce défenseur des opprimés et des démunis, prête à s'allumer pour le grand combat de la patrie québécoise.

❖ ❖ ❖

MOUSKOURI, Nana
Interprète
Née Joanna Mouschouri,
le 13 octobre 1936, en Crète, en Grèce

Photo : Échos-vedettes

Nana est un diminutif de Joanna, et c'est ainsi que sa mère, Alice, et son père, Constantin, ont toujours appelé leur fille. Ils viennent respectivement de Corfou et du Péloponnèse, et se sont rencontrés à Athènes. Alice était ouvreuse dans un cinéma où son futur époux était projectionniste. Après un mariage éclair et la naissance de Jenny neuf mois plus tard, la famille déménage à La Canée, en Crète. Nana y passe les trois premières années de sa vie avant un nouveau déménagement dans la capitale, où son père travaille dans un autre cinéma.

Les Mouschouri connaissent les privations et les affres de l'occupation allemande, ainsi que la guerre civile. Pour consoler et endormir ses filles, et leur rendre la vie plus agréable, Alice chante sans arrêt des refrains romantiques et folkloriques. Elle leur fait également suivre des cours de chant classique. Nana Mouskouri a toujours prétendu que c'est sa sœur qui avait la voix et le physique pour faire carrière et devenir vedette. Elles se sont d'ailleurs produites à maintes reprises en duo.

Nana Mouskouri commence à chanter dans les clubs en 1957, délaissant ainsi le Conservatoire et francisant son nom pour les étrangers qui ont toute la peine du monde à le prononcer. Elle se fait remarquer d'abord comme interprète de jazz et du répertoire folklorique. Elle enregistre un premier 45 tours avec une version grecque de *Fascination*. L'année suivante, un disque contenant quatre titres se réalise à Paris : *Un roseau dans le vent* (Émile Stern et Eddy Marnay), *Timoria* (signifiant «punition»), *Le petit tramway* et *Les rues de Napoli* (Hubert Giraud et Pierre Delanoë).

La rencontre de Nana Mouskouri et Manos Hadjidakis est promet-teuse. Le compositeur de la musique du film *Jamais le dimanche*, de Jules Dassin, lui écrit en effet plusieurs mélodies, dont *Kapou*. Avec ce titre, Nana Mouskouri remporte le premier prix du Festival de la chanson d'Athènes. En juin 1960, la chanteuse épouse le guitariste accompagna-teur, Georges Petsilas, lequel jouera un rôle déterminant dans sa vie. De cette union naîtront Nicolas, en 1968, et Hélène, deux ans plus tard. Cette dernière semble vouloir suivre les traces de sa mère; c'est ce que le public de la Place des Arts, à Montréal, a pu déceler lors d'un concert donné en 1999.

Avant de faire la conquête de Paris, Nana Mouskouri a séduit Madrid, Barcelone et Berlin. Son premier album sorti en 1961, *Roses blanches de Corfou*, s'envole à quelque 1,4 million d'exemplaires en Allemagne. Plusieurs tournées suivent alors et mènent l'interprète en Angleterre, au Canada et surtout aux États-Unis avec Harry Belafonte. Nana Mouskouri exige que son mari soit du voyage et se joigne aux musiciens.

Nana Mouskouri continue d'enregistrer des disques en France, notamment avec Michel Legrand. Leur interprétation de *Quand on s'aime* frise la perfection. Elle se produit également à l'Olympia en 1962, en première partie de Georges Brassens. Le patron des lieux, Bruno Coquatrix, ainsi que son nouvel agent, Louis Hazan, lui assurent qu'elle deviendra aussi populaire que Dalida, Charles Aznavour ou Édith Piaf. Nana Mouskouri avait applaudi cette dernière quelques mois seulement avant sa mort, en 1963.

C'est en 1967 que les Français s'intéressent réellement à Nana Mouskouri, alors que son nom figure sur la façade de l'Olympia. Jacques Martin et Serge Lama, qui vient d'avoir un terrible accident, assurent la première partie du spectacle. Enceinte de six mois, l'interprète a un trac fou mais parvient à le dissimuler. Son directeur artistique d'alors est André Chapelle.

Nana Mouskouri peut compter sur les meilleurs auteurs et compo-siteurs du monde qui lui apportent leurs œuvres les plus belles. Certains lui peaufinent des adaptations des textes de Bob Dylan et de Léonard Cohen. Partout où elle passe, le public reste muet d'admira-tion lorsqu'elle interprète *Le temps des cerises, L'enfant au tambour, Plaisir d'amour, Comme un soleil, Quand tu chantes, Vivre au soleil,*

Chanter la vie ou encore ce qui deviendra son plus grand succès, *Je chante avec toi liberté* (Delanoë et Lemesle, sur une musique de Verdi) :

> *Quand tu chantes, je chante avec toi liberté*
> *Quand tu pleures, je pleure aussi ta peine*
> *Quand tu trembles, je prie pour toi liberté*
> *Dans la joie ou les larmes je t'aime*
> *Souviens-toi des jours de ta misère*
> *Mon pays tes bateaux étaient tes galères*
> *Liberté! Liberté!*

Jusqu'à sa séparation, Nana Mouskouri est accompagnée, d'un pays à l'autre, de son mari et de son groupe Les Athéniens. Pendant deux décennies, la chanteuse aux lunettes si célèbres et à la voix cristalline se produit à un rythme vertigineux, donnant de 200 à 250 spectacles par an. À Montréal seulement, entre 1967 et 1993, elle donne 145 représentations à la Place des Arts, au cours de ses 25 passages organisés par les Entreprises Gesser et, récemment, par Fogel-Sabourin.

Pour Nana Mouskouri, chanter est aussi vital que respirer. Sur ses 350 albums or, platine ou diamant, c'est la Grèce qui défile en filigrane à travers ses berceuses et tout son répertoire varié. Peut-on s'imaginer qu'elle a enregistré 1 350 chansons en 10 langues et vendu plus de 250 millions d'albums en vinyle et disques compacts. Malgré le succès, elle est toujours restée la même femme, passionnée, secrète, timide et chaleureuse, et a su traverser les modes et époques. En 40 ans de carrière, on ne compte plus les prix et hommages reçus à l'Olympia, au Palais des Congrès, à la Salle Pleyel à Paris ou ailleurs à travers le monde.

Charles Aznavour a bien raison d'écrire au sujet de cette artiste qu'il place sur un piédestal depuis ses débuts : «Elle n'est pas chanteuse, elle est la musique. Passant avec une aisance déconcertante de la mélodie la plus sinueuse au refrain populaire le plus facile et par tous les rythmes de notre époque, elle est née pour chanter, elle, Nana la Merveilleuse, la Mouskouri.»

Il y a bien longtemps que les Québécois sont amoureux de Nana Mouskouri. Elle consolide ses liens affectifs avec eux en enregistrant *Le curé de Terrebonne*, une vieille chanson dite canadienne, de même que *Un canadien errant*, composée par Antoine Gérin-Lajoie pendant l'insurrection et l'exil des patriotes en 1837. Il y a aussi *Je reviens chez nous*, de Jean-Pierre Ferland :

> *Il a neigé à Port-au-Prince*
> *Il pleut encore à Chamonix*
> *On traverse à gué la Garonne*
> *Le ciel est plein bleu à Paris*
> *Ma mie l'hiver est à l'envers*
> *Ne t'en retourne pas dehors*
> *Le monde est en chamaille*
> *On gèle au sud, on sue au nord*
> *Fais du feu dans la cheminée*
> *Je reviens chez nous*
> *S'il fait du soleil à Paris*
> *Il en fait partout*

On a parfois reproché à Nana Mouskouri de ne pas militer publiquement, comme ses compatriotes Mélina Mercouri et Théodorakis, qui parlaient sur scène de la situation politique en Grèce. La chanteuse a toujours dit qu'elle ne voulait pas se servir de sa popularité pour défendre ses idées. Son engagement social et personnel demeure privé. Par le biais de l'UNICEF, dont elle est membre active, elle a souvent versé le profit de ses disques aux enfants réfugiés. Écoutez-la chanter *Prendre un enfant*, d'Yves Duteil.

Les actions humanitaires et sociales de Nana Mouskouri pour aider les Grecs en exil et les femmes bafouées dans le monde ne font pas les manchettes. L'artiste préfère en effet agir anonymement. Elle a souvent répété dans ses entrevues : «Mon pays demeure mon pays; dictature ou pas, je dois l'aider à survivre pour qu'il soit un jour libre.» Nana Mouskouri siège aujourd'hui au Parlement européen, où elle représente la Grèce.

C'est en 1970 que la bonne entente entre elle et son mari s'est détériorée. Il était, dit-on, jaloux et agacé par le succès phénoménal de sa femme. Leur style de vie, d'un continent à l'autre, ne facilitait pas les bonnes relations. Le couple avait de plus deux ports d'attache : Genève et Paris.

Après un autre triomphe au Théâtre des Champs-Élysées en 1973, Nana Mouskouri décide de se séparer définitivement. À l'aube de la quarantaine, elle cesse de travailler pendant un an. Depuis 10 ans, André Chapelle s'est révélé un excellent directeur artistique et un bon ami. On remplace toujours un amour par un autre amour. Voilà maintenant 25 ans qu'il est l'homme de sa vie.

Nana Mouskouri a le culte de l'amitié et garde auprès d'elle ses proches collaborateurs, comme Gérard Davoust, l'associé de Charles Aznavour aux Éditions Raoul Breton. Elle se souvient également du temps où elle travaillait énormément mais dans la bonne humeur avec Hadjidakis, Eddy Marnay, Pierre Delanoë, Michel Legrand, Odile et Louis Hazan, Louis Nucéra et Serge Lama, qui trouve les mots justes pour la décrire : « Nana, c'est plus qu'une voix ; c'est le parfum d'une voix. Nana, c'est plus qu'une femme, c'est l'essence même de la femme, celle qui se cache derrière les mots pour faire éclater une vérité plus profonde, que seules les oreilles qui ont un cœur peuvent entendre. Nana, c'est plus qu'un pays ; ce sont tous les pays de la terre qui se reconnaissent en elle et qui se fondent ensemble pour nous parler d'amour. »

Dans ses mémoires publiées chez Grasset, en 1989, Nana Mouskouri écrit au début de *Chanter ma vie* : « Si c'était à refaire, je choisirais le même destin. Dans mes souvenirs se croisent et se retrouvent tous ceux et celles qui m'ont aidée, je dessine les sentiers parcourus, parfois ponctués de tristesse, le plus souvent de vie, d'espoir et d'amour. Tout ce qui a tracé ma route, tout ce qui a fait de moi ce que je suis aujourd'hui. À ma mère, à mon père, à ma famille, à mes amis… »

Nana Mouskouri termine son récit émouvant avec des mots qui vont droit au cœur : « Un proverbe grec dit que lorsqu'on perd sa mère, on est orphelin, et quand on perd son père, on n'a plus de racines. C'est très exactement ce que j'éprouvais en arrivant à Athènes… Aujourd'hui, j'essaie de vivre désormais comme un chef de famille revenant régulièrement dans ma terre natale. Peu à peu je me rapproche de la Grèce, peut-être un jour à nouveau m'y installerai-je…

Papa était mes racines, à mon tour, je plante les miennes. Papa était l'arbre qui réunissait et abritait la famille, si fragile fut-il par moment.

À mon tour, je suis cet arbre forcé de grandir, d'étendre sa ramure, de pousser plus profond ses racines… Un arbre solide et solitaire. »

Nana Mouskouri saura encore nous arracher bien des larmes quand elle chantera encore et longtemps *Le temps qu'il nous reste* :

> *Quelle importance le temps qu'il nous reste*
> *Nous aurons la chance de vieillir ensemble*
> *Au fond de tes yeux vivra ma tendresse*
> *Au fond de mon cœur vivra ta jeunesse*
> *C'est comme une prière du temps de l'enfance*
> *Ce don sur tes lèvres me donne confiance*
> *Mais l'un de nous s'en ira le premier*
> *Il fermera ses yeux à jamais*

❖ ❖ ❖

On n'a pas tous les jours vingt ans
1934

On n'a pas tous les jours vingt ans
Ça nous arrive une fois seul'ment
Ce jour-là passe hélas trop vite
C'est pourquoi faut qu'on en profite
Si l'patron nous fait les gros yeux
On dira : « Faut bien rire un peu
Tant pis si vous n'êtes pas content »
On n'a pas tous les jours vingt ans

Paroles Léon RAITER
Musique C.-L. POTHIER
Interprètes : Léon Raiter, Berthe Sylva, Lionel Parent,
Lily Vincent

Photo : Trans Euro Musique inc.

OLIVIER, Franck
Auteur, compositeur, interprète et animateur
Né le 26 août 1950, à Gozée, en Belgique

À l'âge de 10 ans, Franck Olivier reçoit de ses parents un harmonica pour son anniversaire, ce qui attise sa passion pour la musique. Pendant cinq ans, il suivra des cours de violon et de piano au Conservatoire de sa ville, située dans la région de Charleroi, près de Bruxelles. Quand il chante au jubé de l'église paroissiale — Franck est particulièrement attiré par le chant religieux et le gospel — sa voix sort déjà de l'ordinaire.

À 14 ans, Franck Olivier entreprend une carrière de chanteur. Le samedi soir, il brûle les planches de tous les bals populaires. Avec son ami Jean-Pierre Barry, il forme le duo Les Benjamins. Ses premiers cachets lui permettent d'acheter une guitare électrique et un modeste système de son. Son compatriote Salvatore Adamo accepte de devenir son parrain de scène et de lui donner sa chance.

Poursuivant ses études jusqu'au service militaire, Franck Olivier obtient un diplôme de kinésithérapeute. Il ouvre une résidence sans but lucratif pour personnes âgées; il s'y dévouera plusieurs années. Ses pensionnaires apprécient énormément ses talents de chanteur lorsqu'il leur fait reprendre en chœur *Reviens, Les roses blanches, Parlez-moi d'amour.*

En 1974, le premier disque de Franck Olivier sort en Belgique, incluant notamment *Bella romantica, Au revoir n'est jamais un adieu* et *Viens rêver au creux de mon épaule,* lauréate de la Rose d'or d'Antibes, en France. Cette chanson retentit sur les ondes de toutes les radios francophones.

Claude François, alors au sommet de la gloire, invite Franck Olivier à enregistrer sous l'étiquette de sa compagnie Flèche. Une première chanson intitulée *Si tu m'avais laissé le temps* grimpe aussitôt au palmarès. Franck Olivier bénéficie de l'appui constant de Claude François jusqu'à la mort accidentelle de celui-ci en mars 1978. *Le chanteur mal-aimé* fait en effet gravir à Frank Olivier tous les échelons et le propulse au rang des vedettes de l'heure dans les pays francophones. Quand la compagnie Vogue lance *Souviens-toi d'Only you* en 1980 et *Tic Tac*, deux ans plus tard, Franck Olivier enregistre des records de vente.

Séduite par sa popularité grandissante, la télévision luxembourgeoise confie à Frank Olivier l'animation de *La bande à Grobo*, où il présente à son jeune auditoire des chansons fantaisistes comme *Albator 84* et *Astro le petit robot*. À la fin des années 1980, le chanteur poursuit une carrière déjà bien amorcée avec *Je t'aime vraiment*, *L'amour est fort*.

Dans tous ses spectacles où il affiche une grande assurance, Frank Olivier fait connaître ses propres compositions, comme *Parce que je t'aime* et *Je t'aime à en mourir*, et mêle à son répertoire les succès d'Édith Piaf (*Hymne à l'amour*), de Mike Brant (*Laisse-moi t'aimer*) et du Québécois Stéphane (*Quand tu liras cette lettre*).

En 1989, Franck Olivier devient populaire au Québec quand il y vient chanter *Amoureux de vous Madame*. En 1990, en duo avec Lara Fabian, ils enregistrent plusieurs chansons, dont *Je suis*, *Il a neigé sur le Saint-Laurent* et *L'amour voyage*. Après sa première tournée dans une vingtaine de villes du Québec, Franck Olivier décide, en 1995, de s'installer en permanence dans les Laurentides, à Saint-Sauveur. Il y exploite un restaurant de fine cuisine, pendant un an. Ne pouvant être en même temps au four et au moulin, il renoue avec ses premières amours : la chanson.

En 1993, Franck Olivier lorgne du côté des États-Unis. La Floride lui ouvre les bras. Les Québécois, fort nombreux à Hollywood, Dania et Hallandale, se précipitent pour entendre celui qu'ils considèrent comme des leurs. Après la sortie de son album *Sentiments de femmes*, il retourne à plusieurs reprises aux États-Unis. Il a la chance de se produire à Los Angeles ainsi qu'à Las Vegas, au cours de soirées de galas au Caesar's Palace. De 1995 à 1997, Franck Olivier fait la tournée des centres culturels et des casinos québécois, comme ceux de Hull, Charlevoix et Montréal. Il est toujours entre deux avions qui le conduisent de Paris à Bruxelles en passant par le Québec, où on ne l'oublie pas.

Franck Olivier sort un second album de Noël en 1997. En homme de foi, il met toute son âme dans l'interprétation de *Noël blanc, Minuit, chrétiens, Les anges dans nos campagnes, Il est né le divin enfant*. Une chorale de 15 chanteurs de l'école Gina Bauson l'accompagne dans cette production du temps des fêtes.

Dans ses deux livres, *La foi et l'épreuve* et *Le miracle de l'amour*, Franck Olivier se raconte et invite ses lecteurs à l'accompagner dans sa recherche de la découverte du sens de la vie. Imprégné de la parole de Dieu, il tente d'être en harmonie avec ses semblables et partage avec eux les réponses aux innombrables questions qu'il s'est posées sur la paix du cœur, la joie, la patience et la persévérance. De son mariage avec Christine Derreu, qui a duré 26 ans, sont nés Mickaël, William et Charlyne.

En regardant la carrière de Franck Olivier, on se dit que l'écrivain Alphonse Allais avait bien raison d'écrire : « Il ne suffit pas d'avoir du talent, encore faut-il savoir s'en servir. » Le chanteur belge continue de démontrer qu'il a plusieurs cordes à son arc. Son album intitulé *Au bord de mes rêves* et produit en 1996 propose une dizaine de chansons, dont quatre rendent hommage à Édith Piaf, Claude François, Mike Brant et Boris Vian. Deux ans plus tard, Franck Olivier lance à Montréal son disque compilation *Madame*, dans une ambiance on ne peut plus familiale. Il en profite en effet pour exposer ses peintures, autre facette de ses nombreux talents.

L'année 2000 débute bien pour Franck Olivier qui reprend l'affiche du Théâtre des Variétés. Il essaie toutefois de se réserver du temps pour terminer l'écriture de son opéra classique rock qu'il entend présenter peut-être dans les prochains mois. En attendant, il travaille sa voix avec un professeur réputé, Jean-Guy Daoust, membre de l'Orchestre symphonique de Montréal, afin de lui donner plus d'ampleur et de beauté.

Serge Blais, nouvel imprésario de Frank Olivier, et Michel Robert, son attaché de presse, entendent tout mettre en œuvre pour que le public accorde un second élan à la carrière de leur protégé. Le chanteur peut déjà compter sur l'appui de son fan-club très actif et dirigé par Simone Marchal, sa seconde maman comme il aime l'appeler. Franck Olivier a bien compris qu'il ne fallait jamais manquer de courage dans ce métier si dur, où les hauts et les bas se succèdent. «Alors je me suis penché sur mon âme et j'ai compris que je ne changerais rien à tout cela, si je ne changeais pas personnellement», peut-on lire dans son dernier livre.

Parmi les chansons que Franck Olivier a enregistrées, paroles et musiques, il y a *Dans chaque mot d'amour* ce qui semble le définir et attiser en lui la flamme qui le caractérise et le fait toujours aller plus loin, derrière le mur du son.

> *Quand on a l'impression*
> *Qu'on est tout seul au monde*
> *Que tout va chavirer*
> *Que rien n'existe plus*
> *L'amour nous abandonne*
> *On en est plus que l'ombre*
> *L'ombre de cet amour*
> *À tout jamais perdu*
> *[...]*
> *Dans chaque mot d'amour*
> *Il y a des retours*
> *À ces pages de vie*
> *Que jamais on oublie*
> *On ose encore y croire*
> *Un seul mot, c'est l'espoir*
> *C'est l'espoir*

En dehors du chant qui est sa première raison de vivre, Franck Olivier veut consacrer le plus de temps possible à lire et à écrire, à peindre, créer, pratiquer ses sports préférés et, surtout, rendre ses semblables heureux et apporter, en toute simplicité, à la société, sa contribution humaine.

Lorsque Franck Olivier est arrivé au Québec, il y a une douzaine d'années, il ne savait surtout pas qu'il y vivrait en permanence. Il n'a jamais regretté sa décision. Il trouve que les Québécois, sur bien des points, ont des affinités avec les Belges. Bien installé au cœur des Laurentides, à Saint-Sauveur, Franck Olivier a su s'entourer d'amis et de proches collaborateurs qui préparent, en toute fébrilité, son retour sur scène et sur disque. Les demandes des producteurs et du public continuent d'affluer tant de ce côté-ci que de l'autre côté de l'Atlantique.

❖ ❖ ❖

Parlez-moi d'amour
1928

Parlez-moi d'amour
Redites-moi des choses tendres.
Votre beau discours,
Mon cœur n'est pas las de l'entendre.
Pourvu que toujours
Vous répétiez ces mots suprêmes :
Je vous aime

Paroles et musique Jean LENOIR
Interprètes : Lucienne Boyer, Juliette Gréco, Richard Huet,
Roger Sylvain, Patachou, Monique Saintonge, Tino Rossi, Lionel Parent,
Henriette Bélanger, Claudia Laurie, CharlÉlie Couture

Photo : Michel Gagné, Échos-vedettes

PICHÉ, Paul
Auteur, compositeur et interprète
Né le 17 septembre 1953, à Montréal

Porte-drapeau d'un Québec en ébullition pendant 25 ans, patriote de l'année en 1994, Paul Piché a le courage de ses opinions et les affiche. En plus des jeunes qui en ont fait leur idole, le grand public lui manifeste aussi un appui grandissant. Paul Piché est sans aucun doute le chanteur le plus engagé politiquement et socialement depuis Félix Leclerc, Pauline Julien et Gilles Vigneault.

C'est dans le quartier ouvrier d'Hochelaga-Maisonneuve que Paul Piché a vu le jour. Il a grandi du côté de Laval avec son frère et ses deux sœurs aînées. Au début des années 1960, la famille passe la saison estivale à La Minerve, dans les Laurentides, avant de s'y installer en permanence quelques années plus tard. Paul passe donc son adolescence et une partie de sa vie adulte en pleine nature ; d'où son engagement pour la défense de l'environnement.

Paul fait des études en archéologie et tente de bien comprendre tout ce qui s'est passé depuis l'apparition de l'homme. Féru de sciences sociales, il a toujours une foule d'idées quand vient le temps de débattre de la question nationale, des jeunes, des ouvriers, des médias, des démunis ou encore des autochtones. «Ma chanson, *Voilà ce que nous voulons*, c'est l'affirmation d'un peuple qui veut survivre, participer à la mondialisation et proclamer sa souveraineté dans le monde, sans s'isoler des uns et des autres. On ne veut pas d'odeur de sang, de race ou de religion», pouvait-on lire dans *La Presse* du 15 mars 1995.

À 80 ans, son père, Alphonse, qui a exercé le métier de comédien jusqu'à l'âge de 35 ans, aime bien croiser le fer avec son fils. Même si les deux hommes ne partagent pas toujours les mêmes idées, cela ne les empêche pas de se respecter et de s'adorer. La mère de Paul, qui s'est éteinte en 1996 à l'âge de 80 ans, a toujours beaucoup encouragé son fils dans son choix de carrière.

Depuis 1975, Paul Piché compose des chansons qui parlent non seulement de son vécu et de ses prises de position, mais aussi d'amitié et des amours difficiles. Il ressent régulièrement le besoin de disparaître en catimini avant de réapparaître au moment opportun, le cœur gonflé à bloc et des nouvelles chansons plein la tête. Trois ans après *L'un et l'autre*, il a refait surface le 9e jour du 9e mois de 1999 pour lancer son 9e album, *Le voyage*, où il expose en neuf tableaux ses raisons de vivre intensément et sa soif de liberté! Plusieurs titres de cet album ont envahi les ondes, dont *Je te propose*, *Le retour*, *Rien ne m'apaise*, *À ma hauteur*, *Mauvais calcul*, chanson dans laquelle il dénonce les profiteurs du système qu'ils soient riches ou pauvres. Son ami Pierre Bertrand ajoute parfois sa voix de choriste à ces textes de qualité et d'actualité.

Paul Piché se pose encore et toujours des questions sur son identité, ses valeurs et son avenir. En 1975, il a vécu une expérience humaine enrichissante dont il parle avec chaleur et nostalgie. Invité à participer au Festival international de la jeunesse à Cuba avec Alain Lamontagne, il avait accepté d'interpréter à brûle-pourpoint une chanson en espagnol dédiée à Che Guevara.

Les vrais débuts professionnels de Paul Piché remontent en 1976 avec son premier album intitulé *À qui appartient le beau temps?*, vendu à plus de 100 000 exemplaires. La chanson *Heureux d'un printemps* connaît aussitôt le succès. Paul Piché délaisse alors les petits bars et les boîtes à chansons pour se produire dans de plus grandes salles. Il remplit notamment le Théâtre Outremont et ses 1 500 places, trois soirs consécutifs. Beau début...

Sa première tournée au Québec est un triomphe. On l'aime pour sa voix chaude et personnelle, ses textes intelligents et son tempérament énergique, parfois violent. On s'empresse de l'inviter dans les événements importants au Québec, au Festival de La Rochelle en France, au Millénaire de Bruxelles en Belgique et au Festival de Nyon en suisse. Au gala de l'ADISQ, il reçoit le Félix de l'année pour son album *Nouvelles d'Europe* lancé en 1985.

Après l'enregistrement de ses albums *Intégral* au Spectrum de Montréal en 1986 et *Sur le chemin des incendies* deux ans plus tard, Paul Piché enflamme les spectateurs déjà bien «allumés» au Club Soda, au Théâtre Saint-Denis, à la Place des Arts, de même qu'au centre sportif de l'Université de Montréal contenant quelque 4 000 places. Pas surprenant qu'on lui décerne le prix du spectacle le plus populaire en 1989, lors de la première édition des FrancoFolies de Montréal.

L'année 1990 est celle de la reconnaissance du public pour l'ensemble de son œuvre, puisque 200 000 personnes le portent en triomphe aux festivités de la Saint-Jean, tant aux Plaines d'Abraham à Québec qu'à l'Île Sainte-Hélène à Montréal. Paul Piché participe à La fête à Vigneault, lors de la deuxième année des FrancoFolies. Le quotidien *La Presse*, reconnu pour son orientation fédéraliste, accorde le titre de Personnalité de l'année dans le domaine de la chanson au chanteur nationaliste. Paul Piché se dit heureux que sa cause ne soit pas attachée à un seul parti.

Paul Piché devient un invité permanent des FrancoFolies de Montréal. Il y participe de nouveau en 1993, prenant part à l'hommage rendu à Jacques Brel à l'occasion du 15e anniversaire de son départ pour l'au-delà. Un an plus tard, le Patriote de l'année, élu par la Société Saint-Jean-Baptiste, se produit à la Place des Arts; en 1996, il fait partie de *La fête à Raymond Lévesque* toujours sur la scène des Franco-Folies.

Consacré par ses pairs l'année suivante, il participe de fait à *La fête à Paul Piché*, où il retrouve, sur scène, Grégory Charles, Francine Raymond, Éric Lapointe, Laurence Jalbert et Sylvie Legault. Après ce bel hommage, le chanteur s'envole pour la France retrouver les planches des Francofolies de La Rochelle.

À son retour à Montréal, Paul Piché entre en studio pour terminer son album *L'un et l'autre*, comprenant notamment *L'escalier*, *Le temps d'aimer*, *Cochez oui, cochez non*, *Car je t'aime*, *Réjean Pesant*. En 1996, c'est une foule en délire qui se lève pour saluer l'entrée en scène de Paul Piché, lors du spectacle destiné à venir en aide aux sinistrés du Saguenay, organisé par Guy Latraverse.

Les gens se souviennent aussi qu'il a été une figure importante du grand spectacle *Artistes pour la souveraineté* qui a eu lieu au Forum de Montréal, juste avant le référendum de 1995. Jusqu'à ce jour, Paul Piché s'est prêté à l'enregistrement d'une bonne douzaine de vidéoclips.

De sa première union, Paul Piché a eu un fils, Léo, âgé de 18 ans. Il semble adorer la musique et la poésie et n'est nullement marqué par la garde partagée. Paul Piché va régulièrement se ressourcer au milieu de la nature laurentienne.

Cet homme au cœur tendre, solitaire, ne livre pas facilement ses états d'âme. On dit de lui qu'il est profondément mélancolique, passionné et inquiet de l'avenir. En mai 2000, Paul Piché a repris du service au Spectrum de Montréal, où il a présenté son nouveau spectacle inspiré de son neuvième album, *Le voyage*, qui témoigne d'un regard mûri. Il a ensuite repris la route des chansons…

Michel Jasmin, dans la revue *Sept Jours* a bien abordé la question politique ou patriotique avec Paul Piché qui lui répond bien calmement :

«Bien sûr que la souveraineté demeure ma cause mais, en même temps, ce n'est pas la seule. J'ai très confiance que ça va se faire, mais je ne suis pas un politicien, je suis un artiste tout simplement. Cependant, j'aurai toujours des causes à défendre; j'en ai toujours eu. Je n'ai aucune intention de faire de la politique mais, comme beaucoup de monde, j'ai le besoin profond de m'impliquer comme citoyen parce qu'il ne faut pas laisser la politique aux seuls politiciens… D'un côté, j'ai ma vie publique et de l'autre côté, j'ai une vie privée, et l'écriture pour moi c'est tout aussi intime que la vie amoureuse. C'est d'ailleurs pour ça qu'elles se retrouvent souvent dans le même compartiment.»

Même si Paul Piché continue d'écrire de nouvelles chansons, on lui réclame toujours ses premières compositions qui ont marqué plus d'une génération :

> *Cochez oui, cochez non*
> *Nom, prénom, nom d'fille de votre mère*

VISAGES DE LA CHANSON

Nommez-nous quelques-uns de vos pères
Là votre âge, là votre numéro
Attention, répondez comme il faut
Ma mère s'appelle maman
Mon père appelle pas souvent
Ya peut-être pas le temps.

Cochez oui, cochez non
Nom, prénom, quelles sont vos opinions
Sur la guerre, le mariage, les grandes questions
[...]

❖ ❖ ❖

Roses de Picardie
1918

Des roses s'ouvrent en Picardie
Essaiment leurs arômes si doux
Dès que revient l'avril attiédi,
Il n'en est de pareille à vous!
Nos chemins pourront être un jour écartés
Et les roses perdront leurs couleurs,
L'une, au moins, gardera pour moi sa beauté,
C'est la fleur que j'enferme en mon cœur!

Paroles Pierre D'AMOR – 2ᵉ version Eddy MARNAY
Musique HAYDN-WOOD
Interprètes : Ray Ventura, Tino Rossi, Jean Lumière,
Mathé Altéry, Annie Gould, Jack Lanthier, André Dassary,
Yves Montand

Photo : Disques Virgin

Renaud
Auteur, compositeur et interprète
Né Renaud Séchan, le 11 mai 1952
à Paris

Avant de connaître son heure de gloire au début des années 1980, Renaud n'a pas eu la vie facile. Le jumeau est issu d'une famille de six enfants : trois filles, trois garçons. Son grand-père maternel, Oscar, était mineur dans les charbonnages du Nord. Sa mère a travaillé quelque temps en usine, alors que son père était professeur d'allemand, traducteur et auteur de romans policiers.

En 1968, le jeune contestataire flirte avec le mouvement maoïste et occupe la Sorbonne – où son grand-père paternel enseignait – avec des étudiants en révolte contre le «système» et l'injustice sociale. Renaud compose sa première chanson *Crève salope!* Pendant un certain temps, il chante dans les rues, aux terrasses des cafés en s'accompagnant tant bien que mal à la guitare et à l'accordéon. Il s'exprime, avec plaisir, en verlan. Avec son foulard rouge autour du cou, sa casquette et son pantalon à carreaux, son argot imagé, sa mèche blonde, le rebelle rêve de jours meilleurs. Sa chanson *Société tu m'auras pas* en dit long :

> *J'ai vu pousser des barricades,*
> *J'ai vu pleurer mes copains,*
> *J'ai entendu les grenades*
> *Tonner au petit matin.*
> *J'ai vu ce que tu faisais*
> *Du peuple qui vit pour toi,*
> *J'ai connu l'absurdité*
> *De ta morale et de tes lois*

Pour boucler les fins de mois, Renaud se fait mécanicien dans un magasin de motos, garçon de café, vendeur dans une librairie; il décroche aussi de petits rôles à la télévision. Enfin, il a le pied à l'étrier! En 1975 et 1977, il enregistre ses premiers albums et part en tournée, en jeans et blouson noir, pour faire connaître ses compositions : *Les Charognards, Le Blues de la Porte d'Orléans, Laisse béton, Hexagone*.

Dès le début des années 1980, son militantisme sympathique, sa poésie, sa simplicité conquièrent tous les publics. Ses chansons se nourrissent du quotidien *La tire à Dédé*, de faits divers *La Blanche*, de l'actualité politique et sociale *Oscar* :

> *Y v'nait du pays où habite la pluie*
> *Où quand y'a du soleil c'est mauvais présage*
> *C'est qu'y va pleuvoir c'est qu'y va faire gris*
> *Il était chtimi jusqu'au bout des nuages*
> *L'a connu l'école que jusqu'à treize ans*
> *Après c'est la mine qui lui a fait la peau*

«Poète de la zone», il «dénonce», mais toujours avec humour comme le démontrent les paroles de *Mon beauf*. Ses chansons sont souvent comiques au second degré, par exemple *Marche à l'ombre*.

Avec *Où c'est qu'j'ai mis mon flingue?* il porte un regard ironique sur son succès et sa notoriété qui entrent en conflit avec son militantisme de gauche :

> *D'puis qu'y'a mon nom dans vos journaux*
> *Qu'on voit ma tronche à la télé*
> *Où j'vends ma soupe empoisonnée,*
> *Vous m'avez un peu trop gonflé*

En 1984, Renaud cherche à se renouveler et va aux États-Unis enregistrer l'album *Morgane de toi*. Il se montre sentimental, plein d'attention pour ce qui l'entoure, voyageur dans ses chansons *En cloque, Dès que le vent soufflera*.

En 1985, avec *Miss Maggie*, il provoque un petit scandale vite oublié à la sortie de son album *Putain d'camion* où il se révèle plein de tendresse et d'une fragilité touchante avec *La mère à Titi, Me jette pas*. En 1991, il enregistre l'album *Marchand d'cailloux* pour lequel il s'est entouré de musiciens folk irlandais; l'album est récompensé par le Grand Prix de l'académie Charles-Cros.

Poursuivi par son succès mais refusant «la promo bidon, les télés craignos» il écrit des chroniques politiques dans le nouveau *Charlie Hebdo* et se rend en Bosnie. Il se décide ensuite à accepter, en 1993, un rôle dans le film *Germinal* de Claude Berri. Lors du tournage du film, sa rencontre avec d'anciens mineurs l'amène à enregistrer *Renaud cante el'Nord*, un album en patois ch'timi (dialecte des mineurs).

À l'automne 1994, ce sera l'album *À la belle de mai*, puis, son grand attachement à Brassens lui fera enregistrer l'album *Renaud chante Brassens*.

«Auteur par plaisir, compositeur par nécessité, interprète par provocation» comme il se définit lui-même, Renaud a su garder sa modestie, son naturel, sa gentillesse, et c'est ce qui fait également une partie de son succès. Tout comme les enfants, Renaud sait faire rire et pleurer, ouvrir les portes du rêve. Ses mélodies simples sont sur toutes les lèvres.

La majorité des chansons de Renaud décrivent Paris, sa banlieue, les gens qui y vivent. Renaud parle de ce qu'il connaît et qui l'inspire, et le chante sur des airs de javas, tangos, valses, rocks, reggae qu'il compose lui-même.

Il ne prétend pas être un leader. Il connaît les limites d'un chanteur et n'a pas de vérité à imposer. Rebelle et épris de liberté, il conteste l'ordre établi et s'insurge contre les détenteurs du pouvoir : les gouvernants, l'armée, la bourgeoisie, la police et l'Église.

Quant à sa vie privée, Renaud reste pudique, discret. Il écoute beaucoup, parle peu. Marié et père de famille, il n'a pas envie de raconter en chansons ses états d'âme et ce qu'il vit avec sa môme et sa femme. «[...] j'ai envie de chanter mon époque, de faire un peu de journalisme, de témoigner. Tant qu'y s'passera des choses, j'aurai des choses à raconter [...].»

❖ ❖ ❖

RICHARD, Zachary
Auteur, compositeur et interprète
Né Zachary Richard, le 8 septembre
1950 à Scott, en Louisiane,
aux États-Unis

Photo : Michel Marcil, Échos-vedettes

On ne sait toujours pas si c'est la France, le Québec, la Louisiane ou les trois pays à la fois qui ont permis à Zachary Richard de prendre son envol. Depuis le succès phénoménal de *Travailler, c'est trop dur* en 1977, reprise par Julien Clerc, et de *L'arbre est dans les feuilles* l'année suivante, le poète a surmonté bien des obstacles. Influencé par la culture populaire américaine, il a fouillé dans son passé pour connaître ses vraies racines acadiennes.

Avec plus de 25 ans de carrière, l'auteur cajun est en pleine possession de ses moyens. Sa voix est plus posée, raffinée, ses textes sont mieux fignolés et son élocution beaucoup plus aisée dans une langue comme dans l'autre. Ses origines transparaissent dans son style et sa musique, bien difficile à cataloguer. Par son engagement social et son charisme, Zachary Richard est devenu, avec le temps, un ambassadeur environnementaliste et culturel à travers les États-Unis et la francophonie.

Fils de Pauline et Eddie, tous deux cajun, Zachary est né à Scott, à quelques minutes à peine de Lafayette. Ses ancêtres s'y étaient installés, 200 ans auparavant. Ses grands-parents ne parlent pas un mot d'anglais, et c'est sa grand-mère qui le nomme Zachary, en l'honneur de son oncle défunt. Son père rêve que son fils devienne avocat.

À 10 ans, Zachary commence à peindre et à jouer du piano; il chante dans le chœur de la cathédrale. À 14 ans, il veut devenir prêtre et entame des études au séminaire de Lafayette. L'adolescent a rapidement la passion des livres et de la musique. Ses idoles se nomment Jack Kerouac et Bob Dylan. Après des études à l'Université Tulane à la

Nouvelle-Orléans, il part vivre un an en Écosse, loin du tumulte provoqué par la guerre du Vietnam.

De retour aux États-Unis, il s'installe à New York et commence à chanter, à jouer de l'accordéon et de la guitare. Zachary forme un groupe qui joue sur des instruments acoustiques traditionnels et chante aussi bien en français qu'en anglais. Il veut aller au-delà des histoires de chagrin, d'amour trahi, de désespoir et de mort, comme on trouve tellement dans le répertoire chanté cajun. En 1967, il rencontre Claude Thomas, laquelle change le cours de sa vie. Elle devient sa femme, son associée et son agente. Puis Zachary Richard décide de quitter sa cabane de bois, sise au milieu d'un ancien champ de coton.

Invité à chanter au carnaval de Québec en 1974, Zachary Richard arrive à Montréal où des amis lui trouvent du travail à L'Évêché de l'hôtel Nelson. Mouffe, Renée Claude et Louise Forestier l'encouragent fortement à s'installer dans la métropole. Sa contribution à la chanson francophone lui vaut l'estime des Acadiens, lors de la Fête nationale de ce peuple, à Moncton.

De 1976 à 1984, Zachary Richard passe une grande partie de son temps au Québec; il réside à quelques pas seulement de l'Université McGill à Montréal. Durant ces années, il produit sept albums dont *Bayou des Mystères, Mardi gras, Migration*. On y retrouve des succès comme *Allons danser, L'arbre est dans ses feuilles, Travailler c'est trop dur* :

> Et voler c'est pas beau
> D'mander la charité
> C'est qu'que chose j'peux pas faire
> Chaque jour que moi je vis
> On m'demande de quoi je vis
> J'dis que j'vis sur l'amour
> Et j'espère de viv'vieux

C'est l'époque où le Vieux-Montréal regorge de boîtes à chansons, Les Deux Pierrots. Là, comme dans les terrains de camping ou les colonies de vacances, les soirées se finissent immanquablement par cette chanson de *L'arbre est dans ses feuilles*, devenue une espèce d'hymne national des Québécois durant une décennie.

En 1980, Zachary Richard reçoit le Grand Prix international de la jeune chanson française des mains du premier ministre de l'Hexagone. Cette reconnaissance contribue à sa popularité et lui permet de se produire à l'Olympia, dans quelques théâtres et maisons de la culture. Un an plus tard, il retourne en Louisiane. Il entreprend une tournée des grandes villes américaines et enregistre pour le vaste marché des États-Unis. Ses quatre albums en anglais connaissent rapidement le succès aux Pays-Bas, au Danemark, en Allemagne et aux États-Unis.

Chaque fois que l'auteur revient au Québec, le public lui signifie chaleureusement son attachement. Habitué des FrancoFolies de Montréal, il participe, en 1993, à *La fête à Édith Butler*. La même année, il se produit avec les Neville Brothers, à la Place des Arts, dans le cadre du Festival de jazz de Montréal. On aime toujours autant sa poésie, son folklore et ses chansons modernes. Après un passage au Spectrum, une tournée au Québec et une participation remarquée au Congrès mondial des Acadiens au Nouveau-Brunswick, il prend la vedette aux FrancoFolies. À La fête à Zachary, il reçoit Michel Rivard, Isabelle Boulay, Florent Vollant et Éric Lapointe. En 1997, 1998 et 1999, il décroche le Félix de l'artiste de la francophonie s'étant le plus illustré au Québec. Renouant constamment ses liens avec la France, il se produit au Printemps de Bourges.

Zachary Richard a une mémoire prodigieuse quand vient le temps de parler de ses spectacles présentés à l'Outremont, au Théâtre Saint-Denis ou au Festival de Lafayette. Il se souvient particulièrement de celui donné sur les Plaines d'Abraham, lors du 370ᵉ anniversaire de la capitale, où plus de 100 000 personnes l'ont chaleureusement accueilli. Au Festival d'été de Québec, en 1976, il est acclamé avec autant de chaleur.

«Je ne peux pas oublier tous ces beaux moments d'enracinement au Québec», confie Zachary Richard, Il se souvient de ses premières apparitions à l'émission télévisée *À la Canadienne*, animée par André Lejeune, ainsi qu'à celle de Willie Lamothe. Zachary Richard a d'ailleurs consacré une chanson à ce dernier, *Le ranch à Willie*, sur son album *Cap enragé*. Au fil des années, l'auteur a conservé la fidélité de son public, qui répond toujours présent au Québec à l'automne 1999 ainsi qu'au Festival de jazz de la Nouvelle-Orléans.

Zachary Richard joue dans la télésérie *Juliette Pomerleau*, d'après le roman d'Yves Beauchemin. Il y interprète le rôle de Bohu Martinek. Que de talent chez cet homme qui a déjà publié deux recueils de poésie, *Voyage de nuit* (1979) et *Faire récolte* (1996), qui lui a valu le prix Champlain du Conseil de la vie française en Amérique. Son joli conte cajun *L'Histoire de Télesphore et Ti-Edvard*, écrit en 1983, renaît aujourd'hui sous les doigts de sa belle-fille Sarah Lattes qui en assure la conception et l'illustration. Zachary Richard est un homme passionné et passionnant.

À la fin de 1999, Zachary Richard joue à guichets fermés dans une dizaine de villes au Québec et fait, du même coup, la promotion de son nouvel album, *Travailler, c'est trop dur*, anthologie de 30 chansons écrites de 1976 à nos jours. Ces mélodies racontent ses voyages entre la Louisiane, la France, les États-Unis et le Québec, où il est venu pour la première fois en février 1974. En 2000, il travaille essentiellement à la production d'un documentaire sur la communauté acadienne de la Nouvelle-Orléans, projet soutenu par l'état de la Louisiane.

Lors de notre rencontre au Salon du livre de Montréal en 1999, ils étaient nombreux à vouloir en savoir davantage sur cet homme mystérieux, réservé et parfois timide. Et Zachary Richard de nous confier : «J'espère continuer de m'exprimer à travers la poésie et la chanson pour toute ma vie et de pouvoir partager cette joie avec le plus de monde possible.»

❖ ❖ ❖

Sous les ponts de Paris
1913

Sous les ponts de Paris
  Lorsque descend la nuit,
    Tout's sort's de gueux
      Se faufilent en cachette
      Et sont heureux
        D'trouver une cachette.
        Hôtel du courant d'air
          Où l'on ne paie pas cher,
            L'parfum et l'eau
              C'est pour rien mon marquis,
              Sous les ponts de Paris

Paroles Jean RODOR
Musique Vincent SCOTTO
Interprètes : Georgel, Lucienne Delyle, André Claveau,
Colette Renard, Jen Roger, Francis Lemarque

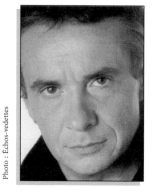

Photo : Échos-vedettes

SARDOU, Michel
Auteur, compositeur, interprète et comédien
Né le 26 janvier 1947, à Paris, en France

Descendant d'une dynastie de chanteurs et de comédiens, le petit Michel, en enfant de la balle, n'a jamais entendu parler d'autres choses que de tournées, de films, de pièces de théâtre et de chansons. Son arrière grand-mère, Rosalie Plantin, était chanteuse. Son grand-père, Valentin, né en 1868, faisait le guignol, professionnellement parlant, chez Félix Magnol. Jackie Rollin, sa mère, a débuté comme danseuse aux Folies-Bergère avant de chanter et de jouer la comédie. Quant à son père, Fernand Sardou, il était entre autres le partenaire préféré de Tino Rossi.

Les Sardou, en gens du spectacle, tiennent guère en place. La famille déménage constamment d'un quartier parisien à un autre. Grâce aux tournées de ses parents, Michel découvre la beauté de son pays et la mentalité des Français. Se sentant peu d'attirance pour l'école, il fréquente assidûment les salles de cinéma et rêve de devenir comédien ou cinéaste. Quand il voit Jean-Paul Belmondo dans *L'homme de Rio*, il n'a qu'une idée en tête : partir avec un ami au Brésil et y ouvrir une boîte de nuit. Les douaniers ne le laissent pas passer la frontière. Fin de l'aventure sud-américaine.

À 16 ans, Michel travaille comme serveur au cabaret de son père, à Montmartre, et se met à chanter sans trop de succès. Il veut suivre l'exemple de Johnny Hallyday, dont il vient de faire la connaissance en Camargue, sur le plateau de tournage du film *D'où viens-tu Johnny*, dans lequel son père tient un rôle important.

À 18 ans, Michel Sardou épouse une ravissante jeune femme blonde, Françoise — elle fait partie d'une troupe qui se produit au cabaret de son père — qui lui donnera deux filles. Plus tard, une fois divorcé et remarié à Babette, il aura deux fils. Refusant catégoriquement de parler de sa vie privée, Michel Sardou attise la curiosité de la presse à sensation qui le suit pas à pas et lève le voile, avec plus ou moins d'honnêteté, sur ses joies et ses déboires amoureux.

En 1966, alors qu'il se produit à Bobino, Michel Sardou est arrêté à la sortie du théâtre et amené de force à la caserne. Pendant les 18 mois que durera son service militaire, il passera 180 jours en prison et en sortira marqué pour la vie. Pour lui, l'armée est une école de violence, encore pire en temps de paix. Dans *Le rire du sergent*, l'une de ses premières chansons, il tire à boulets rouges sur tout le système et la hiérarchie militaires.

Son service terminé, Michel Sardou apprend le métier de chanteur dans les petits cabarets parisiens, notamment chez Patachou et à L'échelle de Jacob, avant de remonter sur la scène de Bobino au cours du spectacle de François Deguelt. Suivra une première vraie tournée avec Alain Barrière qui connaît le succès avec *Ma vie* et *Plus je t'entends*. Les premières compositions de Sardou, enregistrées chez Barclay, n'obtiennent pas la faveur populaire. *Les arlequins*, *Madras* et *Les Ricains* ne collent effectivement pas à la vague yé-yé et rock qui emporte la jeunesse. Avec Michel Fugain et Patrice Laffont — qui deviendra comédien et animateur d'émissions télévisées — Michel Sardou s'acharne nuit et jour à écrire de nouveaux textes. Jacques Revaux, auquel on doit notamment la musique de *Comme d'habitude*, devient son compositeur attitré.

Évoluant depuis son enfance dans le milieu du spectacle, Michel Sardou y a de bonnes relations. Michel Polnareff lui fait découvrir le karaté et le monde de la boxe. En 1970, Enrico Macias lui demande de faire l'ouverture de son spectacle à l'Olympia. Six mois plus tard, il reçoit la même invitation de Jacques Martin qui se produit aussi à l'Olympia. Il n'en faut pas plus pour que Bruno Coquatrix, en maître de l'endroit, lui donne la vedette en 1972. Il y interprète notamment *La maladie d'amour*, qui s'inscrit en tête du palmarès de RTL durant dix semaines consécutives :

Elle court, elle court
La maladie d'amour
Dans le cœur des enfants
De 7 à 77 ans

À partir de ce moment là, Michel Sardou a le vent dans les voiles. Il donne quelque 450 galas à travers toute la francophonie avant de revenir à l'Olympia en 1974 pour sept semaines, puis l'année suivante. Au Québec, le chanteur se produit une première fois à la Place des Arts, à Montréal; il y revient en 1975 avec des chansons, telles que *Les bals populaires*, *Délire d'amour*, *Rouge*, *Je vole*, *J'habite en France* (Grand Prix de l'Académie Charles-Cros), *Le France* — la municipalité du Havre lui refusera l'accès au paquebot — *Et mourir de plaisir* et *Je vais t'aimer* :

À faire pâlir tous les marquis de Sade
À faire rougir les putains de la rade
À faire crier grâce à tous les échos
À faire trembler les murs de Jéricho
Je vais t'aimer

Entre 1970 et 1985, Michel Sardou provoque des remous auprès du public avec des textes engagés et des prises de position controversées sur le féminisme, la peine de mort, l'école libre, le divorce. Des comités anti-Sardou s'en prennent à lui partout où il passe. Le public digère mal *Le temps des colonies* et même *Les vieux mariés* :

On vient de marier le dernier
Tous les enfants sont désormais
Heureux sans nous

Cette chanson, Pierre Delanoë dit l'avoir d'abord offerte à Gilbert Bécaud qui la refusa. Dix ans plus tard, il la présente à Michel Sardou qui en écrit sa version, sur une musique de Jacques Rivaux. S'en est suivi un énorme succès.

L'artiste, désormais au sommet de la gloire, mène un train de vie qui fait bien des envieux. Passionné de Napoléon, il vit un certain temps près de Malmaison, dans un grand domaine ayant appartenu autrefois à Joséphine de Beauharnais. Il y fait venir un immense tas de sable pour que sa fille, Sandrine, puisse y jouer à sa guise. Michel Sardou roule en Rolls ou en Mercedes, soigne ses sept chiens, ses chevaux et passe ses étés dans sa maison d'Ajaccio, en Corse.

Après avoir brûlé les planches de France et de Navarre et fait un peu trop de vagues, l'artiste s'exile quelques temps à Miami, où il achète une maison. Son père bien-aimé meurt au même moment, en 1976. En ami, Johnny Hallyday lui rend visite à plusieurs reprises et tente de le réconforter.

Deux ans plus tard, Michel Sardou rentre sagement à Paris avec de nouveaux titres, dont *La java de Broadway* et *En chantant,* tout heureux de retrouver sa mère qui vient juste de prendre le nom de son regretté époux. Quelques années plus tôt, Jackie Sardou enregistrait un album comprenant 11 chansons tirées du répertoire de Mistinguett, Gabin, Fréhel, et publiait ses mémoires. Elle est décédée en 1998, à l'âge de 79 ans.

En 1984, Michel Sardou accepte quelques rôles au cinéma. Il joue notamment dans *Cross* de Philippe Setbon et dans *Promotion canapé* de Didier Kaminka. Il s'aperçoit assez vite qu'il est plus doué pour la chanson. Père de famille assagi, il accepte d'être comblé d'honneurs. Il est reçu chevalier des Arts et des Lettres et obtient l'Ordre national du Mérite ainsi que la Légion d'honneur.

Michel Sardou retrouve ses amis Johnny Hallyday, Eddy Mitchell, Véronique Sanson et les autres pour la Tournée des Enfoirés, au profit des Restos du cœur lancés par Coluche. En 1989, il relève le défi de remplir Bercy, ce qui lui vaudra deux Victoires de la musique.

Le triomphe ne quitte guère Michel Sardou. En 1993, il est au Parc des Princes, pour fêter les 50 ans de son ami de toujours, Johnny Hallyday. Deux ans plus tard, il «s'installe» à l'Olympia pour cinq mois et traverse l'Atlantique pour chanter lors de l'ouverture du Théâtre Capitole, à Québec. Comédien dans l'âme, il réalise enfin son vieux rêve de jouer au théâtre. En 1998, il fête à son tour ses 50 ans sur les grandes scènes de Bercy, du Centre Molson à Montréal et du Colisée à Québec. Il y interprète les succès de son 20e album intitulé *Salut,* sur lequel Revaux, Dabadie, Barbelivien et Chalumeau signent textes et musiques.

Par une journée de relâche au théâtre, le 11 octobre 1999, la nouvelle vie amoureuse de Michel Sardou éclate au grand jour. Il épouse, à la mairie de Neuilly-sur-Seine, Anne-Marie Périer, directrice de la revue *Elle* et fille du comédien François Périer. Tous ses amis sont là : Johnny Hallyday, France Gall, Eddy Mitchell, Claude Brialy, Jacques Dutronc, Mireille Darc, Michel Fugain, Françoise Hardy, Carlos, Sylvie Vartan, ainsi que son producteur, Jean-Claude Camus. Ses enfants, Romain et Cynthia, ainsi que le président de la République française, Jacques Chirac, sont également présents.

En 35 ans de carrière, Michel Sardou a vendu quelque 25 millions d'albums à travers le monde. Mais le chanteur est loin d'avoir dit : «Mission accomplie!» La chanson et le public sont sa raison de vivre. Il revient en ce début des années 2000 fleurir d'autres printemps. Avec le sourire retrouvé et beaucoup de sérénité… toujours prêt à reprendre ses succès d'aujourd'hui et d'hier comme *Les bals populaires* :

> *Dans les bals populaires*
> *L'ouvrier parisien*
> *La casquette en arrière*
> *Tourne, tourne, tourne bien…*

❖ ❖ ❖

SEVRAN, Pascal
Auteur, interprète, animateur,
producteur
Né Jean-Claude Jouhaud, le 16 octobre
1947, à Paris

Le petit Jean-Claude est né du côté de la Bastille. Sa mère, Régine, première ouvrière chez Schiaparelli et fille d'immigrés espagnols, coud des robes pour Arletty et Danièle Darrieux. Passionnée de musique et de chansons, elle apprend à son fils toutes les ritournelles, anciennes et nouvelles. Pas surprenant donc qu'une fois devenu Pascal Sevran — il a choisi ce nom au hasard, dans l'annuaire —, on le retrouve à l'animation et la production de *La chance aux chansons*, qui existe depuis 16 ans maintenant.

Cinq jours par semaine, plus de six millions de personnes s'installent devant leur petit écran pour revoir avec bonheur les artistes oubliés, ou inconnus, et découvrir les vedettes de demain. Pascal Sevran a donné une première chance à Patrick Bruel, Patricia Kaas, Renaud et bien d'autres. « Oui, c'est vrai, dit-il, que je cligne des yeux. Oui, je suis sautillant. Oui, je m'emballe et ne cache pas mes sentiments, mes goûts, mes préférences. Mais je crois aussi savoir réfléchir, écrire et discuter. »

Pascal Sevran n'a jamais renié ses racines populaires, et l'influence de son père, Jacques, chauffeur de taxi, l'a aussi beaucoup marqué. Chaque soir, il rentrait à la maison avec le journal socialiste *Libération* et des autographes de Mathé Altéry, Roger Couderc, Lucienne Delyle. Le dimanche, il ajoutait à ses lectures *L'Humanité*. Quant à sa mère, elle préférait se procurer et dévorer *Cinémonde*. De cette enfance provient, sans doute, le goût de Pascal Sevran pour la discussion, la chanson et l'accordéon. Faire carrière comme chanteur et comme écrivain, pour défendre la cause du milieu ouvrier, lui apparaîtra très tôt comme une évidence.

Au moment de s'inscrire au Petit Conservatoire de la chanson de Mireille, le jeune homme apprend le métier de coiffeur. «Je fais l'apprentissage de me décolorer les cheveux et donne des shampooings aux belles dames de Chatenay-Malabry.» Mais Pascal Sevran apprend aussi beaucoup du philosophe Emmanuel Berl (époux de Mireille) ainsi que de son idole et maître à penser, Charles Trenet, lequel lui suggère d'écrire ses propres chansons et de les interpréter.

À ce jour, Pascal Sevran a composé plus de 500 mélodies. Certaines ont été enregistrées par Georgette Lemaire, Mireille Mathieu, Linda De Suza et bien sûr par sa grande amie Dalida, décédée le 3 mai 1987. L'auteur lui a d'ailleurs consacré un livre biographique en 1975. Un refrain dans la tête, les ciseaux à la main, l'apprenti coiffeur entre à l'École militaire de Paris, de janvier 1967 à mars 1968. En 1974, il gagne sa vie en écrivant dans *Ici-Paris*.

Pascal Sevran fait ses débuts comme chanteur en 1964, au cabaret Chez Pacra, du côté de la rue de Lappe. C'est comme une deuxième naissance! Eddie Barclay lui déconseille fortement de chanter du rock and roll et de reprendre en français les succès d'Elvis Presley. Pascal Sevran sera ensuite à l'affiche de l'Élysée-Montmartre, de l'Eldorado et de l'Olympia. En 1968, il reçoit le Grand Prix du Festival de Rio et, sept ans plus tard, le Grand Prix de l'Académie du disque. Pascal Sevran n'oubliera jamais les six mois qu'il a passés au Casino de Paris, en 1990, comme metteur en scène et meneur de revue.

En 1992, Pascal Sevran lance son premier album *Succès français*, suivi de *À la française*, *Surprise Party* (titre de son émission de télévision, diffusée le samedi soir à France 2) et de *Viva la vie va*, en 1998. Un autre de ses albums a été enregistré en public à la salle Pleyel.

Pascal Sevran a cumulé bien des fonctions reliées au milieu de la chanson : rédacteur en chef du journal *Stéphanie* (1978), directeur de collection chez Pathé-Marconi (1990), directeur de Radio-Montmartre (1991). En 1981, il anime *La croisée des chansons* (TF1) et produit, deux ans plus tard, *Laissez passer la chanson* (FR3). Ces expériences lui permettent de lancer *La chance aux chansons en 1984*, d'abord diffusée sur TF1, puis aujourd'hui sur France 2 et TV5. Un vrai record pour le livre Guinness!

Pour contrecarrer ses détracteurs qui l'accusent d'être dépassé et de vivre comme au temps de Mistinguett et de Maurice Chevalier, Pascal Sevran répond avec assurance : « Au fond, tout le monde préfère le passé à l'avenir, puisque l'avenir, c'est l'incertitude, la mort, tandis que le passé, c'est la vie. » Des artistes réputés prennent sa défense. Charles Aznavour, entre autres, affirme : « Ni rétro, ni passéiste, mais simplement comme des millions d'autres. Amoureux de la chanson, il brandit très haut le flambeau d'une tradition française. Avec amour et détermination. La foi, dit-on, peut déplacer les montagnes. Celle de Pascal, en tout cas, déplace des foules et les rend heureuses. »

En recevant le prix Roger-Nimier pour son premier roman *Le passé supplémentaire*, paru en 1979, l'auteur récolte les éloges. Gilles Lambert écrit dans *Le Figaro* : « Il y a quelque chose d'étonnamment juste dans le ton de Pascal Sevran, désinvolte, émouvant. » Jérôme Garcia enchaîne dans *Nouvelles littéraires* : « Un roman implacable, glacial, poignant. Un modèle du genre, une langue sobre terriblement efficace. Voilà un écrivain dont les tourments sont profondément communicatifs. »

Polémiste à ses heures, Pascal Sevran est tout aussi à l'aise quand il passe à l'émission littéraire *Bouillon de culture*, de Bernard Pivot qu'à l'émission de divertissement *Le point J*, de Julie Snyder. Il n'hésite pas à crier son indignation face au déferlement de la musique anglo-saxonne et aux multinationales qui « fabriquent » des étoiles, filantes dans le milieu du spectacle. En 1983, Pascal Sevran est nommé chevalier des Arts et des Lettres et, cinq ans plus tard, il reçoit la médaille du Président de la République.

En publiant *Le dictionnaire de la chanson française*, chez Michel Lafon en 1988, Pascal Sevran prend position comme défenseur des auteurs, compositeurs, interprètes et musiciens de toute la francophonie. Il remet les pendules à l'heure et rend hommage aux pionniers qui n'ont pas eu la tâche facile pour demeurer en place. À *La chance aux chansons*, il est tantôt ému, tantôt émerveillé, énervé ou généreux, en recevant Guy Béart, Colette Renard, Patachou, Francis Deguelt, Annie Cordy, Francis Lemarque. Il l'est tout autant quand c'est au tour des Québécois d'être sur le plateau, comme Céline Dion, Gilles Vigneault, Lara Fabian, Rock Voisine ou Lynda Lemay. Que dire aussi de son engouement pour le piano à bretelles? Il les a tous reçus, les accordéonistes : Aimable, Azzola, Balta, Baselli, Blot, Horner, Bonnay, Marroni et les autres.

Dans son livre *Tous les bonheurs sont provisoires*, publié chez Albin Michel en 1995, Pascal Sevran trace des portraits intimes de François Mitterrand, de ses grands amis Roger Hanin, Dalida, Jacques Brel, Charles Trenet, Jack Lang, ex-ministre de la Culture, qui l'a nommé chargé de mission en 1981. «C'est vrai, écrit-il, que je tutoie des ministres, je pars en week-end chez le président de la République, j'ai mon nom dans les livres et sur des affiches de music-hall; on me voit à la télévision, on me reconnaît dans la rue, on dit du bien de moi et cela me fait plaisir, on dit du mal de moi et je m'en fous éperdument. J'ai une voiture bleue marine, un chauffeur très gentil et très snob; j'ai vraiment tout pour être heureux, disent les journaux!»

Pascal Sevran est un livre ouvert. Il avoue être heureux de sa vie de famille, avec ses parents, ses sœurs Jacqueline et Christiane et ses neveux, de son équipe, de son existence entre les studios, les tournées, sa maison de campagne dans le Limousin et son appartement sur la Butte Montmartre. «J'aime écouter, pour le travail et mon plaisir, les succès de Gloria Lasso, Rina Ketty, Mouloudji, Lys Gauty et revoir les films des années 1930-1940 avec Jules Berry, Viviane Romance, Jean Gabin et Michèle Morgan. [...] Je ne veux pas être à la mode, mais elle me rattrape toujours.»

Quand on demande à Pascal Sevran s'il est comblé d'avoir été décoré, à l'Élysée, de la Légion d'honneur (1995), il s'empresse de répondre sans fausse pudeur : «Je trouve mal élevés, vulgaires, les gens qui refusent des décorations. Je suis ému que ce soit François Mitterrand qui me la remette. Je l'ai acceptée de grand cœur. Et mes parents sont très heureux.»

Pascal Sevran est intarissable quand il parle de sa raison de vivre : la chanson. «Il y a toujours un refrain qui traîne dans la mémoire collective. Aux grandes heures de notre histoire se trouvent un poète et un musicien pour dire le sentiment populaire. Quand les hommes se retrouvent, ils chantent, qu'ils fassent la guerre ou la révolution, la fête, l'amour ou la paix.»

❖ ❖ ❖

SIMARD, Nathalie
Interprète, animatrice et comédienne
Née le 7 juillet 1969, à Québec

Après avoir quitté Chicoutimi pour s'établir à Québec, puis à l'Île d'Orléans en 1972, Jean-Roch Simard et son épouse, Gabrielle L'Abbé, accueillent avec joie la naissance de leur fille. Le couple a déjà six enfants : Odette, Martin, Lyne, Régis, René (né le 28 février 1961) et Jean-Roger. René deviendra la coqueluche du Québec et de sa petite sœur Nathalie, qui suivra ses traces. Adulée, elle l'est dès le berceau.

Nathalie Simard est devenue rapidement la plus jeune vedette au Québec, tout comme Shirley Temple à Hollywood. Cette effervescence ne l'a toutefois pas privée des joies de l'enfance au sein d'une famille qui aime chanter, danser et faire la fête. Elle se rappelle fort bien ce temps où elle courait après ses lapins et ses pinsons qui s'étaient échappés de leurs cages! Elle se souvient aussi qu'elle aurait toujours aimé avoir un beau chien comme Lassie, mais son frère René était allergique au poil. La petite Nathalie, qui rêve de chanter comme Chantal Pary, préfère de beaucoup les toutous aux poupées. Elle les regarde seulement quand Guy Cloutier — il la prend sous son aile à l'âge de 10 ans — lui rend visite avec sa fille Véronique.

Avec son frère René, Nathalie enregistre en 1979 la chanson thème de la campagne de financement de l'UNICEF, *Tous les enfants du monde*; sur un autre 45 tours, elle chante aussi avec Paolo Noël *Tu n'aurais jamais dû partir*. Quelques mois plus tard, elle lance son premier album de Noël qui lui vaut le titre de Révélation de l'année. Elle entre de nouveau en studio pour enregistrer *Nathalie chante pour ses amis*, qui se vend à 30 000 copies en cinq jours seulement. René Simard part en tournée avec sa protégée. Le public est au rendez-vous où qu'ils passent, que ce soit à la Place des Arts, au Grand Théâtre de Québec, au Centre national des arts à Ottawa. Dans le même laps de temps, Michel Girouard présente le frère et la sœur pour la première fois à son émission télévisée *Le jardin des étoiles*.

Après un court séjour à Disneyworld (Floride) et Disneyland (Californie) pour l'enregistrement de deux émissions de télévision, Nathalie Simard reprend le chemin des studios. En 1981, elle sort en effet deux nouveaux albums, *La rentrée* et *Nathalie et les petits chanteurs de Granby*, qui ne cessent de tourner sur les ondes. La télévision nous projette son image enjouée, celle d'une rose fraîche des bois. Dans chaque foyer, on rêve d'avoir une petite sœur ou une enfant semblable à la vedette la plus populaire de l'heure. Le fan-club international René et Nathalie Simard, mis sur pied par Jean Pilote, ne compte pas moins de 50 000 membres! À 13 ans, Nathalie Simard possède même sa propre collection de vêtements. Sa vie ressemble à un conte de fées.

L'imprésario Guy Cloutier mise beaucoup sur le talent de Nathalie Simard, et il ne se trompe pas. La chanson *La danse des canards* et l'album du même nom dépassent les 200 000 exemplaires. À la fin de cette même année 1982, René et Nathalie se produisent à la Place des Arts. C'est le délire parmi les spectateurs! Nathalie reçoit un contrat fabuleux de la maison de disques ALPHA, au Japon, et est reçue comme invitée spéciale au Festival de la chanson de Tokyo. Même en tournée, elle prend le temps de faire ses devoirs et d'apprendre ses leçons; elle est inscrite au Collège des Eudistes de Rosemont.

Nathalie Simard s'installe ensuite à Los Angeles, où elle perfectionnera ses talents de chanteuse, danseuse et comédienne pendant un an. De retour au Québec, elle entreprend la belle aventure du *Village de Nathalie*, émission diffusée au réseau TVA. De 1985 à 1988, elle y travaille à cœur joie aux côtés de Jacques Michel et Ève Déziel qui en signent la conception et l'écriture. Elle les retrouve aussi à l'émission *Les minis-stars de Nathalie*, diffusée sur le même réseau. Adorée du public, elle reçoit le MétroStar de la meilleure animatrice d'émission pour enfants; elle accepte aussi de se produire avec les Ice Capades au Forum de Montréal et de faire la publicité de plusieurs produits, dont les petits puddings Laura Secord.

La chanson *Tourne la page*, extraite de l'album *René et Nathalie*, grimpe au sommet de tous les palmarès et vaut son pesant d'or : deux Félix au gala de l'ADISQ, en 1988. Durant les deux années suivantes, Nathalie Simard coanime avec René le téléthon Opération Enfants-Soleil. Avec la sortie de ses 22e et 23e albums *Au maximum* et *Paroles de femmes*, la chanteuse évolue : sa voix se fait plus juste et solide, son talent est indéniable.

En 1995, Nathalie Simard participe à 70 représentations de *Demain matin, Montréal m'attend*. Pas surprenant qu'en 1999, elle décroche le premier rôle de cette comédie musicale signée Michel Tremblay et François Dompierre. Tous les soirs, sur la scène du Casino de Montréal, Nathalie Simard revêt le costume de son personnage, Louise Tétrault. Après cinq ans d'absence et de déboires sentimentaux, la voilà resplendissante et en possession de tous ses moyens. Le réseau TVA, où elle a connu des heures de gloire, ne l'oublie pas. En 1999, elle y anime l'émission hebdomadaire *Décibel* qui permet aux jeunes de 8 à 14 ans de faire valoir leurs multiples talents, qu'ils soient acrobates, humoristes ou chanteurs.

Danielle et Claudine Bachand, qui ont publié *René et Nathalie, les enfants chéris du show-biz*, se rappellent ces belles années passées dans leur entourage. Selon elles, il ne serait pas surprenant de voir un jour Nathalie Simard au cinéma, dans une télésérie ou une comédie musicale avec son frère. D'ici 2001, nos meilleurs auteurs-compositeurs lui soumettront probablement de bonnes chansons pour un autre album. En attendant, Nathalie Simard doit chanter, jouer la comédie et trouver le secret du bonheur auprès de sa fille Ève Simard-Decelles qui aura bientôt sept ans. Elle lui apprend le ski alpin, la natation et surtout la cuisine, domaine où elle excelle, tout comme sa maman.

Nathalie Simard a enregistré de belles chansons qui lui sont parvenues d'auteurs-compositeurs réputés. En voici une de Didier Barbelivien et de Romano Musumarra :

> *À ton départ*
> *Je ferm'rai les volets*
> *D'la maison que j'aimais*
> *Ni remords, ni regrets*

Peut-être il pleuvra
Je penserai à toi
Comme sur le quai de gare
À ton départ
J'aurai vieilli d'un an
[...]

Nathalie Simard a atteint l'âge de la maturité. Elle se confie à Valérie Letarte, dans le journal *La Presse* : «Chaque chose en son temps... le trac, je l'aurai toujours, je l'ai depuis plus de 20 ans, mais là, c'est moins pire! Avant j'étais malade avant de monter sur scène. Avec la rue *Demain matin*... j'ai acquis de la confiance en moi. Avec les années, l'expérience et la maternité... Et puis, au centre de cette belle production d'équipe, il n'y a pas qu'un premier rôle à défendre, celui de Louise Tétreault, la discipline pour s'y rendre ou encore l'espoir que cela puisse ouvrir d'autres portes, il y a aussi le plaisir qui fait naître de belles amitiés.»

❖ ❖ ❖

Tant qu'il y aura des étoiles
1936

Tant qu'il y aura des étoiles
Sous la voûte des cieux
Y'aura dans la nuit sans voile
Du bonheur pour les gueux
Nous les gars sans fortune
Nous avons des trésors
Seul un rayon de lune
Vaut le plus beau décor
Ici à la belle étoile
On s'ra toujours heureux

Paroles et musique Vincent SCOTTO
Interprètes : Tino Rossi, Paolo Noël

Photo : Archives Place des Arts

TRENET, Charles
Auteur, compositeur, interprète et comédien
Né le 18 mai 1913 à Narbonne, France

Fils de Marie-Louise et de Lucien Trenet, notaire et violoniste amateur, le petit Charles et son frère aîné, Antoine, vivent difficilement la séparation de leurs parents en 1920. C'est un véritable scandale à Narbonne (peu habituée encore à composer avec ce statut matrimonial). Leur mère doit d'ailleurs affronter les quolibets et le potinage de son entourage. Les deux frères deviennent pensionnaires aux collèges de Béziers et de Perpignan. Alors qu'il n'a seulement que 12 ans, Charles voit sa première chanson publiée dans le journal local. Ses premiers poèmes paraissent dans *Le Coq catalan*.

En 1928, Charles rejoint sa mère, qui a refait sa vie à Berlin avec Benno Vigny; le poète en devenir s'inscrit à la faculté des arts décoratifs. Deux ans plus tard, le voilà installé en plein cœur de Paris, dans le quartier de Montparnasse. Il y trouve un premier emploi comme décorateur chez Pathé-Cinéma et se fait un devoir d'arriver sur le plateau avant tout le monde. Pour améliorer sa situation financière, il écrit des romans-feuilletons sous le pseudonyme de Jacques Brévin et fréquente le milieu artistique, la bohème. En 1932, Charles s'installe au 47, rue La Fontaine, dans l'appartement de sa mère partie en Europe centrale où son compagnon rêve de fabuleux contrats de cinéma.

La rencontre de Charles Trenet avec l'excellent pianiste suisse Johnny Hess est capitale; elle marque le début d'une belle aventure professionnelle. Jusqu'en 1936, le duo qui se complète en paroles et en musique enregistre une quarantaine de chansons et se produit au Fiacre, au Théâtre-des-Deux-Annes, au Lido et à Bobino. Appelé à faire son service militaire, Charles Trenet se voit forcé d'abandonner son compère.

Y a d'la joie et Boum, deux chansons interprétées par Maurice Chevalier au Casino de Paris, vont lancer la carrière en solo de Charles Trenet. On le voit en effet de plus en plus à l'affiche du réputé Théâtre de l'ABC, en lever de rideau d'abord, puis en vedette. Au moment où ses disques défoncent les records de vente, tous ses spectacles en public suscitent l'enthousiasme. Ses refrains envahissent les ondes radiophoniques françaises et traversent l'Atlantique. Le Grand Prix du disque vient couronner son premier succès, Boum. Mais la guerre, sur le point d'éclater, contre cette ascension. Charles Trenet doit répondre à la mobilisation générale. Il échafaude alors le projet de monter une tournée à travers les bases militaires. Fernandel, Tino Rossi et Raimu se joignent à lui.

> Boum ! Quand notre cœur fait Boum
> Tout avec lui dit Boum
> L'oiseau dit Boum c'est l'orage
> Et le bon Dieu dit Boum
> Dans son fauteuil de nuages…

À sa façon, Charles Trenet participe à la résistance dans la zone occupée, en entretenant le moral des troupes et du public. Il leur chante ses succès de l'heure : Je chante, Fleur bleue, Le Grand café, La Polka du roi, Ménilmontant, Les oiseaux de Paris.

De 1938 à 1943, Charles Trenet entreprend une carrière cinématographique qui sera brève. Il tourne dans La route enchantée, Je chante, Romance de Paris, Frédérica et Adieu Léonard. Plus tard, il fera deux courtes apparitions dans La cavalcade des heures et Bouquet de joie. Dans tous ces films, on le voit chanter ses propres compositions dont certaines feront le tour du monde.

À la Libération, le jovial Trenet s'éclate au Théâtre de l'Étoile, à Paris, avec Tombé du ciel, Douce France, Mes jeunes années, Revoir Paris, Le soleil et la lune, On danse à Paris, Le retour des saisons. Après quelques galas en sol français, Charles Trenet s'embarque pour les États-Unis où il chantera aussitôt Grand-maman, c'est New York, Formidable et La mer — cette dernière sera plébiscitée, en 1972, comme la plus belle des 100 chansons du siècle. L'âme des poètes et Que reste-t-il de nos amours sont également au palmarès de ce référendum organisé par la radio RTL. On s'arrache «Le fou chantant» dans le monde. Voilà maintenant qu'on le désigne comme «Le fou 100 ans.»

Après avoir connu un succès spontané à Broadway et en Amérique du Sud, Charles Trenet s'amène à Montréal et se produit aussitôt au Théâtre Gayety's, entre les effets de la sculpturale Lili Saint-Cyr, de la pulpeuse Peaches et des autres effeuilleuses de l'époque. Au chic Quartier Latin, rue de la Montagne, la clientèle est beaucoup plus sophistiquée et fortunée; Charles Trenet la séduit tout autant, surtout quand il chante *L'âme des poètes* :

> *Longtemps, longtemps, longtemps,*
> *Après que les poètes ont disparu*
> *Leurs chansons courent encore dans les rues*
> *La foule les chante un peu distraite*
> *En ignorant le nom de l'auteur*
> *Sans savoir pour qui battait leur cœur*
> *Parfois on change un mot, une phrase*
> *Et quand on est à court d'idées*
> *On fait la la la la la la*
> *La la la la la la*

Du côté de la capitale, Charles Trenet change le Café Gérard en véritable salle de gala. Après maintes pérégrinations, l'homme à la fleur à la boutonnière parle du Québec comme d'une terre promise, une seconde patrie où il prend le temps de s'arrêter, de s'installer et de se faire adopter. Il se sent en confiance avec des gens qui aiment la vie autant que lui. Il possède un appartement à New York et à Montréal ainsi qu'une maison à Québec. Avec le temps, il aura des résidences somptueuses un peu partout dans le monde, de Varennes à Aix-en-Provence.

Jusqu'à son retour triomphal au Théâtre de l'Étoile à Paris et à l'Olympia en 1954, il parcourt le Québec d'une ville à l'autre. En tournée passagère avec Willie Lamothe, notre cow-boy national, il s'amuse comme un gamin et en fait voir de toutes les couleurs à son entourage, même aux curés qui le font chanter dans le sous-sol de leurs églises! Charles Trenet trouve vite l'inspiration pour composer *Dans les rues de Québec*, où il turlute à la manière de la Bolduc, *Dans les pharmacies* et *Voyage au Canada*. À ses yeux, les gens sans diplôme et «fauchés comme les blés» valent tout autant que ses amis d'antan, Jean Cocteau, Salvador Dali, Utrillo, Max Jacob, Jean Sablon. À maintes reprises, il ignore les ponts d'or que lui jettent les États-Unis, où il avait triomphé après la guerre et en 1962.

Même au sommet de la gloire, Charles Trenet n'oublie pas ses séjours répétés au Québec. Il tient à ce que la Québécoise Guylaine Guy soit à l'affiche à l'Olympia, à Paris, en même temps que lui. Il lui a composé : *J'ai ta main, Où sont-ils donc, J'ai mordu dans le fruit de la vie.* Lorsque Jacques-Gérard Productions présentent Charles Trenet à la Comédie-Canadienne, c'est l'euphorie! Le tandem d'imprésarios que forment Jacques Lorrain (père de Sophie et de Danièle) et Gérard Thibeault a misé juste. Les trois ménestrels et l'orchestre de Roger Joubert font la première partie du spectacle.

De retour en France, Charles Trenet devient «indispensable». Personne ne veut plus le laisser partir. Bruno Coquatrix lui ouvre les portes de son Olympia à maintes reprises. En 1965, il partage la vedette avec Georges Brassens à l'ABC. L'année suivante, il accepte de passer à Bobino et, plus tard, au Théâtre de la ville. Il se produit ensuite à l'Olympia en 1971 avec *Fidèle* et *Joue-moi de l'électrophone.* Au fil de longues tournées, il s'envole à tire-d'aile vers l'Afrique, l'Inde, l'Australie, le Canada.

> *Fidèle, fidèle*
> *Je suis resté fidèle*
> *À des choses*
> *Sans importance pour vous,*
> *Un soir d'été*
> *Le vol d'une hirondelle*
> *Un rendez-vous…*

En 1975, après un succès inoubliable devant des milliers de jeunes au Printemps de Bourges, Charles Trenet décide de faire ses adieux à l'Olympia. À 62 ans, il veut que sa mère soit là, pour lui montrer tout le chemin parcouru depuis 40 ans. Marie-Louise s'éteindra cinq ans plus tard, à l'âge de 88 ans, au grand désespoir de son fils qui sombre dans le chagrin. Il ne veut plus rien faire. Le diable se fait moine, c'est bien connu. Charles Trenet reviendra sur la pointe des pieds en 1981, pour le spectacle télévisé *Stars* avec Michel Drucker. Il accepte également de passer à plusieurs reprises à l'émission télévisée *La chance aux chansons*, animée par son ami Pascal Sevran. En citant Cocteau, Charles Trenet dit qu'on élève des statues aux poètes avec les pierres qu'on leur jette.

Bien des hommages furent rendus à Charles Trenet et d'autres restent à venir. Il était très heureux d'être de nouveau au Théâtre du Rond-Point, en 1981, alors que Madeleine Renaud et Jean-Louis Barrault le recevaient princièrement. Robert Charlebois, Yves Duteil, Michel Legrand, entre autres, avaient accepté d'interpréter une des chansons de celui que certains considèrent comme le plus célèbre poète du siècle. Peu après, il faisait une courte apparition au Festival mondial de la chanson française à Antibes.

C'est en 1983 que l'imprésario québécois Gilbert Rozon réussit à convaincre Charles Trenet de revenir sur la scène mondiale. À force d'obstination, d'arguments et de conviction personnelle, Gilbert Rozon négocie un contrat de gérance personnelle avec le grand Charles. On peut aussitôt l'acclamer au Théâtre Saint-Denis, à Montréal, dans le cadre du Festival Juste pour rire. À Paris, le public est ravi de sa présence à l'ouverture du Zénith, d'une capacité de 7 000 places, où il chante *Douce France* en présence du président François Mitterrand.

Aux fêtes du 450e anniversaire de la fondation de la ville de Québec, en 1984, Charles Trenet démontre bien qu'il n'a pas vieilli, au cours d'un spectacle grandiose en plein air. L'année suivante, c'est la tournée des capitales, dont New York, Londres, Tokyo, Rio, Sao Paulo et de quelques villes italiennes.

À Paris, Charles Trenet se produit à maintes reprises en 1987, 1988 et 1989 au Théâtre des Champs-Élysées, au Châtelet, au Palais des Congrès et donne 150 récitals à travers l'Europe.

Pour ses 80 ans, Charles Trenet accepte de donner une trentaine de spectacles à l'Opéra Bastille, de participer au Festival d'été international de Québec et de se produire au Forum de Montréal, le 20 juillet 1993. L'année suivante, l'infatigable chanteur refait le Palais des Congrès à Paris, fidèle à sa voix, son esprit vif, son style et son petit chapeau. Le 6 août 1996, Gilbert Rozon le présente de nouveau à la Place des Arts, dans le cadre des FrancoFolies de Montréal.

De 1983 à ce jour, celui qui a ouvert «la route enchantée» de la chanson francophone moderne trouve le temps d'enregistrer cinq nouveaux albums. La mort de son frère, Claude, le 28 octobre 1998, affecte énormément le chanteur. Charles Trenet admirait beaucoup les talents de musicien de son cadet de 14 ans. À l'automne 1999, Trenet est porté par la vague à la salle Pleyel à Paris. Comment trouve-t-il la force d'en faire autant? Un surhomme n'en ferait pas tant.

En plus de ses quatre romans publiés au cours de sa carrière — *Dodo Manières, La bonne planète, Un noir éblouissant, Pierre, Juliette et l'automate* — Charles Trenet a écrit une autobiographie intitulée *Mes jeunes années racontées par ma mère et moi.*

Satisfait de savoir qu'il est toujours au programme dans bien des écoles, Charles Trenet apprécie le geste du ministre de la Culture, Jack Lang, qui lui a remis, en 1982, la croix de Commandeur des arts et des lettres de France. Il vient tout juste d'être élu membre de cette prestigieuse académie. Devant une vie aussi remplie, on ne peut que s'incliner bien bas et remercier celui qui a inspiré et enflammé autant de générations avec cette magnifique chanson :

> *La mer*
> *Qu'on voit danser le long des golfes clairs*
> *A des reflets d'argent*
> *La mer*
> *Des reflets changeants*
> *Sous la pluie [...]*

En avril 2000, à l'aube de ses 87 ans le 18 mai, Charles Trenet entre à l'Hôpital américain de Neuilly, près de Paris, à la suite d'un accident cérébrovasculaire. Selon Gilbert Rozon, son agent international, l'artiste est partiellement paralysé, a de la difficulté à parler, à bouger un bras. Il reste toutefois conscient et garde son sens de l'humour.

Que restera-t-il de Charles Trenet? se demande l'écrivain et musicien Noël Balen : «Un arlequin bariolé qui croit aux revenants, qui se cache sous les tables pour nous chanter la revanche des orages et les jours de repassage, nous raconter l'histoire d'un facteur qui s'envole, d'une vache sur un mur ou d'une tour Eiffel en balade, les aventures extraordinaires des marquises à perruques et des chats à gouttières. C'est la vie qui va, qui file dans les rues de Ménilmontant, les rues de Québec, Carcassonne ou d'ailleurs… »

Mieux que quiconque, Charles Trenet va continuer de chanter son amour du music-hall :

> *Ses jongleurs, ses danseuses légères*
> *Et l'public qui rigole*
> *Quand il voit des p'tits chiens blancs*
> *Portant faux cols…*
> *[…]*
> *C'est l'refuge des chanteurs poètes*
> *Ceux qui s'montent pas du col*
> *Et qui restent pour ça*
> *De grandes gentilles vedettes*
> *[…]*

❖ ❖ ❖

Vous qui passez sans me voir
1937

Vous qui passez sans me voir
Sans même me dire bonsoir
Donnez-moi un peu d'espoir ce soir…
J'ai tant de peine
Vous, dont je guette un regard
Pour quelle raison ce soir
Passez-vous sans me voir?
Un mot, je vais le dire : «je vous aime»
C'est ridicule, c'est bohème,
C'est jeune et c'est triste aussi
Vous qui passez sans me voir
Me donnerez-vous ce soir
Un peu d'espoir?

Paroles Charles TRENET
Musique Johnny HESS
Interprètes : Charles Trenet, Jean Sablon, Léo Maryane

Photo : Jocelyn Chevalier, Échos-vedettes

VARTAN, Sylvie
Interprète et comédienne
**Née le 15 août 1944, à Iskretz,
en Bulgarie**

Sylvie Vartan passe son enfance à Sofia, capitale de la Bulgarie; son père y est attaché de presse à l'ambassade de France. La famille arrive à Paris en 1952, alors que les préparatifs de Noël battent leur plein. Les Vartan restent hébétés par tant de faste! Après ses premières années scolaires difficiles, où elle est souvent la risée de ses camarades, Sylvie entre au lycée de jeunes filles Hélène-Boucher. Elle ne connaît pratiquement pas la langue de Molière et ne caresse pas l'ambition de faire de grandes études. Depuis toujours, elle rêve de monter sur scène pour jouer la comédie et ne manque ni de volonté ni de détermination.

Par hasard et par l'entremise de son frère Eddie, musicien et producteur, Sylvie Vartan fait ses premiers pas dans le monde de la chanson. Il lui demande de donner la réplique à Frankie Jordan, dans *Panne d'essence*. En 1961, elle monte bien timidement sur la scène de l'Olympia au cours du spectacle de Vince Taylor, autre chanteur de rock venu de Grande-Bretagne. Elle fait également une tournée avec Richard Anthony. Sylvie Vartan a l'appui constant de Daniel Filipacchi qui fait tourner ses premiers 45 tours à son émission *Salut les copains*, diffusée sur les ondes d'Europe n° 1. Le mensuel du même nom lui décerne, par référendum populaire, le titre de Première chanteuse de France, en 1963.

Devenue la nouvelle idole des jeunes, Sylvie Vartan voit les auteurs arriver à elle. Jean-Jacques Debout lui écrit son premier grand succès *Comme un garçon*. Après une tournée avec Gilbert Bécaud, elle renoue avec l'Olympia en janvier 1964, où elle partage l'affiche avec Trini Lopez. L'imprésario et grand patron du théâtre du boulevard des

Capucines, Bruno Coquatrix, lui propose en effet la première partie des Beatles. Cette même année, elle y reviendra en vedette. Sa performance ressemble toutefois de plus en plus à une revue qu'à un tour de chant conventionnel.

Quand Johnny Hallyday décide de l'amener en tournée, la blonde et jolie chanteuse tient difficilement le coup face aux frasques de ce drôle de spécimen, jaloux de sa liberté, qui confond la nuit et le jour. Sylvie Vartan «s'évade» en interprétant *Quand le film est triste* et décroche son premier rôle dans le film *D'où viens-tu Johnny?* signé Noël Coward, suivi de *Cherchez l'idole*, *Patate* (avec Jean Marais et Danièle Darrieux), *Les poneyttes*. En avril 1965, Sylvie Vartan épouse Jean-Philippe Smet, nom véritable de Johnny Hallyday. Une foule immense de fans et de journalistes les attendent à la sortie de l'église. Après quinze mois de vie conjugale mouvementée, le couple romantique traqué par la presse mondaine et à sensations a un fils, David. Ce dernier a épousé, en 1989, la célèbre mannequin Estelle, également animatrice à la télévision française.

En 1970, le couple survit à un accident de voiture dramatique; Sylvie doit avoir recours à la chirurgie esthétique. La même année, elle joue dans le film *Malpertuis* suivi de *Mon amie Sylvie* et conquiert à nouveau le public de l'Olympia avec ses ballades et son aisance sur scène. Elle termine son récital par la descente du grand escalier de circonstance, comme dans les revues du Casino de Paris.

Avec le temps, la jeune chanteuse issue du twist et du yéyé se bâtit un solide répertoire avec *La plus belle pour aller danser*, signée Charles Aznavour et Georges Garvarentz (le beau-frère de Sylvie Vartan). Elle ira chanter ce succès, de même que *Si je chante*, au prestigieux *Ed Sullivan Show* à New York :

> *Ce soir je serai la plus belle*
> *Pour aller danser*
> *Danser*
> *Pour mieux évincer toutes celles*
> *Que tu as aimées*
> *Aimées…*

Sylvie Vartan occupe les premières places du palmarès avec *Tous mes copains*, *La première fois qu'on s'aimera* avec Michel Sardou, *Comme un garçon*, *La Maritza* de Pierre Delanoë et Jean Renard ou *J'ai un problème*, chanté en duo avec Johnny en 1973. Trois ans plus tard, la chanson *Qu'est ce qui fait pleurer les blondes?* est sur toutes les lèvres.

Jusqu'à son divorce en 1980, le célèbre couple controversé se produira à maintes reprises en France et dans bien des pays francophones. En 1975, les Québécois les acclament à la Place des Nations de Terre des Hommes, à Montréal.

Sylvie Vartan continue d'avoir le vent dans les voiles, et le public la découvre sous un nouveau jour. Ses albums s'envolent rapidement. Seule, elle remplit le Palais des Congrès et le Palais des Sports à de nombreuses reprises. Bien des paroliers soumettent leurs œuvres à la populaire chanteuse. Étienne Daho et Arnold Turboust lui écrivent notamment un autre succès : *Quelqu'un qui me ressemble*. En 1984, Sylvie Vartan avait déjà vendu plus de 20 millions de disques dans le monde entier. Deux ans plus tard, son album *Virage* atteindra les plus hauts sommets.

Le 2 juin 1984, Sylvie Vartan épouse l'Américain Tony Scotti et s'installe en Californie, où elle deviendra à quelques reprises meneuse de revue à Las Vegas, Los Angeles et Atlantic City. Elle publie également un livre de conseils sur la forme et la beauté, le premier du genre à être écrit par une vedette française. Sylvie Vartan ne boude pas la France et y revient fréquemment pour faire la promotion de ses albums et conserver sa cote d'amour auprès de ses fidèles admirateurs. En 1994, elle y tourne le film *L'ange noir* de Jean-Claude Brisseau.

Pour les 50 ans de Johnny Hallyday, Sylvie Vartan accepte de chanter en duo avec lui au Parc des Princes, devant 18 000 personnes venues rendre un vibrant hommage à celui qui concurrence haut la main toutes les vedettes américaines et leurs spectacles démesurés. Elle y interprète également a capella *Tes tendres années*.

Plus récemment, Sylvie Vartan accepte de retourner à l'Olympia. Elle y interprète tous ses grands succès qui ravissent le public ainsi que de nouvelles chansons signées Daho, Simon et Murat. On retrouve ces nouveaux textes sur l'album *Toutes les femmes ont un secret*, produit par Philips/Phonogram.

Lors des FrancoFolies de Montréal en 1997, les Québécois ont la joie de renouer avec Sylvie Vartan qui donne un spectacle étincelant à la Place des Arts, dans lequel elle interprète des mélodies de Luc Plamondon et de Richard Cocciante. La blonde Sylvie aux longs cheveux et aux jupes courtes est devenue la grande Vartan, une femme heureuse et généreuse. Elle consacre maintenant une bonne partie de son temps à s'occuper de sa fille adoptive, Darina, à laquelle elle dédie une chanson sur l'album *Sensible*. Elle n'a pas pour autant fait ses adieux à la scène.

Jusqu'à ce jour, Sylvie Vartan a reçu maintes décorations : chevalier des Arts et des Lettres (1985), chevalier de l'Ordre national du Mérite (1987), Ordre du Cavalier de Madara (Bulgarie, 1996) et chevalier de la Légion d'honneur (1998).

Pourquoi ne lui donnerions-nous pas le mot de la fin, de ces entrevues biographiques, en prenant la liberté de publier la lettre qu'elle m'a si gentiment fait parvenir :

Paris, 1er mars 2000

Monsieur,

Comme suite à votre récent courrier, j'ai l'honneur de vous transmettre sous ce pli l'exemplaire original, corrigé par mes soins, de la notice biographique que vous comptez me consacrer.

Votre projet a retenu toute mon attention et c'est avec plaisir que j'accepte d'y être associée de par mon itinéraire personnel. Les quelques corrections que j'ai apportées portent davantage sur les dates et la chronologie que sur des problèmes de fond, je vous demande néanmoins d'en tenir compte.

Je suis, encore une fois, très touchée de l'intérêt artistique et humain que vous manifestez à mon égard et vous prie d'agréer, Monsieur Brouillard, l'assurance de ma considération distinguée.

S. Vartan

« *Au fur et à mesure que passent les années et les kilomètres, j'ai l'impression que le public est toujours différent et pourtant toujours le même. Est-ce le besoin d'amour et de tendresse identique partout qui le rapproche de moi ? Je l'ignore. En tout cas, il justifie totalement la vie que je mène. Une vie en très grande partie vouée à la scène et à la chanson... L'amour a tous les visages quand je chante : père, mère, enfants, amis, mais aussi parfois patrie, foi... Chanter ma vie, chanter l'amour, voilà ma raison d'exister... »*

Nana Mouskouri

SOUS LES PROJECTEURS

Pour compléter cet ouvrage, voici le résumé de biographies d'artistes québécois que l'auteur a eu le plaisir de connaître dans le cadre de son métier de journaliste.

Bien entendu, il y a les grands de ce siècle : Georges Brassens, Jacques Brel, Boris Vian, Barbara, Pauline Julien, Jacques Blanchet, Fernand Robidoux et tant d'autres que l'on ne peut oublier. Ne pouvant parler de tous, l'auteur a préféré présenter des artistes qui sont toujours sous les feux de la rampe.

Ces présentations ont été écrites en collaboration avec Marguerite Paulin.

Arel, Julie
Auteure, compositrice et interprète
Montréal, 2 août 1947

Découverte de l'année 1968, Julie Arel chante dans les revues et les pianos-bars. Obtenant de nombreux succès sur disque, elle accumule les récompenses dont le premier prix aux Olympiades de la chanson d'Athènes en interprétant *Kamouraska* de Michel Conte. Elle part ensuite en tournée en Europe et au Québec. Lasse du vedettariat, elle choisit de se consacrer à la chanson d'inspiration religieuse. Elle enregistre des albums qui se font l'écho de sa conversion et anime, à l'occasion, une émission chrétienne à la télévision.

❖ ❖ ❖

Arsenault, Angèle
Auteure, compositrice, musicienne et interprète
Abram-Village, Île-du-Prince-Édouard, 1er octobre 1943

Toute jeune, Angèle Arsenault interprète le folklore acadien dans les soirées paroissiales. En 1973, elle est animatrice à la télévision de l'Ontario et remporte un prix pour une émission éducative intitulée *Avec Angèle*. Elle s'installe à Montréal et commence à chanter ses propres compositions. En 1974, c'est le succès avec *Moi j'mange* et *De temps en temps*. Entre 1978 et 1980, elle donne plusieurs récitals à la Place des Arts. Récipiendaire d'un Félix, elle participe au Festival de Spa, en Belgique. Après avoir travaillé à la radio, elle joue dans la série télévisée *Au nom du père et du fils*. Depuis 1993, elle poursuit sa carrière au Québec et au Canada. Une tournée de spectacles dans les écoles lui inspire plusieurs compositions enfantines. Angèle Arsenault a lancé deux albums, une compilation de ses grands succès et un beau disque du temps des fêtes, *Noël c'est l'amour*.

❖ ❖ ❖

Auchu, Claudette
Musicienne, interprète et animatrice
Shawinigan, 4 juin 1939

Après avoir enseigné la musique, Claudette Auchu accepte de remplacer Léo Duplessis, l'organiste de l'ancien forum de Montréal. De 1969 à 1975, elle est une animatrice appréciée dans le temple du hockey. Elle participe à des spectacles au Stade olympique et à des galas sportifs. Elle assure aussi la direction musicale de *La coupe Stainless*, une pièce de théâtre écrite par Jean Barbeau. Après de nombreuses prestations dans des hôtels prestigieux, elle poursuit sa carrière sur les routes du monde. Interprète qui chante en cinq langues, elle est appréciée par les habitués des croisières.

Beauchamp, Pierret
Auteure et interprète
Saint-Jacques-de-Montcalm, 4 juin 1940

À 17 ans, Pierret Beauchamp chante des airs tyroliens à la radio de Sherbrooke, puis enregistre son premier 45 tours en 1959. En 1965, sa chanson *Tu te reconnaîtras* de Leny Escudero atteint des ventes de 125 000 exemplaires. Ce succès lui permet de faire des tournées à travers le Québec. Dans les années 1990, elle fait un retour en force avec un disque compact de tous ses succès. Sur scène, après le Théâtre des Variétés, elle chante au Casino de Montréal.

❖ ❖ ❖

Béland, Pier
Auteure, compositrice et interprète
Montréal, 12 avril 1953

Après avoir étudié le piano, Pier Béland, la fille de Réal Béland et d'Armande Cyr décide de suivre les traces de ses parents. En 1982, elle commence à écrire ses propres chansons. Son album *Sans toi*, lancé en 1987, se vend à plus de 65 000 exemplaires. Depuis 10 ans, elle chante chaque année en Floride durant l'hiver. Son public lui est fidèle et apprécie sa sincérité.

❖ ❖ ❖

Bérubé, Jean-Pierre
Auteur, compositeur et interprète
Île d'Orléans, 21 novembre 1944

Installé à Montréal en 1964, Jean-Pierre Bérubé forme le trio *Les Quidams* qui remporte le concours de l'émission *Jeunesse oblige*. Décidant de faire cavalier seul, il entreprend la tournée des boîtes à chansons avec ses propres compositions. En 1975, il participe au spectacle des fêtes nationales sur les plaines d'Abraham à Québec. À cette époque, il enregistre son plus grand succès *La marche des poètes* et s'envole à Paris pour son premier album. Travailleur infatigable, il poursuit ses tournées à travers le monde. En 1993, il publie son premier livre *Mon clown*; deux ans plus tard, c'est le lancement de son ouvrage *Avant de commencer à vivre*, qui rassemble les paroles de 165 de ses chansons. Du Yémen à l'Europe, il poursuit une carrière qui mériterait une meilleure place chez lui. Au cours des derniers étés, Jean-Pierre Bérubé a animé des ateliers sur la chanson francophone devant les étudiants des universités de Caen, en Normandie, et de Besançon, en Franche-Comté. Mais aussi aux universités d'Aden, de Taez et de Sanoä, dont la première langue est l'arabe.

Bigras, Dan
Auteur, compositeur, musicien et interprète
Né Daniel Bigras, Montréal, 23 décembre 1957

Après de nombreux spectacles dans les bars du Québec, Dan Bigras part pour New York (1978) avec le groupe *Sanctuary*. Son premier succès, il l'obtient avec l'album *Ange Animal* (1990) qui contient une version toute personnelle de la chanson de Jacques Brel, *Voir un ami pleurer*. Avec l'album *Tue-moi* (1992), c'est la consécration. Pour les fêtes du 350ᵉ anniversaire de la ville de Montréal, il compose la musique de la chanson thème *Un bateau dans une bouteille*. Il participe aux Francofolies de La Rochelle en plus de faire plusieurs tournées en Europe, où il assure la première partie des spectacles de Maurane et de Johnny Halliday. Ses derniers albums *Le fou du diable* (1995) et *Le chien* (1998) lui assurent la notoriété.

❖ ❖ ❖

Breton, Gaétane
Interprète
Sainte-Hénédine, Beauce, 28 juin 1951

Aux côtés de Richard Cyr, Gaétane Breton interprète avec brio le répertoire de la chanson traditionnelle lors de la Superfrancofête, en 1974. Pendant 15 ans, ils enregistrent ensemble six albums. En 1981, elle remonte seule sur les planches. Huit ans plus tard, elle présente un spectacle pour enfants qui remporte du succès. Depuis 1991, Gaétane Breton voyage en France et un peu partout au Canada. Avec des amies, elle forme le groupe *Les Grondeuses* qui rendront hommage à Madame Bolduc dans le cadre de plusieurs rencontres de la francophonie.

❖ ❖ ❖

Butler, Édith
Auteure, compositrice et interprète
Paquetville, Nouveau-Brunswick, 27 juillet 1942

Très jeune, Édith Butler participe à de nombreux festivals à travers son Acadie natale. Bachelière ès lettres de l'Université Laval, elle s'intéresse à la musique traditionnelle. En 1970, à l'occasion de l'exposition universelle d'Osaka au Japon, elle commence sa carrière qui se poursuit aux États-Unis, en Suisse, en Europe. En 1973, son album *Avant d'être dépaysée* lui assure le succès, avec des chansons dont la plupart des textes sont de Lise Aubut, son imprésario. Sa carrière en France est fulgurante; au Théâtre de la Ville, à Paris, elle remporte le Prix international de la jeune chanson française. «La tornade Butler» rafle les honneurs partout où elle triomphe. Du Grand Prix du disque de l'Académie Charles-Cros à plusieurs Félix, tous ces prix font d'Édith Butler une ambassadrice de la francophonie à travers le monde. En 1990, elle lance son 17ᵉ album, et publie un livre-cassette chez Stanké et un recueil de ses chansons chez Leméac.

❖ ❖ ❖

CALVÉ, PIERRE
Auteur, compositeur et interprète
Montréal, 25 février 1939

Engagé dans la marine à l'âge de 16 ans, Pierre Calvé s'inspire de ses aventures pour composer des chansons uniques. Sur des paroles de Gilles Vigneault il écrit *Quand les bateaux s'en vont* qui obtient un succès immédiat. De 1966 à 1974, il voyage à travers le Québec. Puis en 1976, il prend la direction de la boîte à chansons de l'hôtel Méridien, une aventure qui durera quatre ans. Artiste de talent qui a enregistré plusieurs albums, il se consacre aujourd'hui à l'encadrement de tableaux. Il a repris le collier tout récemment et s'est remis à chanter.

❖ ❖ ❖

CARMEN, MARIE
Auteure et interprète
Québec, 24 août 1959

Comédienne à Québec, Marie Carmen est choisie en 1986 pour interpréter le rôle de Marie-Jeanne dans *Starmania*. Trois ans plus tard, elle participe au Festival de la chanson à Saint-Malo. À Paris, elle joue dans la comédie musicale *Vis ta vinaigrette*. En 1992, elle obtient un grand succès avec la chanson de Barbara *L'aigle noir*. Depuis, elle continue de présenter des spectacles au Québec et en Europe.

❖ ❖ ❖

CASTEL, FRANCE
Auteure, compositrice, interprète et comédienne
Née France Bégin, Sherbrooke, 31 août 1944

En 1967, France Castel est hôtesse à l'émission *Les Couche-tard*. Choriste appréciée, elle se lance en carrière solo en 1976. Polyvalente, elle joue dans des émissions de variétés et des revues humoristiques. On la voit notamment dans plusieurs *Bye Bye*. Dans la comédie musicale *Starmania*, elle tient le rôle de Stella Spotlight. Artiste douée, elle n'hésite jamais à relever de nouveaux défis. Elle multiplie les rôles au théâtre comme à la télévision. Récemment, avec Monique Richard et Linda Sorgini, elle a formé un groupe qui chante dans les cabarets.

CHARLEBOIS, ROBERT
Auteur, compositeur, interprète et comédien
Montréal, 24 juin 1944

En 1965, Robert Charlebois remporte le titre de Découverte de l'émission *Jeunesse oblige*. Tout en montant des revues avec Mouffe, il joue au cinéma. C'est en 1968 que tout éclate avec *L'Osstidshow* qu'il présente avec Yvon Deschamps, Louise Forestier, Mouffe et Claude Péloquin. La France le réclame. En 1969, il est sur la scène de l'Olympia où il crée tout un émoi. À Spa en Belgique et à Montréal, ses chansons *Lindbergh* et *California* sont couronnées de succès. En 1972 et 1973, Robert Charlebois revient en France : l'accueil est délirant. Les années 1970 et 1980 sont glorieuses. Après sa participation au spectacle *J'ai vu le loup, le renard, le lion* avec Félix Leclerc et Gilles Vigneault en 1974, il fait des allers-retours entre le Québec et la France. Homme d'affaires, il est à la tête d'une micro-brasserie florissante, ce qui ne l'empêche pas d'enregistrer d'autres albums. *La Maudite tournée* en 1995 a fait revivre les belles années Charlebois. Il a aussi tenté une percée en littérature. Pour couronner le succès de son œuvre, l'Académie française lui a décerné un prix, et le *Petit Robert* a reconnu son apport à la chanson francophone.

❖ ❖ ❖

CHÂTELAINE
Interprète et animatrice
Née Joyce Pruneau, Shawinigan, 13 octobre 1953

C'est en 1976 que Châtelaine connaît le succès avec *Corps à corps*. Elle fait des tournées pendant six ans, mais elle finit par se lasser de ce style de vie trépidant. À la fin des années 1980, elle se joint à des troupes de mode et produit des soupers-spectacles.

❖ ❖ ❖

CORCORAN, JIM
Auteur, compositeur, interprète et animateur
Né James Corcoran, Sherbrooke, 10 février 1949

En 1972, Jim Corcoran forme un duo avec Bernard Gosselin. Ensemble, ils produisent quatre albums à succès. En 1979, Jim Corcoran se lance seul. À Spa en Belgique, sa chanson *J'ai fait mon chemin seul* obtient le premier prix. Au Québec comme à l'étranger, le public apprécie cet anglophone qui rend hommage à la langue française. En 1987, il obtient la bourse CIEL-Raymond Lévesque. Depuis 1989, il anime une émission hebdomadaire au réseau anglais de Radio-Canada.

COULOMBE GEORGES
Interprète, pianiste et animateur
Notre-Dame-de-la-Doré, Lac-Saint-Jean, 26 mai 1935

Enfant, Georges Coulombe est doué d'une voix exceptionnelle, ce qui lui permet de participer à plusieurs fêtes et réunions de sa paroisse. Sportif, il aime aussi chanter pour ses camarades d'école. Au séminaire de Chicoutimi, il reçoit un jour un disque de Benjamino Gigli : c'est la révélation! Il sera lui aussi chanteur d'opéra. Lorsqu'il s'installe à Québec, il chante dans les églises et participe à des concerts. En juin 1955, sa rencontre avec le chef d'orchestre Wilfrid Pelletier est des plus déterminantes. Boursier gouvernemental, il se rend compte que le milieu du chant classique est difficile et qu'il doit s'exiler s'il veut faire carrière. Mais voulant vivre dans son pays, il décide alors, malgré les critiques envieuses d'un certain milieu, de rendre populaires les grands airs d'opéra, Esprit libre, il poursuit à l'occasion sa carrière tout en se consacrant à la gestion de ses immeubles résidentiels. Georges Coulombe se fait discret et laconique : «Ce qui compte avant tout, c'est la santé. Je n'ai pas l'intention de tomber dans la maladie de la gloire, du prestige et de la course aux honneurs. J'en connais trop qui en sont morts. Avec mes parents et amis, je suis très heureux. Pour moi, la vie sera toujours une partie de plaisir. Parfois, j'accepte de donner des causeries. Qui sait si, un jour, je ne ferai pas un dernier tour de piste.»

❖ ❖ ❖

DESJARDINS, RICHARD
Auteur, compositeur et interprète
Noranda, Abitibi, 16 mars 1948

Richard Desjardins commence sa carrière avec le groupe rock *Abbittibbi* qui se produit dans les bars jusqu'en 1982. Recherchiste et réalisateur, il travaille à la production de dix films dont plusieurs documentaires. En 1990, il écrit la musique du film *Le Party* de Pierre Falardeau. Mais c'est l'enregistrement de *Tu m'aimes-tu?* à la Chapelle du Bon-Pasteur qui fait lever sa carrière. La chanson *Quand j'aime une fois c'est pour toujours* sera d'ailleurs reprise par Francis Cabrel. Récipiendaire de la médaille Jacques-Blanchet (1991), Richard Desjardins a aussi reçu le prix Québec-Wallonie-Bruxelles (1992) pour l'excellence de son œuvre. Sa carrière internationale commence par des prestations à Paris, au Bataclan et au Théâtre de la Ville. Sa participation au Festival de La Rochelle est aussi fort remarquée. Toujours fidèle, son public accueille avec ferveur les albums *Chaude était la nuit* (1994), *Desjardins Abbittibbi live* (1996) et *Boum Boum* (1998). En 1999, il produit un film documentaire sur l'état de la forêt boréale qui lance une polémique. Il a aussi publié *Paroles de chansons* chez VLB éditeur.

DesRochers, Clémence
Auteure, interprète, comédienne et animatrice
Sherbrooke, 23 novembre 1933

Fille du poète Alfred Des Rochers, Clémence DesRochers se révèle douée pour les arts dès son plus jeune âge. En 1957, elle fait ses débuts au cabaret de Jacques Normand, le *Saint-Germain-des-Prés*, et obtient quelques rôles dans des séries télévisées. En 1959, avec Claude Léveillée, Hervé Brousseau, Jean-Pierre Ferland, Raymond Lévesque et Jacques Blanchet, elle forme le groupe Les Bozos. Ensemble, ils fondent ensuite la boîte à chansons Chez Bozo. Monologuiste remarquable, elle commence à produire ses propres revues, dont *Les Girls*, créée en 1969, et reprise à Eastman trente ans plus tard et au théâtre Le Patriote de Sainte-Agathe, en 2000. En plus d'animer à la radio et à la télévision, elle obtient du succès avec ses chansons *Je ferai un jardin* et *Le monde aime mieux Mireille Mathieu*. Toujours active, elle se produit sur scène dans des spectacles. Clémence DesRochers est une artiste choyée par son public qui l'apprécie depuis plus de quarante ans.

❖ ❖ ❖

Desrosiers, Marie Michèle
Auteure, compositrice, interprète, comédienne et animatrice
Saint-Eustache, 6 mars 1950

Étudiante en musique, Marie Michèle Desrosiers commence une carrière enviable avec Beau Dommage, le groupe phare de toute une génération. De 1973 à 1978, elle enregistre les cinq albums de la formation. En solo, elle interprète des chansons qui deviendront des classiques, dont *J'ai oublié le jour*. Avec le groupe, elle voyage partout en Europe. Puis, après un concert d'adieu de Beau Dommage à l'ancien forum de Montréal en 1984, elle entreprend une carrière de soliste. Comédienne, elle joue au théâtre et dans des séries télévisées, dont *Peau de banane* et *Ent'Cadieux*. En 1996, elle enregistre un album de Noël à Prague, qui s'écoule à des milliers d'exemplaires.

❖ ❖ ❖

Dion, Céline
Interprète
Charlemagne, 30 mars 1968

Céline Dion vit un véritable conte de fées. Quatorzième et dernière enfant d'une famille qui aime la musique, Céline, qui porte le prénom du succès de Hugues Aufray, commence jeune à chanter au piano-bar de sa famille. Elle participe ensuite à des concours amateurs qu'elle remporte sans difficulté. Le 19 juin

1981, à l'émission de Michel Jasmin, elle présente une chanson dont les paroles ont été écrites par sa mère, *Ce n'était qu'un rêve*. L'imprésario René Angelil, qu'elle épousera le 17 décembre 1994, décide de lancer trois albums. En 1983, avec des chansons écrites par Eddy Marnay, elle participe à des émissions en France. Son album *D'amour et d'amitié* se vend à 700 000 exemplaires. Après avoir remporté plusieurs Félix, elle chante *Une colombe* en présence du pape à Montréal, en 1986. En 1990, elle entreprend une carrière aux États-Unis. Son album *Unison* lance sa carrière internationale. La consécration arrive aux Jeux Olympiques d'Atlanta, en 1996, où elle présente *The power of the dream*. Après avoir chanté avec les plus grands comme Pavarotti et Barbra Streisand et avoir reçu l'Ordre national du Québec ainsi que l'Ordre du Canada, Céline Dion, qui se remarie une seconde fois avec René Angelil le 5 janvier 2000, selon le rite arménien, choisit de faire une pause dans sa carrière pour se consacrer à sa vie familiale. Depuis la publication de *Céline Dion, la naissance d'une étoile* de Marc Chatel, en 1983, jusqu'aux livres biographiques de Georges-Hébert Germain et de Jean Beaunoyer, on continue d'être à l'affût des prochains épisodes de ce beau roman d'amour. Le conte de fées de Céline est une histoire vécue et publique qui ouvre grandes les portes du nouveau siècle qui apportera un nouveau-né issu du couple Dion-Angelil.

❖ ❖ ❖

DOR, GEORGES
Auteur, compositeur, interprète et écrivain
Né Georges-Henri Dore, Drummondville, 10 mars 1931

Après avoir fait des études classiques qu'il abandonne à l'âge de 16 ans, Georges Dor travaille à l'usine. Arrivé à Montréal à l'automne 1952, il s'inscrit à des cours d'art dramatique. Il commence une carrière à la radio. En 1957, il entre au service des nouvelles de Radio-Canada à Montréal, d'abord comme rédacteur, puis comme réalisateur. Relevant un défi, il accepte de monter sur scène au lycée Da Silva. C'est le début d'une carrière qui se poursuit dans les boîtes à chansons de l'époque. En 1965, il fait la première partie d'un spectacle de Monique Leyrac à la Butte à Mathieu dans les Laurentides. À la suite de ce succès immédiat, on le convainc d'enregistrer un album. À l'automne 1966, chez Gamma paraît un premier disque sur lequel on trouve *La Complainte de la Manic*. Chanson fétiche de toute une époque, *La Manic*, qui s'est vendue à des milliers d'exemplaires et fut récompensée de plusieurs prix, a été élue, en 1972, la chanson la plus aimée du premier demi-siècle. En plus d'interpréter ses propres compositions, Georges d'Or a ouvert avec sa femme une galerie d'art et un théâtre d'été, Le Théâtre des Ancêtres. Écrivain, il a signé les textes de téléromans. Soucieux de la qualité de la langue française, il a publié trois essais chez Lanctôt éditeur. Homme de famille, il vit une retraite tranquille entre la musique et l'écriture.

DUFAULT, LUCE
Interprète
Orléans, Ontario, 19 août 1966

En 1986, membre du groupe Stable Mates, Luce Dufault fait des tournées dans les bars de Montréal. Sa rencontre avec Dan Bigras est déterminante. Ensemble, ils se produisent dans plusieurs cafés. Il arrive souvent à la chanteuse d'être choriste pour les albums de Dan Bigras. Puis, elle fait la première partie d'un spectacle de Roch Voisine en Europe. Luc Plamondon, qui la remarque, lui offre un rôle dans la comédie musicale *La légende de Jimmy*. En 1993, elle fait partie de la troupe de Starmania; elle y tient le rôle de Marie-Jeanne pendant huit mois. Depuis, elle cumule prix et récompenses. Ses disques ont la faveur du public.

❖ ❖ ❖

DUMONT, LUCILLE
Interprète, animatrice et professeure de chant
Montréal, 20 janvier 1919

La carrière de Lucille Dumont commence en 1935, à CKAC; son succès est immédiat. Après avoir animé des émissions tant au réseau anglais qu'au réseau français de Radio-Canada, elle interprète des auteurs québécois, chose rare pour l'époque. En 1950, Roger Baulu la présente comme «la grande dame de la chanson», surnom qui lui sied à merveille. En 1947, elle est nommée Miss Radio par les lecteurs de Radiomonde qui reconnaissaient chez elle, un talent unique. Ayant enregistré chez RCA de grands succès dont *Le gros Bill* et *Ah! c'qu'on s'aimait*, elle continue d'animer des émissions à la télévision. Ambassadrice de la chanson québécoise, elle fait connaître plusieurs auteurs dont Pierre Calvé, Michel Conte et surtout Jacques Blanchet dont elle immortalisera le grand succès *Le ciel se marie avec la mer*. Depuis trente ans, elle donne des cours de chant à des artistes qui lui doivent bien des bons conseils.

❖ ❖ ❖

FABIAN, LARA
Auteure, compositrice et interprète
Née Lara Crokeart, à Etterbeek en Belgique, 9 janvier 1970

Dès l'âge de 14 ans, Lara Fabian (nom qu'elle adoptera en l'honneur de son actrice préférée, Françoise Fabian) chante dans les pianos-bars de Bruxelles. Poursuivant des études au conservatoire de musique, elle participe au concours Eurovision en 1988; elle s'y classera quatrième, la gagnante étant Céline Dion. Deux ans plus tard, elle s'installe au Québec où elle lance son premier disque *Je sais.* Très vite, les Québécois l'adoptent. En 1995, elle part en France pour faire la première partie du spectacle de Serge Lama avec qui elle interprète *Je suis malade.* Désormais, elle est célèbre en Europe. Elle reçoit plusieurs trophées en plus d'obtenir la faveur du public. En 1998, elle vend plus d'un million d'exemplaires de son album *Pure.* En 1999, elle commence, aux États-Unis, une carrière qui fera d'elle une artiste internationale à part entière.

❖ ❖ ❖

FERLAND, JEAN-PIERRE
Auteur, compositeur, interprète
Montréal, 24 juin 1934

Après avoir obtenu son diplôme des Hautes Études Commerciales, Jean-Pierre Ferland finit par trouver un emploi de nouvelliste à Radio-Canada. Très vite, il fait des apparitions à la télévision, puis il enregistre des 45 tours. En 1959, avec des amis, il fonde la boîte à chansons Chez Bozo. Il compose des mélodies qui lui assurent de grands succès parmi lesquels *Les immortelles* et *Ton visage,* que Félix Leclerc enregistre. En 1962, *Feuille de gui* remporte le premier prix du concours Chansons sur mesure, à Bruxelles. Cet honneur l'amène à se produire à Bobino à Paris, où il fait la première partie du spectacle de Colette Renard. Jean-Pierre Ferland participe à d'autres concours dont celui de Sopot en Pologne et celui de Cracovie. Partout, c'est la consécration. Au Québec, ses admirateurs lui sont toujours aussi fidèles. Une seule ombre : sa comédie musicale *Gala* (1989) est un demi-succès. L'Académie Charles-Cros lui décerne à deux reprises le Grand prix du disque pour l'ensemble de son œuvre. De grands noms de la chanson, Céline Dion, Catherine Lara, Nana Mouskouri, ont repris les succès de Ferland qui poursuit toujours une carrière sur disque et sur scène.

❖ ❖ ❖

FORESTIER, LOUISE
Auteure, compositrice, interprète et comédienne
Née Louise Belhumeur, Shawinigan, 10 août 1943

Après avoir fait des études en théâtre, Louise Forestier commence au Patriote où elle chante du Boris Vian. Découverte de l'émission *Jeunesse oblige* en 1966, elle chante de plus en plus des auteurs d'ici. En 1968, avec Robert Charlebois, Yvon Deschamps et Mouffe, elle joue dans *L'Osstidshow,* au Théâtre de Quat'sous. Le succès de la revue est si grand que la troupe se produit à l'Olympia de Paris. Avec Charlebois, Louise Forestier chante *California* et *Lindbergh.* En 1970, elle interprète un premier rôle dans *Demain matin, Montréal m'attend.* Elle joue aussi dans *Les Ordres,* le film de Michel Brault. Poursuivant sa carrière de chanteuse, elle monte sur les scènes européennes où un public fidèle la suit depuis ses débuts. En 1981, elle est Marie-Jeanne dans *Starmania*, puis elle joue au théâtre et à la télévision. À la fin des années 1990, elle monte un spectacle au Rideau-Vert qui rend hommage aux chansons qui ont marqué le siècle. Toujours active, elle nous réserve sûrement encore d'autres surprises.

❖ ❖ ❖

GIRARDIN, CLAUDE
Interprète, animateur, relationniste et promoteur
Montréal, 19 juillet 1931

Animateur de spectacles, Claude Girardin enregistre son premier succès, *J'ai rêvé dans tes bras*, grâce à Roger Miron. De 1956 à 1968, il grave sur 45 tours plus d'une vingtaine de chansons et cinq albums. À l'emploi de la station CKVL, il devient directeur de la promotion de 1968 à 1972. Après un retour sur scène, il occupe un poste d'aministration.

❖ ❖ ❖

GODIN, GUY
Auteur, compositeur, interprète, comédien et animateur
Sainte-Anne-de-Bellevue, 18 juillet 1932

Dès l'âge de 12 ans, Guy Godin écrit des poèmes. Puis avec des amis, il fonde une troupe. Sa rencontre avec Marcel Dubé est déterminante : il joue dans *Zone* et les rôles s'enchaînent par la suite, tant à la télévision que sur la scène. Homme de radio, il est animateur à plusieurs stations où il imprime sa personnalité. Au cinéma, il joue dans de nombreux films. Il publie aussi un livre de ses poèmes. Artiste polyvalent, il poursuit une carrière à son image d'homme libre.

❖ ❖ ❖

HÉTU, DANIEL
Musicien, auteur, compositeur et interprète
Montréal, 1er décembre 1950

Après avoir fait de solides études en musique, dont le piano avec André Mathieu, Daniel Hétu accompagne son père, Lucien, dans des récitals. Arrangeur des disques de René Simard et de Ginette Reno, il accompagne plusieurs artistes québécois. Alors qu'il assume la direction musicale de l'émission *Les Tannants*, il enregistre un premier disque *Je t'attendais*. Ce succès l'encourage à faire une carrière solo. En 1980, il met sur pied son propre studio d'enregistrement. Après un séjour aux États-Unis, il produit des spectacles et une comédie musicale.

HUET, RICHARD
Auteur et interprète
Montebello, 3 septembre 1946

Après plusieurs métiers, il remporte un premier prix au Festival de la chanson de Terre des Hommes en 1968. Lors d'un voyage sur la côte Nord, il compose le succès qui le rend célèbre, *La Baie James*. Depuis, il continue toujours de chanter et de composer pour plusieurs de nos artistes : Patrick Norman, Pierre Lalonde, Michel Louvain, Mario Pelchat, Claude Valade, Martine St-Clair, Monique Saintonge. Au total, Richard Huet a produit une dizaine d'albums et de cassettes sur lesquels on ne trouve pas toujours trace de la trentaine de ses 45 tours. À l'été 1998, il est de nouveau à l'affiche de la boîte à chansons Le Patriote de Sainte-Agathe, tenue par Percival Broomfield. À l'automne 2000, il se produit dans la revue animée par Roger Sylvain, au nouveau Théâtre des Nouveautés, de la rue Papineau à Montréal.

❖ ❖ ❖

JALBERT, LAURENCE
Auteure, compositrice, interprète et musicienne
Née Lise Jalbert, Rivière-au-Renard, Gaspésie, 18 août 1958

Laurence Jalbert commence sa carrière à 16 ans, mais c'est en 1990 qu'elle est reconnue avec son premier album où l'on trouve ses propres compositions. Cette année-là, elle remporte le Félix de la découverte de l'année. Sollicitée en Louisiane, elle donne des spectacles devant des milliers de personnes. En France, elle participe au Festival de La Rochelle. Après avoir reçu le prix CIEL-Raymond Lévesque, elle commence l'écriture d'un nouvel album lancé en 1993. La chanteuse à la crinière rousse et à la voix rauque a la faveur du public : en 1998, son album *Avant le squall* obtient une fois encore beaucoup de succès. Au début de l'an 2000, elle entreprend une tournée du Québec avec Dan Bigras.

❖ ❖ ❖

JASMIN, SYLVIE
Auteure, compositrice et interprète
Née Germaine Riendeau, Montréal, 10 avril 1957

Dès l'âge de 15 ans, Sylvie Jasmin se produit dans les cabarets. En 1977, finaliste au concours Les Étoiles Du Maurier, elle lance son premier disque *Une femme en amour* qui connaît un grand succès. Depuis 1983, elle continue de faire des spectacles où elle interprète ses chansons, en plus de faire des imitations à l'occasion. Toujours active, elle a produit près de six albums depuis 1989.

Jean-Pierre Bérubé (photo : Léopold Rousseau)

Georges Coulombe (Archives de l'auteur)

Roch Voisine
(Archives Échos-vedettes)

Claude Valade (Archives de l'auteur)

Lara Fabian
(Archives Échos-vedettes)

Daniel Lavoie (Archives TVA)

Richard Desjardins
(Archives Échos-vedettes), photo : Michel Gagné

Roger Sylvain (photo : René Robitaille)

Jean-Pierre Ferland (Archives TVA)

Claude Steben (Archives de l'auteur)

Monique Saintonge

Mitsou (photo : Patrick Massé)

Ginette Reno
(Archives TVA)

Michel Louvain
(Archives de l'auteur)

Robert Charlebois. (Archives TV5)

JOANNESS, EVAN
Auteur, compositeur, interprète et animateur
Né Gérard Martin, Québec, 29 janvier 1957

D'origine amérindienne, Evan Joanness passe son enfance dans un climat de liberté auquel il demeure attaché. Après des études en musique, il quitte la capitale pour Montréal. Dans les cabarets, il étonne le public par sa voix forte qui lui permet de chanter un répertoire classique. Sa rencontre avec Francis Lopez, le roi de l'opérette, marque un tournant dans sa carrière. Depuis 1984, Joanness chante régulièrement en Floride. Ses albums, vendus à des milliers d'exemplaires, touchent le public. En 1998, il joue au Théâtre des Variétés pour la douzième fois. Nommé Monsieur Cabaret en 1992, il continue sa carrière avec talent et ferveur. Evan Joanness assure la conception et la mise en scène de la comédie musicale *Viva Mariano* en 1996. Colette Martel veille sur la destinée de son protégé qui se produit sur les grandes scènes du monde.

❖ ❖ ❖

JUSTER, DIANE
Auteure, compositrice, pianiste et interprète
Née Diane Rivet, Montréal, 15 mars 1946

De formation classique, Diane Juster écrit tout d'abord pour Julie Arel; puis en 1974, elle lance son propre album *Mélancolie*. C'est le succès avec des chansons comme *Ce matin* et *Vive les roses*. Après des spectacles au Patriote, elle est invitée à Spa, en Belgique. La consécration arrive en 1980 quand elle écrit pour Ginette Reno, *Je ne suis qu'une chanson*, vendue à des milliers d'exemplaires. Consciente qu'il faut défendre les droits des auteurs compositeurs, elle fonde avec Luc Plamondon la SPACQ où elle assure un poste administratif. En 1987, elle fait la première partie des spectacles de Charles Dumont en France. Indépendante d'esprit, elle poursuit toujours sa carrière de compositrice pour le cinéma ou écrit des chansons que les plus grands interprètes immortalisent.

❖ ❖ ❖

KNIGHT, NORMAN
Interprète, imprésario et animateur
Né Norman Mullins, Montréal, 24 avril 1937

Norman Knight commence sa carrière en 1958 alors qu'il enregistre ses premiers 45 tours. En 1965, il anime l'émission *Surboum*. Imprésario des Houlops, il organise les tournées Musicorama. Après avoir arrêté sa carrière en 1976, il fait un retour sur scène ce qui lui permet de remporter le titre de Monsieur Cabaret en 1987. Ses plus grands succès ont été repris en disque compact.

Lalonde, Pierre
Interprète, comédien et animateur
Montréal, 20 janvier 1941

Pierre Lalonde, fils de Jean Lalonde, surnommé le Don Juan de la chanson, a su se faire un nom. Très jeune, il chante à la radio tout en suivant des cours de musique et d'art dramatique. À l'ouverture de Télé-Métropole, au début des années 1960, il commence une carrière d'animateur. À *Jeunesse d'aujourd'hui* (1962-1965), il est l'idole d'une génération de jeunes filles. Avec ses succès *Chip Chip, Nous on est dans le vent, C'est le temps des vacances* et *Gina*, Pierre Lalonde est premier au palmarès. En 1964, il tente une percée à Toronto. De retour au Québec, il reprend l'animation de *Jeunesse d'aujourd'hui* de 1966 à 1971. Tenté par l'aventure américaine, il change son nom. À New York, il s'appelle Peter Martin et anime un show. Dans les années 1970, il produit des albums avec des chansons originales et continue de chanter à la télévision et sur scène. Homme de famille, il ralentit le rythme de sa carrière pour se consacrer à la production d'émissions télévisées.

❖ ❖ ❖

Laure, Carole
Comédienne, interprète, auteure et danseuse
Née Catherine Lord, Montréal, 8 août 1948

Égérie des films de Gilles Carles, Carole Laure commence sa carrière dans *La Mort d'un bûcheron* (1973). Dans *La Tête de Normande Saint-Onge*, elle rencontre Lewis Furey, qui devient son compagnon de vie. Pour elle, il écrit un premier spectacle qui tient l'affiche à Montréal et à Paris. Parallèlement, elle fait toujours du cinéma avec les plus grands noms tels Bertrand Blier, Alain Corneau et Yves Montand. Toujours à l'avant-garde, elle monte avec Lewis Furey, d'autres spectacles qu'elle produit au Québec et en France. Chevalier des Arts et des Lettres, elle présente au Cabaret du Musée Juste pour rire un spectacle où elle danse et interprète des chansons originales.

❖ ❖ ❖

Lavoie, Daniel
Auteur, compositeur, interprète, musicien et comédien
Dunrea, Manitoba, 17 mars 1949

Après avoir fait partie de plusieurs groupes, Daniel Lavoie connaît le succès en 1974. Cinq ans plus tard, il reçoit le Félix du meilleur interprète. De plus en plus, il se bâtit un public qui lui est propre. En 1991, il fait ses débuts au cinéma dans le film *Le fabuleux voyage de l'ange*. Plus tard, il interprète Eugène Delacroix dans l'opéra rock *Sand et les romantiques*. Mais c'est son rôle dans la comédie musicale *Notre-Dame de Paris* qui donne un autre tournant à sa carrière. Depuis 1998, il joue Frollo sans toutefois négliger sa carrière d'auteur-compositeur à laquelle il tient.

❖ ❖ ❖

LECOR, TEX
Artiste-peintre, auteur, compositeur et interprète
Né Paul Lecorre, Saint-Michel-de-Wentworth, 10 juin 1933

En 1957, Tex Lecor étudie les beaux-arts à Montréal tout en chantant dans les petits bars de la métropole. Il produit un premier album avec des chansons originales. Son succès grandit peu à peu, si bien qu'il réussit à remplir la Comédie-Canadienne en 1967. Puis il anime *Sous mon toit* à Télé-Métropole (1970-1976), couronnée meilleure émission de variétés. Au début de 1980, il délaisse la chanson et se consacre à des émissions humoristiques à la radio. Mais c'est dans la peinture qu'il trouve sa voie. Interprète de grands succès comme *Le frigidaire* de Georges Langford, il continue de composer ses propres chansons même s'il chante moins souvent.

❖ ❖ ❖

LEJEUNE, ANDRÉ
Auteur, compositeur, interprète, animateur et producteur
Né André Lajeunesse, Sainte-Anne-de-Bellevue, 15 avril 1934

Suivant les traces de son ancêtre Emma Lajeunesse, André Lejeune chante très tôt dans les églises et les salles paroissiales. En 1957, il obtient un premier succès avec *Prétends que tu es heureux*. Puis en 1959, il remporte le Grand Prix du disque de CKAC avec *Une promesse*. En 1964, il fait la première partie de quelques spectacles de Charles Aznavour en France. De retour au Québec, il anime plusieurs émissions télévisées. Récemment, il est devenu producteur et directeur d'un théâtre d'été qui remporte beaucoup de succès à Marieville.

❖ ❖ ❖

LELOUP, JEAN
Auteur, compositeur et interprète
Né Jean Leclerc, 14 mai 1961, Québec

Suivant sa famille à travers le monde, Jean Leclerc revient au Québec où il termine ses études. À Granby, en 1983, il remporte un premier prix. Mais ce n'est que trois ans plus tard qu'il change son nom en Leloup, sans doute pour marquer de façon définitive son caractère rebelle. En 1990, *L'amour est sans pitié* fait de lui un artiste fort apprécié des jeunes. Au Festival d'été de Québec, puis au Festival de La Rochelle, il transporte son public avec des chansons toujours plus originales les unes que les autres. Son succès ne se dément pas à chacun de ses albums.

❖ ❖ ❖

LEMAY, JÉRÔME
Auteur, compositeur et interprète
Bearn, Témiscamingue, 22 août 1933

Fier de son ancêtre Pamphile Lemay, poète et romancier, Jérôme Lemay commence jeune à chanter dans les hôtels de Rouyn-Noranda. Après avoir animé à la radio, il s'installe à Montréal en 1955. C'est au cabaret Chez Émile à Québec qu'il rencontre Jean Lapointe qui fait carrière sous le nom de Jean Capri. Les deux artistes forment alors les Jérolas (contraction de Jérôme et Lapointe). Leur succès est immédiat; on les voit dans les émissions les plus populaires. Après avoir produit plus d'une vingtaine de microsillons, les Jérolas passent à *The Ed Sullivan Show* en 1963. Jérôme Lemay a entre-temps fait un succès de sa chanson *Méo Penché* qui sera reprise, entre autres, par Pierre Bertrand. En 1974, les Jérolas se séparent : Jérôme Lemay poursuit sa carrière solo en participant à plusieurs émissions. Imitateur, il joue aussi dans un film de Gilles Carle, *La Postière*. En 1993, les Jérolas se réunissent pour une série de spectacles. Jérôme Lemay a donné un tour de chant et compte poursuivre sa carrière.

❖ ❖ ❖

LÉVESQUE, RAYMOND
Auteur, compositeur, interprète, comédien et écrivain
Montréal, 7 octobre 1928

Fils de l'éditeur Albert Lévesque, Raymond Lévesque apprend tôt la musique et l'art dramatique. Garçon de café, il rencontre Fernand Robidoux pour qui il compose des chansons. Dès les débuts de la télévision en 1952, Raymond Lévesque devient comédien. Au théâtre, il joue dans *Zone*, la pièce de Marcel Dubé, ce qui lui permet de remporter un prix d'interprétation. À la même époque, il poursuit une carrière au Faisan Doré où il est un monologuiste apprécié. En 1954, il part pour la France où Eddie Barclay lui fait enregistrer ses chansons, dont la plus émouvante reste *Quand les hommes vivront d'amour*, que chante aussi Eddy Constantine. Ce séjour de cinq ans en France lui gagne des admirateurs fidèles. Mais Raymond Lévesque a le mal du pays. À son retour au Québec, il joue à la télévision et publie une douzaine de recueils de ses poèmes. Il joue aussi au cinéma. Atteint de surdité, il doit mettre fin à sa carrière de chanteur. Polémiste, ardent défenseur de son pays, Raymond Lévesque a reçu plusieurs prix et distinctions parmi lesquels le Félix couronnant son apport à la chanson française, la médaille du Patriote de l'année (1992) et l'Ordre national du Québec (1997).

❖ ❖ ❖

LEYRAC, MONIQUE
Interprète et comédienne
Née Monique Tremblay, Montréal, 26 février 1928

Née dans le quartier Rosemont, Monique Leyrac commence jeune à gagner sa vie à la manufacture. En 1943, elle commence sa carrière artistique. C'est d'abord dans les radiothéâtres qu'elle se fait connaître. Puis, au Faisan Doré (1948), elle monte sur la scène avec Jacques Normand. Le cinéma lui offre un premier rôle dans *Les lumières de ma ville*. Monique Leyrac choisit de tenter sa chance en France où elle s'installe durant plusieurs années. Son talent unique la fait remarquer dans toutes les boîtes où elle passe. Elle interprète de grands succès comme *Mon pays* de Gilles Vigneault. Dans les années 1960, elle revient au Québec où elle joue à la télévision et sur scène. En 1969, on la retrouve à *The Ed Sullivan Show*. De retour au pays, elle monte une série de spectacles solo sur Émile Nelligan, Paris 1900, Sarah Bernhart et Félix Leclerc. Elle réussit alors à marier à merveille ses talents de comédienne et de chanteuse. Récipiendaire du Prix du gouverneur-général (1997) et de l'Ordre national du Québec (1998), Monique Leyrac a écrit son autobiographie et a joué dans *Le voyage du couronnement* au TNM. Un album, *Leyrac chante Leclerc*, sort en 1999.

❖ ❖ ❖

LOUVAIN, MICHEL
Interprète et animateur
Né Michel Poulin, Thetford Mines, 12 juillet 1937

Michel Louvain fait ses débuts en remplaçant son frère André Roc. En 1957, il chante à Sherbrooke dans un groupe. Puis, il remporte un prix à un concours d'amateurs au El Mocambo. Au Gala des Splendeurs en 1958, il devient une idole en chantant *Linda* et *Un certain sourire*. L'année suivante, il est l'artiste le plus populaire nommé par Télé-Radiomonde. Il anime aussi des émissions à Télé-Métropole. Élu Monsieur Radio-Télévision en 1965, il est toujours populaire depuis plus de quarante ans. En 1976, il fait un retour fracassant avec *La dame en bleu*. Puis il joue dans le film *L'ange gardien* en 1982. Pendant 15 ans, il participe à des campagnes pour les causes humanitaires. Michel Louvain est un artiste qui a la faveur d'un public qui l'adore.

❖ ❖ ❖

MANSEAU, JEAN-PIERRE
Auteur, compositeur, interprète et traducteur
Drummondville, 13 avril 1948

C'est en 1972 que Jean-Pierre Manseau lance un 45 tours. Sur son premier album, il chante le succès qui le rendra célèbre, *Théo et Antoinette*, et qui lui vaut une médaille aux Olympiades de la chanson à CKAC. Vingt ans plus tard, cette chanson figure parmi les classiques de la SOCAN pour avoir été diffusée plus de 25 000 fois à la radio. Auteur, il a publié *L'instinct farouche*, *L'instinct fragile* et *On ne peut pas tout dire*, un hommage à Raymond Lévesque. Depuis dix ans, Jean-Pierre Manseau se consacre à son travail de traducteur et chante à l'occasion.

❖ ❖ ❖

MARTEL, RENÉE
Auteure, interprète et animatrice
Drummondville, 26 juin 1947

Dès l'âge de six ans, Renée Martel chante avec ses parents. Son père, Marcel Martel, l'encourage. Déjà en 1967, elle porte ses chansons au premier rang du palmarès : *Liverpool*, *Je vais à Londres* sont des titres qui font danser toute une génération. Elle est élue Révélation de l'année 1968 au Gala des artistes. Après de nombreuses tournées, elle anime *Patrick et Renée* à CFTM avec Patrick Norman. Puis, elle publie une biographie où elle révèle sa lutte contre l'alcoolisme. Son séjour de cinq ans au Maroc en compagnie de sa famille lui permet de se ressourcer. Durant les années 1990, elle enregistre d'autres albums à succès et anime une autre émission à Radio-Canada. Au début de l'an 2000, la maladie l'a contrainte à diminuer ses activités bien qu'elle soit toujours aussi populaire. Son dernier disque qui rend hommage à son père est l'un de ceux qui se vendent le plus au Québec.

❖ ❖ ❖

MASSE, JULIE
Interprète
Lemoyne, 3 juin 1970

À 20 ans, Julie Masse obtient de nombreux succès avec *C'est zéro* et *Billy*. Trois Félix couronnent une carrière fulgurante. En 1993, elle part en tournée au Canada. À cette occasion, elle rencontre Corey Hart, qui deviendra le père de ses enfants. Retirée momentanément de la scène, elle préfère se consacrer à sa vie familiale, ce qui ne l'empêche pas de produire des albums qui connaissent toujours du succès.

MILLARD, MURIEL
Auteure, compositrice, interprète et artiste-peintre
Montréal, 3 décembre 1922

À 13 ans, Muriel Millard chante au Théâtre National. Après avoir remporté des prix, elle débute à la radio. Puis, elle part en tournée avec la troupe de Jean Grimaldi. Élue Miss Radio en 1950, elle donne des spectacles en Corée, au Japon et aux États-Unis. Artiste flamboyante, elle anime des soirées de cabaret, ce qui lui vaut le titre de Miss Music-Hall. À cette époque, elle compose des chansons dont *Nos vieilles maisons* reste un titre des plus célèbres. Productrice de spectacles à grand déploiement, elle joue sur toutes les grandes scènes du Québec. En 1971, elle choisit de vivre six mois par année en Floride et de se consacrer à la peinture.

❖ ❖ ❖

MIRON, ROGER
Auteur, compositeur, interprète et producteur
Saint-Théodore-de-Chertsey, 28 mai 1929

À 24 ans, Roger Miron suit les traces de Paul Brunelle et chante avec sa troupe. Sortie en 1956, sa chanson fétiche *À qui l'p'tit cœur après neuf heure?* se vend à plus de 300 000 exemplaires. Roger Miron est alors sur toutes les scènes des cabarets du Québec. L'année suivante, il fonde six maisons de production de disques. Des centaines d'artistes lui doivent la renommée. En 1970, il reprend le collier et chante à l'Exposition d'Osaka au Japon. Toujours actif, il participe chaque année à des festivals un peu partout au Québec et au Canada.

❖ ❖ ❖

MITSOU
Auteure, interprète, comédienne et productrice
Née Mitsou Gélinas, Loretteville, 1er septembre 1970

Dès l'âge de cinq ans, le public connaît la frimousse de la petite-fille de Gratien Gélinas, car Mitsou apparaît alors dans plusieurs messages publicitaires. En 1988, on lui décerne le Félix de la Découverte au gala de l'ADISQ à la suite du succès de son disque *Bye, bye, mon cowboy*. Après un autre Félix en 1989, elle s'envole à Paris. Puis, elle tente l'aventure américaine. Animatrice à des émissions populaires, elle joue aussi dans des films comme *Prince Lazure*. En 1997, elle fonde sa compagnie de production, Dazmo Musique, et continue de présenter des projets novateurs.

❖ ❖ ❖

Nanette
Auteure, compositrice, interprète et comédienne
Née Joan Workman, New York, 20 septembre 1945

Fille d'un trompettiste, elle chante, jeune, à l'émission télévisée qu'anime sa mère. La comédie musicale l'attire; c'est à cette école qu'elle apprend son métier. En 1966, sa rencontre avec Tony Roman l'amène à Montréal. Avec celui qui deviendra son ami et son gérant, elle enregistre des succès fort populaires. Élue Découverte de l'année, elle coanime *Fleurs d'amour et d'amitié* à Radio-Canada. En 1970, elle part pour Londres et pour Paris où elle est choriste pour de grands noms tels les Rolling Stones et Johnny Halliday. De retour au Québec, elle connaît une autre vague de succès sur des rythmes discos. Actrice au grand écran, elle joue aussi dans les principales comédies musicales de Luc Plamondon, *Starmania* et *La légende de Jimmy*. Indépendante, privilégiant sa vie de famille, Nanette aime se retrouver à la campagne.

❖ ❖ ❖

Noël, Paolo
Auteur, compositeur, interprète, animateur et comédien
Saint-Joachim-de-Tourelle, 4 mars 1929

En 1948, Paolo Noël remporte un premier prix à CKAC en imitant Tino Rossi. Ce succès l'amène à faire la tournée des cabarets et à se joindre à la troupe de Jean Grimaldi. Animateur à CKVL, il attire un public fidèle. En 1958, il tente sa chance en France. Puis il revient au Québec où il anime à la télévision *Toasts et Café*. En 1968, il est élu Monsieur Télévision au Gala des artistes. Au début des années 1980, il réalise le rêve de sa vie : partir sur un voilier dans les mers du sud. Toujours en demande dans les festivals et les événements sociaux, il accepte de jouer dans *Omerta III*. Le chanteur vedette est désormais un comédien fort remarqué.

❖ ❖ ❖

Norman, Patrick
Auteur, compositeur, interprète et animateur
Né Yvon Éthier, Montréal, 10 septembre 1946

En 1954, Patrick Norman participe aux Découvertes de Billy Munro. Plus tard, il fait partie de plusieurs groupes dont *Les Red Stars* et *Les Scorpions*. De 1967 à 1972, il fait des tournées au Québec où il présente des chansons qui le rendent populaire, tels *Mon cœur est à toi* et la chanson thème du film *Papillon*. Après bien des années de travail, il connaît un immense succès en 1984 avec *Quand on est en amour*, qui se vend à 300 000 exemplaires. Des Félix et des Métrostars viennent couronner son talent. En 1997, il enregistre son seizième album. Il a joint les rangs du groupe *Les Fabuleux Élégants*.

❖ ❖ ❖

NORMAND, PASCAL
Auteur, interprète et animateur
Né Pascal Truchon, Jonquière, 1er septembre 1942

Professeur à l'université Concordia, Pascal Normand entreprend une carrière de chanteur au Patriote en 1968. Animateur à Radio-Canada, il écrit un livre sur la chanson et enregistre deux albums. Ces deux disques lui ouvrent les portes des États-Unis. Ambassadeur de la chanson québécoise, il est aussi comédien. À plusieurs reprises, il a joué au Théâtre des Variétés.

❖ ❖ ❖

ODDERA, DANIELLE
Interprète et comédienne
Marseille, France, 6 novembre 1938

En 1962, Danielle Oddera fait ses débuts à Montréal, au cabaret de sa sœur Clairette. Puis elle joue dans *Fanny*. Interprète sensible du répertoire des grands de la chanson, elle fait connaître plusieurs auteurs d'ici, dont Sylvain Lelièvre. Amie de Jacques Brel, elle lui consacre le spectacle *Je persiste et je signe* en 1981. Participant à des croisières, elle chante toujours; gande voyageuse, elle se plaît aussi à faire découvrir la Provence à des touristes.

❖ ❖ ❖

PARY, CHANTAL
Auteure, compositrice et interprète
Née Lucie Bernier, Longueuil, 17 décembre 1950

Dès l'âge de 13 ans, Chantal Pary chante dans les cabarets. En 1965, Roger Miron lui fait signer un premier contrat. Trois ans plus tard, elle enregistre ses premiers succès. Révélation de l'année 1969 au Gala des artistes, elle fait la première partie des spectacles d'Enrico Macias et de Sacha Distel à la Place des Arts. En 1970, elle épouse en direct à la télévision André Sylvain. Sa chanson *Mélanie* est un hommage à sa fille. Son album *J'suis ton amie* remporte le Félix du meilleur vendeur de l'année 1982. Après une retraite où elle dit avoir trouvé la paix dans la foi, elle continue d'enregistrer des chansons d'amour.

❖ ❖ ❖

PELCHAT, MARIO
Auteur, interprète, animateur
Dolbeau, Lac-Saint-Jean, 1er février 1964

Sa carrière commence en duo avec sa sœur en 1973. Au décès de celle-ci, il s'installe à Montréal où il remporte un premier prix à la Relève Super-Talents animée par Jean Beaulne et Lise Brouillard, à la Place des Arts. Ses albums obtiennent alors la faveur populaire. Des chansons comme *Tu m'as fait mal* et *J'ai le blues pour toi* montent vite au palmarès. À la télévision, on fait appel à ses talents pour animer *7e ciel* et *Attention, c'est show*. En 1990, le public l'élit l'interprète masculin de l'année. Deux ans plus tard, une maison de production lui fait signer un contrat de sept albums. Il entreprend alors une percée sur la scène internationale. Eddy Marnay lui écrit une chanson en duo avec Céline Dion, et il fait la première partie d'un spectacle de Madonna au Stade olympique. À Paris, il joue dans la comédie musicale *La vie en bleu* (1998) que signe Robert Hossein. Mario Pelchat poursuit sa carrière qui s'ouvre sur de nouvelles frontières. Il joue aussi Quasimodo dans une version de *Notre-Dame de Paris*.

❖ ❖ ❖

PELLETIER, BRUNO
Auteur, compositeur, interprète et comédien
Charlesbourg, 7 août 1962

Très jeune, Bruno Pelletier forme son propre ensemble et se produit partout en province. En 1992, Luc Plamondon lui offre un rôle important dans *La Légende de Jimmy*. L'année suivante, il triomphe dans *Starmania*. Il joue Johnny Rockfort et tient l'affiche pendant six mois au Théâtre Mogador à Paris. En parallèle, il poursuit une carrière solo dont les albums sont des succès. En 1995, il revient à *Starmania* qui part en tournée en Europe. Deux ans plus tard, son troisième album *Miserere* est certifié or. Désormais, il fait partie des grands noms de la chanson. Chanteur à voix, il hérite du rôle de Gringoire dans *Notre-Dame de Paris* : la chanson *Le temps des cathédrales* le rend populaire tant au Québec qu'en Europe. Comédien, il a aussi joué dans *Omerta*. Bruno Pelletier a le talent qui lui permet d'envisager une carrière internationale qui durera.

❖ ❖ ❖

PELLETIER, MARIE DENISE
Auteure, compositrice et interprète
Montréal, 3 avril 1960

C'est au Festival de la chanson de Granby, en 1982, que Marie Denise Pelletier commence sa carrière. Pour la deuxième version de *Starmania*, elle tient le rôle de Stella Spotlight. Parallèlement, elle signe les chansons de son premier album. Depuis 1987, elle poursuit sa carrière tant au Québec que dans le monde francophone. De la France à la Louisiane, son nom est de plus en plus connu. À l'Eurovision ou dans les festivals à travers le monde, elle représente le Québec avec fierté.

❖ ❖ ❖

Reno, Ginette
Interprète, compositrice, comédienne
Née Ginette Raynault, Montréal, 28 avril 1946

À 14 ans, Ginette Reno remporte le concours des découvertes de Jean Simon qui sera son imprésario pendant cinq ans. Son premier succès, *Tu vivras toujours dans mon cœur* (1964), la propulse au sein du milieu artistique. Deux ans plus tard, elle chante en première partie de Gilbert Bécaud, puis elle se rend à Paris où elle fait partie de la revue *Vive le Québec!* Élue Miss Radio-Télévision en 1968, elle enregistre des albums qui obtiennent tous du succès. Le public l'adore. Au début des années 1970, elle amorce une carrière aux États-Unis, puis en Angleterre. En 1975, pour les fêtes de la Saint-Jean-Baptiste, elle soulève la foule avec son interprétation de *Un peu plus haut, un peu plus loin*. Elle entreprend une percée sur le marché français où elle participe aux émissions de Michel Drucker. En 1993, elle étonne le public en jouant dans *Léolo* de Jean-Claude Lauzon. Dans *C't'à ton tour Laura Cadieux* et dans *Laura Cadieux, la suite*, elle tient le rôle principal avec brio. Sans délaisser la chanson, Ginette Reno, qui a obtenu le Prix du gouverneur général en 1999, multiplie les facettes de son talent. Elle aime peindre, écrit une comédie musicale et se dit prête à relever d'autres défis. La gamine qui chantait dans les rues du Plateau Mont-Royal, où elle a grandi, s'est laissée porter au pinacle de la célébrité avec simplicité et naturel.

❖ ❖ ❖

Richard, Michèle
Interprète et comédienne
Sherbrooke, 17 avril 1946

Très jeune, Michèle Richard suit son père à l'émission *Ti-Blanc et ses gais lurons*. Élue Découverte de l'année 1963, elle coanime *Jeunesse d'aujourd'hui* avec Pierre Lalonde. En 1967, elle est élue Miss Radio-Télévision. Meneuse de revues au Caf' Conc', elle donne plusieurs spectacles à la Place des Arts. Comédienne, elle joue à la télévision et au cinéma. Après plus de quarante albums, Michèle Richard poursuit sa carrière avec le talent qui lui est propre.

Richards, Judi
Auteure, compositrice et interprète
Toronto, 12 août 1949

En 1967, après une carrière intéressante à Toronto, Judi Richards s'installe à Montréal où elle est choriste pour plusieurs chanteurs. Avant d'entamer une carrière solo, elle fait partie du groupe *Toulouse* qui remporte, en 1980, le Félix du meilleur groupe de l'année. En 1994, après la sortie de son album *Touche pas*, Judi Richards part en tournée; elle obtient un autre Félix l'année suivante. Engagée avec son mari Yvon Deschamps dans des causes humanitaires, elle écrit de plus en plus ses propres chansons et continue de faire des tournées à travers le Québec.

❖ ❖ ❖

Roger, Jen
Interprète et animateur
Né Roger Marcotte, Montréal, 24 juin 1928

De 1949 à 1952, Jen Roger est maître de cérémonie au Mocambo. Vendue à plus de 500 000 exemplaires, sa chanson *Le miracle de Sainte-Anne-de-Beaupré* est le premier succès qui le rend populaire. Avec le titre de Monsieur MC, il fait son entrée à la Casa Loma. Cinq ans plus tard, il anime à CKVL *Le palmarès de la chanson*. Nommé Monsieur Télévision en 1967, il anime une émission à Québec. En 1977, Jen Roger décide de vivre en Floride. Ce séjour se termine en 1982, et il revient au Québec. En 1996, sa carrière reprend de plus belle. Avec les Crooners, il part en tournée. Puis en 1998, il donne un récital qui ne sera sûrement pas le dernier. Plusieurs récitals au Théâtre des Variétés. En 2000, il continue de présenter des spectacles, seul ou avec un groupe, dans tout le Québec. Au Palais Montcalm, dans la capitale, il a connu un vrai triomphe en juillet dernier. On lui demande toujours de chanter *Sur ma vie, Les roses blanches, Maladie d'amour, La Madone* et ses autres grands succès d'hier et d'aujourd'hui.

❖ ❖ ❖

Roy, Gildor
Auteur, compositeur, comédien et interprète
Abitibi, 11 mai 1960

Après avoir chanté dans les soirées familiales, Gildor Roy prend la route des clubs et des brasseries. Ce rocker obtient du succès partout où il passe. En 1980, il joue dans une dizaine de pièces, dans des films et dans des téléromans. Après son passage à l'émission *Star d'un soir*, il enregistre un premier album qui lui rapporte un Félix. Gildor Roy redonne un nouveau souffle à la musique country. En 1994, un autre album est récompensé d'un trophée. Il commence une carrière à la radio du matin de CKMF avec son ami Michel Barrette.

❖ ❖ ❖

SAINTONGE, MONIQUE
Auteure, compositrice et interprète
Saint-Jérôme, 29 avril 1943

Adolescente, Monique Saintonge écrit ses propres chansons. Lauréate de Découvertes 1965, elle est choisie pour animer *La belle époque* en compagnie de Serge Laprade. De 1976 à 1994, elle anime des spectacles de croisières. En 1984, elle écrit le téléroman *Épopée-rock* tout en composant les chansons de plusieurs revues du Théâtre des Variétés. Pour surmonter les épreuves de la vie, elle écrit *Et les fleurs sont fanées* en 1996. Toujours présente dans le milieu artistique, Monique Saintonge poursuit sa carrière, ayant un public qui lui est fidèle depuis plus d'une trentaine d'années.

❖ ❖ ❖

SENÉCAL, PIÈRE
Auteur, compositeur et interprète
Montréal, 1er décembre 1942

Après des études en art dramatique, Pière Senécal gagne le concour des découvertes de Jean Simon. En 1957, son succès *Trop jeune* lui permet d'avoir son émission à CKVL. En 1972, il abandonne la scène pour se consacrer à son travail de choriste. Il enregistre des milliers de messages publicitaires durant cette période. Puis, en 1993, il fait un retour sur disque. Il revient sur scène avec son spectacle *Des Platters à Plamondon*. Au printemps 1998, c'est au Théâtre des Variétés qu'il joue, ajoutant ainsi une autre facette à son métier qui dure depuis plus de trente ans.

❖ ❖ ❖

SIMARD, RENÉ
Interprète, animateur, danseur et comédien
Chicoutimi, 28 février 1961

À l'Île d'Orléans, la famille Simard est connue pour ses goûts artistiques. En 1970, après avoir gagné un premier prix, le talent de René Simard est enfin reconnu. À Montréal, Guy Cloutier décide de devenir l'imprésario de René Simard, l'enfant à la voix d'or qui réussit à remplir la Place des Arts en 1971. Sa carrière prend son envol. Après la France, il chante au Japon où il remporte le

Frank Sinatra Award des mains même du fameux crooner. Pour les Jeux Olympiques de Montréal, René Simard interprète la chanson officielle. À 15 ans, les États-Unis le réclament à des émissions de télévision. De retour au Québec, il anime *RSVP* et *Laser 33-45*. Ce chanteur qui danse et joue la comédie a aussi reçu plusieurs Félix. Après avoir animé de nombreux spectacles, il joue dans la production *Jeanne la Pucelle*. Durant l'année 1999, René Simard a animé l'émission du matin à CIEL FM, nouveau défi pour ce jeune homme de talent.

❖ ❖ ❖

ST-CLAIR, MARTINE
Auteure, compositrice et interprète
Née Martine Nault, Montréal, 22 juillet 1962

À 17 ans, Martine St-Clair remporte un concours au cégep. Luc Plamondon lui offre alors le rôle de Crystal dans *Starmania*. Avec les chansons tirées de cette comédie musicale, elle obtient un succès immédiat. En duo avec Gilbert Bécaud, elle enregistre *L'amour est mort*. Ce conte de fées se poursuit par les prix et les trophées qu'elle reçoit au gala de l'ADISQ. En 1989, elle fait partie d'une nouvelle distribution de *Starmania* à Paris, puis enregistre avec Guy Cloutier l'album *Caribou*. Depuis, Martine St-Clair poursuit sa carrière tout en restant une artiste secrète.

❖ ❖ ❖

STEBEN, CLAUDE
Auteur, compositeur, interprète et animateur
Montréal, 20 août 1942

En 1964, Claude Steben est la Découverte de l'émission qu'anime Yoland Guérard. Il enregistre ses premiers 45 tours; puis, en 1967, il chante à la Comédie-Canadienne. Au début des années 1970, il anime une émission à Télé-Métropole. Après une aventure dans la restauration, il présente un projet de séries pour les enfants. Sous le nom du capitaine Cosmos, il devient l'idole des petits. Poursuivant sa carrière de chanteur, il se produit au Québec et aussi en France. Grand-papa Jove est un autre personnage qu'il crée au début des années 1990. Il joue dans la comédie musicale *Ah! six bons moines...* au Théâtre de Marieville 2000.

❖ ❖ ❖

SYLVAIN, ROGER
Interprète, animateur, journaliste et auteur
Né Roger Leblanc, Montréal, 4 mars 1946

Après avoir travaillé au Salon de coiffure Bernard où il rencontre plusieurs vedettes, Roger Sylvain décide de se lancer dans la chanson. En 1972, il s'installe en Californie où il interviewe les stars d'Hollywood. Ses reportages sont publiés dans Gala des artistes. De 1977 à 1995, il dirige *Échos-Vedettes* puis *Hebdo-Vedettes*. Il joue également à la télévision. Sur scène, il est le faire-valoir de Rose Ouellette, la Poune. En avril 2000, on le trouve au Studio-théâtre 2000 de Laval. Il signe aussi la biographie de plusieurs artistes, tels que Frenchie Jarraud, Steve Fiset et Olivier Guimond. Chaque matin, il anime une émission régulière à CJMS Country, en compagnie de Claude Valade. Auparavant, il avait été l'animateur de Vedettes week-end, à CKVL. Il ne se fait jamais prier pour y chanter à capella les chansons que ses auditeurs lui réclament. Du coup, il entre en studio pour enregistrer sa première cassette intitulée Ces chansons qu'on aimera toujours. Devant la réaction positive du public, il grave d'autres albums dont *Ma mère me chantait* (1994), *Doux souvenirs* et *Chantez Noël avec moi* (1997). À l'été 2000, il a pris le temps de rendre visite à sa famille, chez sa grand-mère paternelle, à Campbellton, au Nouveau-Brunswick. Le temps de refaire ses forces avant de repartir en tournée avec sa troupe qui a fait sensation au Casino de Montréal.

❖ ❖ ❖

TELL, DIANE
Auteure, compositrice et interprète
Née Diane Fortin, Québec, 24 décembre 1958

C'est à 12 ans que Diane Tell compose ses premières chansons tandis que sa famille voyage de Val-d'or à New York. En 1977, elle lance son premier album et fait la première partie des spectacles d'artistes américains. Trois ans plus tard, l'ADISQ lui remet deux Félix, dont un pour sa chanson *Gilberto*. En 1981, elle est récompensée pour sa chanson *Si j'étais un homme*. Dès lors, Diane Tell commence une carrière en Europe, qui sera des plus prometteuses. En 1986, elle reçoit le Victoire de la musique pour son titre *Faire à nouveau connaissance*. Dans l'opéra rock *La légende de Jimmy*, elle tient la vedette à Paris, puis elle enchaîne dans un spectacle qu'elle écrit avec Jérôme Savary, *Marilyn de Montreuil*. Installée en France, Diane Tell, de plus en plus reconnue dans le monde francophone, poursuit sa carrière.

❖ ❖ ❖

THÉROUX, SHIRLEY
Auteure, compositrice, interprète et animatrice
Montréal, 29 novembre 1945

Après avoir gagné le premier prix aux Découvertes de Yoland Guérard, Shirley Théroux fait plusieurs apparitions à Télé-Métropole pendant la saison 1963-1964. C'est à cette époque qu'elle enregistre son succès *Un homme*. De 1973 à 1980, elle anime *Les Tannants* avec Pierre Marcotte, Joël Denis et Roger Giguère. Femme d'affaires, elle consacre du temps à l'administration de son restaurant du Vieux-Montréal. Ne délaissant pas la chanson, elle continue d'enregistrer des succès. Après avoir animé des émissions de radio, on la retrouve, à la fin de 1999, à Télévision Quatre-Saisons, en compagnie de la troupe du Festival de l'humour avec Tex Lecor, Louis Paul Allard et Roger Joubert.

❖ ❖ ❖

THÉRIO, MARIE-JO
Auteure, compositrice, interprète et comédienne
Moncton, Nouveau-Brunswick, 3 juillet 1964

À 17 ans, Marie-Jo Thério s'installe à Montréal. Après le circuit des boîtes à chansons, elle joue dans la comédie musicale de Michel Tremblay. En 1990, elle est de la distribution des *Misérables*. Cinq ans plus tard, elle produit un premier album *Comme de la musique* et présente une série de spectacles. En 1996, elle reçoit le prix de la Fondation Félix-Leclerc. Depuis, elle partage son temps entre le Québec et la France où elle chante ses propres compositions. Elle joue aussi dans *Notre-Dame de Paris*.

❖ ❖ ❖

THIBEAULT, FABIENNE
Auteure et interprète
Montréal, 17 juin 1952

C'est en 1972 que Fabienne Thibeault prend son envol en remportant le titre de révélation au Festival de la Chant'août à Québec. Dès 1974, suivant les conseils de Gilles Talbot, elle enregistre plusieurs albums qui la rendent populaire. Trois ans plus tard, elle participe à de nombreux récitals en Europe. En 1979, elle est Marie-Jeanne dans *Starmania* : c'est elle qui joue le rôle de la serveuse automate. Remportant plusieurs Félix, elle poursuit en France une carrière auprès d'un public qui l'aime de plus en plus.

❖ ❖ ❖

TREMBLAY, SYLVIE
Auteure, compositrice, interprète et comédienne
Kénogami, Saguenay, 30 juin 1953

En 1980, Sylvie Tremblay remporte le premier prix au concours Québec en chansons. Avec son premier album qu'elle enregistre en 1983, elle se produit en Europe; on lui décerne, en Belgique, le Grand Prix de la presse. On la remarque surtout à la suite de son interprétation de *Je voudrais voir la mer* de Michel Rivard. De retour au Québec, elle donne des spectacles où ses talents de comédienne sont remarqués. Dans une mise en scène de Robert Lepage, elle interprète Carmen et joue ensuite dans la comédie musicale *Gala* de Jean-Pierre Ferland. En 1988, elle reçoit le prix CIEL-Raymond Lévesque. Depuis le début des années 1990, ses albums ont toujours eu la faveur des critiques et d'un public qui lui est fidèle. En 1998, elle incarne le personnage de Béline dans le téléroman *Bouscotte* de Victor-Lévy Beaulieu.

❖ ❖ ❖

VALADE, CLAUDE
Interprète et animatrice
Sainte-Agathe-des-Monts, 12 novembre 1943

Gagnante de plusieurs concours amateurs, Claude Valade enregistre *Sous une pluie d'étoiles* en 1963. C'est le succès. En tournée aux États-Unis, elle rencontre Frank Sinatra avec qui elle se produit. À Tokyo, elle représente les États-Unis au Festival international de la chanson. Durant les années 1970 et 1980, elle poursuit une carrière qui l'amène sur toutes les scènes du monde. En 2000, elle anime avec Roger Sylvain une émission quotidienne sur les ondes de CJMS Country.

❖ ❖ ❖

VERMONT, MONIQUE
Auteure, compositrice, interprète, animatrice et comédienne
Née Monique Borremans, Casablanca, 8 mai 1942

Après une enfance au Maroc, Monique Vermont déménage avec sa famille à Montréal, en 1951. À 20 ans, elle fait ses débuts dans les boîtes à chansons où elle crée *La robineuse*, sa première composition. Découverte de l'année 1963, elle joint un groupe de fantaisistes. Elle anime par la suite des émissions de variétés à Télé-Métropole. Artiste à part entière, elle enregistre des chansons à succès durant les années 1970. Récemment, elle a ouvert une école de chant et d'interprétation. Comédienne, elle a joué au théâtre d'été et compte bien retourner sur scène le plus tôt possible.

VIGNEAULT, GILLES
Auteur, compositeur, interprète et éditeur
Natashquan, 27 octobre 1928

En 1942, Gilles Vigneault quitte son village de la Côte-Nord pour continuer son cours classique. Universitaire, il joint la troupe de théâtre *Les treize* et fonde la revue de poésie *Émourie*. Alors qu'il enseigne, il anime des émissions à la télévision de Québec. En 1954, le folkloriste Jacques Labrecque enregistre les premières compositions de Vigneault, *Jos Hébert, Am'nez-en d'la pitoune* et *Jos Montferrand*. Vigneault entreprend une carrière dans les boîtes à chansons et commence à enregistrer des albums. Pour un film d'Arthur Lamothe, il compose *Mon pays*, chanson fétiche avec laquelle Monique Leyrac remporte le premier prix au Festival de Sopot. Désormais, le nom de Vigneault passe les frontières. La France le reconnaît comme un des grands noms de la chanson française. À Bobino, à l'Olympia, et partout sur les scènes d'Europe, le public lui est fidèle. Au Québec, il demeure toujours un des artistes les plus appréciés. En 1974, avec Robert Charlebois et Félix Leclerc, il chante à la Superfrancofête dans le spectacle *J'ai vu le loup, le renard, le lion*. Gilles Vigneault est un artiste à part entière qui a reçu toutes les distinctions en reconnaissance de son talent. Chevalier de l'Ordre national du Québec, il est médaillé de la Légion d'honneur. Poète, il écrit plusieurs livres. Gilles Vigneault poursuit sa carrière avec des albums et des tournées.

❖ ❖ ❖

VOISINE, ROCH
Auteur, compositeur, interprète, animateur et comédien
Edmunston, Nouveau-Brunswick, 26 mars 1963

Voulant faire carrière dans le hockey, Roch Voisine doit se résigner à faire le deuil de son rêve à la suite d'un accident. À cette époque, il compose *Hélène*, la chanson qui le rendra populaire. En 1984, sa rencontre avec Paul Vincent est déterminante. Trois ans plus tard, l'album sur lequel se trouve *Hélène* lui apporte le succès. Une carrière à la télévision lui permet d'exploiter ses talents d'animateur. Puis, il décide de partir à la conquête de la France. Au Zénith, il tient l'affiche durant trois jours et il reçoit un Victoire de la musique. En 1990, le Félix de l'artiste s'étant le plus illustré hors du Québec lui est remis. En 1995, Roch Voisine s'installe aux États-Unis, mais la mort de son imprésario, deux ans plus tard, remet en question son plan de carrière. Il veut donner une nouvelle orientation à sa percée internationale. D'autres succès sont à venir.

❖ ❖ ❖

BIBLIOGRAPHIE

Amade, Louis. *Et ce sera la passion de vivre*, Hachette/RTL, Paris, 1982, 210 p. ill.

Balen, Noël. *Charles Trenet Le fou chantant*, Éditions du Rocher, Paris, 1992, 197 p. ill.

Bioteau, Jean-Marie et Olivier Lasser. *Paul Buisonneau ou la vigoureuse impatience*, Lanctôt Éditeur, Outremont, 1997, 430 p. ill.

Brunschwig, C., L.-J. Calvet et J.-C. Klein. *Cent ans de chanson française*, Éditions du Seuil, Paris, 1981, 448 p.

Chamberland, Roger et André Gaulin. *La chanson québécoise*, Nuit blanche éditeur, Québec, 1994, 595 p. ill.

Côté, Jean. *Alys Robi ma carrière et ma vie*, Éditions Quebecor, Montréal, 1980, 156 p. ill.

Ducharme, André. *Diane Dufresne*, Éditions Mnémosyne, Montréal, 1994, 144 p. ill.

Dureau, Christian. *Dictionnaire mondial des chanteurs*, Vernal/Philippe Lebeau, Paris, 1989, 378 p. ill.

Duteil, Yves. *Les mots qu'on n'a pas dits…*, Nathan, Paris, 1988, 246 p.

Erwan, Jacques. *Renaud*, Éditions Seghers, Paris, 1982, 224 p.

Fléoutier, Claude. *Un siècle de chansons*, Éditions PUF, Paris, 1988, 264 p. ill.

Fournier, Pierre. *De lutte en turlute*, Éditions du Septentrion, Sillery, 1998, 206 p. ill.

Gauthier, Robert. *Jacques Normand l'enfant terrible*, Éditions de l'Homme, Montréal, 1998, 275 p. ill.

Gignac, Benoît. *Fernand Gignac, mon père*, Stanké, Montréal, 1992, 272 p. ill.

Giroux, Robert, Constance Harvard et Rock Lapalme. *Le guide de la chanson québécoise*, Triptique, Montréal, 1996, 180 p. ill.

Guérard, Daniel. *La belle époque des boîtes à chansons*, Stanké, Montréal, 1996, 262 p. ill.

Klein, Jean-Claude. *Florilège de la chanson française*, Bordas, Paris, 1990, 254 p.

Laframboise, Philippe. *350 chansons d'hier et d'aujourd'hui*, Publications Proteau, Boucherville, 1992, 380 p. ill.

Laframboise, Philippe. *Clairette : du soleil à travers mes larmes*, Éditions de Mortagne, Boucherville, 1982, 405 p. ill.

Lapointe, Jean. *Pleurires*, Éditions de l'Homme, Montréal, 1995, 282 p. ill.

Moreau, Jeanne. *Les plus belles chansons d'amour*, Éditions Albin Michel, Paris, 1997, 285 p. ill.

Pascuito, Bernard. *Patricia Kaas Ombre et lumière*, Éditions Michel Lafon, Paris, 1994, 302 p. ill.

Rémy, Edward et Marie-Odile Vézina. *Têtes d'affiche*, Éditions du Printemps, Montréal, 1983, 434 p. ill.

Saka, Pierre et Yann Plougastel. *La chanson française et francophone*, Larousse, Paris, 1999, 580 p. ill.

Savoy, Marc. *Top-pop français de la chanson*, Publications Proteau, Montréal, 1993, 335 p.

Sevran, Pascal. *Le dictionnaire de la chanson française*, Éditions Michel Lafon, Paris, 1988, 390 p. ill.

Thérien, Robert et Isabelle D'Amours. *Dictionnaire de la musique populaire*, Institut québécois de recherche sur la culture, Québec, 1992, 580 p. ill.

Tremblay-Matte, Cécile. *La chanson écrite au féminin*, Éditions TROIS, Laval, 1990, 390 p. ill.

Verlant, Gilles et associés. *L'Encyclopédie de la chanson française*, Éditions Hors Collection, Paris, 1997, 266 p. ill.

Zeitoun, Frédéric. *Toutes les chansons ont une histoire*, Éditions Ramsay/Archimbaud, Paris, 1997, 340 p.

Zimmermann, Éric. *Chanson française 200 portraits inédits*, Éditions Didier Carpentier, Paris, 1997, 240 p. ill.

INDEX

INDEX

INDEX

❖ ❖ ❖

INDEX

PORTRAITS INÉDITS

SOUS LES PROJECTEURS

❖ ❖ ❖

AGMV Marquis

MEMBRE DU GROUPE SCABRINI

Québec, Canada
2000